现代兵器
百科图鉴系列

世界重武器
大百科 珍藏版

《深度军事》编委会 ◎ 编著

清华大学出版社
北京

内容简介

本书是一本介绍重武器的军事科普图书，书中全面收录了自 19 世纪末以来海外各国设计并制造的 650 余款重武器，涵盖牵引式火炮、自行火炮、坦克、履带式装甲车、轮式装甲车、半履带装甲车、越野汽车、重型导弹、武装直升机、无人车等类型，完整呈现了近现代陆军重型武器的面貌。每款重武器配有精美的三维图，帮助读者了解重武器构造。为了增强图书的知识性和趣味性，还介绍了多家生产重武器的知名兵工厂，作为延伸阅读。

本书内容全面，结构严谨，分析讲解透彻，图片精美丰富，适合广大军事爱好者阅读和收藏，也可以作为青少年的科普读物。

本书封面贴有清华大学出版社防伪标签，无标签者不得销售。
版权所有，侵权必究。举报：010-62782989，beiqinquan@tup.tsinghua.edu.cn。

图书在版编目 (CIP) 数据

世界重武器大百科：珍藏版 /《深度军事》编委会编著 . —北京：清华大学出版社，2021.9（2025.1 重印）
（现代兵器百科图鉴系列）
ISBN 978-7-302-59226-6

Ⅰ.①世… Ⅱ.①深… Ⅲ.①重型—武器—世界—图集 Ⅳ.① E92-64

中国版本图书馆 CIP 数据核字（2021）第 188775 号

责任编辑：李玉萍
封面设计：王晓武
责任校对：张彦彬
责任印制：宋　林

出版发行：清华大学出版社
　　网　　址：https://www.tup.com.cn，https://www.wqxuetang.com
　　地　　址：北京清华大学学研大厦 A 座　　邮　编：100084
　　社 总 机：010-83470000　　邮　购：010-62786544
　　投稿与读者服务：010-62776969，c-service@tup.tsinghua.edu.cn
　　质 量 反 馈：010-62772015，zhiliang@tup.tsinghua.edu.cn
印 装 者：北京博海升彩色印刷有限公司
经　　销：全国新华书店
开　　本：210mm×285mm　　印　张：25　　字　数：400 千字
版　　次：2021 年 10 月第 1 版　　印　次：2025 年 1 月第 5 次印刷
定　　价：138.00 元

产品编号：088498-01

前言

重武器是指陆军所使用的各类射程远、威力大的武器的统称。在冷兵器时代，重武器就已经是决定战争胜负的核心装备。例如起源于我国周朝的抛石机，就是一种攻守城池的有力武器，用它可抛掷大块石头，砸坏敌方城墙和兵器；而越过城墙进入城内的石弹，可杀伤守城的敌兵，具有相当大的威力。这种抛石机除了抛掷石块外，还可以抛掷圆木、金属等其他重物，或用绳、棉线等蘸上油料裹在石头上，点燃后抛向敌营，烧杀敌人。从作战形式上看，抛石机完全可以算作火炮的鼻祖。

作为陆军的核心装备，以火炮为代表的各类重武器在现代战争中同样发挥着不可替代的作用。操纵火炮的炮兵在历史上有"战争之神"的称号，火炮是陆军的重要组成部分和主要火力突击力量，具有强大的火力、较远的射程、良好的精度和较高的机动能力，能集中、突然、连续地对地面和水面目标实施火力突击。炮兵主要用于支援、掩护步兵和装甲兵的战斗行动，并与其他兵种协同作战，也可独立进行火力战斗。

除火炮外，现代陆军常用的重武器还有坦克、装甲车、武装直升机、重型导弹等。其中坦克被誉为"陆战之王"，主要用来与敌方坦克或其他装甲车辆作战，也可以压制、消灭反坦克武器、摧毁工事、歼灭敌方陆上力量等。自20世纪初诞生以来，坦克便在大大小小的战争中大显神威。时至今日，火力、防护力和机动力兼具的主战坦克依然是地面作战的重要突击武器。在未来战争中，装备火炮、坦克和洲际弹道导弹等重武器的陆军仍旧是一股不容忽视的力量。

本书是介绍重武器的军事科普图书，全书共分为4章，分别介绍一战前后、二战前后、冷战前后、新的世纪四个时期，每个时期均详细阐述了各类重武器的发展情况，包括技术革新历程、战场使用效果等，并以时间为序全面介绍了世界各国在当前时期研制和装备的武器型号。每款武器都有简明扼要的文字介绍，并配有精致美观的写真图。与此同时，还重点介绍了一些影响力较大的传奇式武器。为了丰富图书内容和增强阅读趣味，还介绍了各个时期内的部分知名兵工厂。通过阅读本书，读者可以深入了解各类重武器的发展历程，并全面认识各个时期的重武器型号，迅速熟悉它们的构造和性能。

本书是真正面向军事爱好者的基础图书，编写团队拥有丰富的军事图书写作经验，并已出版了数十本畅销全国的图书作品。与同类图书相比，本书不仅图文并茂，从资料来源上也更具权威性和准确性。

本书由《深度军事》编委会创作，参与编写的人员有丁念阳、阳晓瑜、陈利华、高丽秋、龚川、何海涛、贺强、胡姝婷、黄启华、黎安芝、黎琪、黎绍文、卢刚、罗于华等。对于广大资深军事爱好者，以及有意了解国防军事知识的青少年来说，本书不失为极有价值的科普读物。希望读者朋友能够通过阅读本书，循序渐进地提高自己的军事素养。

Chapter01　一战前后　　　　　　　　　　　　　　　　　　　　　　　　　　　　　　　　　　/1

1.1 纵横战场的野战炮　　　　　　/2
- KanoneC/73 野战炮　　　/3
- 拉依托勒 M1875 野战炮　　/3
- M1897 野战炮　　　　　　/4
- 德班戈 M1877 野战炮　　　/4
- 德班戈 M1878 野战炮　　　/4
- BL12 磅 6CWT 野战炮　　/5
- FK96 野战炮　　　　　　/5
- sFH02 榴弹炮　　　　　　/6
- M1900 野战炮　　　　　　/6
- QF15 磅野战炮　　　　　　/7
- M1902 野战炮　　　　　　/7
- 三八式野战炮　　　　　　/8
- 克虏伯 M1903 野战炮　　　/8
- QF18 磅野战炮　　　　　　/9
- QF13 磅野战炮　　　　　　/9
- BL60 磅野战炮　　　　　　/10
- BLC15 磅野战炮　　　　　/10
- QF4.5 英寸榴弹炮　　　　/10
- Kanone09 野战炮　　　　/11
- FH98/09 榴弹炮　　　　　/11
- M1909 榴弹炮　　　　　　/12
- M1910 野战炮　　　　　　/12
- sFH13 榴弹炮　　　　　　/13
- 施耐德 M1910 榴弹炮　　/13
- FKL/40 野战炮　　　　　/13
- 施耐德 M1917 年式榴弹炮　/14
- BL6 英寸 26CWT 榴弹炮　/14
- BL6 英寸 MkXIX 野战炮　/15
- FK16 野战炮　　　　　　/15
- leFH16 榴弹炮　　　　　/16
- GPF 野战炮　　　　　　　/17
- Mrs16 榴弹炮　　　　　　/17
- M1916 野战炮　　　　　　/17
- M1917 野战炮　　　　　　/18
- Kanone16 野战炮　　　　/18
- M1 榴弹炮　　　　　　　/18
- **传奇武器鉴赏：M1897 野战炮**　/19

1.2 威力惊人的攻城炮　　　　　　/21
- M1877 攻城炮　　　　　　/23
- M1885 迫击炮　　　　　　/23
- HaubitzeL/12 榴弹炮　　/24
- 二十八厘米榴弹炮　　　　/24
- M98 榴弹炮　　　　　　　/25
- M1904 攻城炮　　　　　　/25
- 斯柯达 M1911 榴弹炮　　/26
- 四五式榴弹炮　　　　　　/26
- 伽马榴弹炮　　　　　　　/27
- 大贝莎榴弹炮　　　　　　/27
- BL8 英寸 MkVI 榴弹炮　　/28
- M1914 迫击炮　　　　　　/28
- 斯柯达 M14 榴弹炮　　　/28
- BL9.2 英寸榴弹炮　　　　/29
- M1915 榴弹炮　　　　　　/30
- 斯柯达 M16 榴弹炮　　　/30
- 巴黎炮　　　　　　　　　/31

1.3 小巧灵活的轻型火炮　　　　　/32
- RML2.5 英寸山地炮　　　/33
- QF2.95 英寸山地炮　　　/33
- 埃尔哈特 M1904 山地炮　/33
- 2 英寸迫击炮　　　　　　/34
- M1909 山地炮　　　　　　/34
- 四一式山地炮　　　　　　/35
- QF3.7 英寸山地炮　　　　/35
- M1915 步兵炮　　　　　　/35
- 斯柯达 M15 山地炮　　　/36
- M1927 步兵炮　　　　　　/36
- M1916 步兵炮　　　　　　/37
- 斯柯达 M1916 山地炮　　/37
- M1917 步兵炮　　　　　　/37

1.4 守卫天空的高射炮　　　　　　/38
- QF12 磅 12CWT 高射炮　/39
- QF3 英寸 20CWT 高射炮　/39
- FlaKL/35 高射炮　　　　/40
- M1914/15 高射炮　　　　/40
- M1918 高射炮　　　　　　/40
- 八八式高射炮　　　　　　/41
- 博福斯 M1929 高射炮　　/41

1.5 探索前行的早期坦克　　　　　/42
- "小威利"中型坦克　　　　/43
- 施耐德 CA1 重型坦克　　/43
- "沙皇"坦克　　　　　　　/44
- "越野车"坦克　　　　　　/44
- MarkI 重型坦克　　　　　/45
- MarkII 重型坦克　　　　　/45
- MarkA 中型坦克　　　　　/46
- MarkIII 重型坦克　　　　/46
- MarkIV 重型坦克　　　　/46
- MarkV 重型坦克　　　　　/47
- "飞象"重型坦克　　　　　/48
- "圣沙蒙"重型坦克　　　　/48

▶ A7V 重型坦克 /49	▶ T-18 轻型坦克 /57	▶ 密涅瓦装甲车 /68
▶ M1917 轻型坦克 /49	▶ 维克斯 MK.E 轻型坦克 /57	▶ 标致装甲车 /68
▶ "霍尔特气电"重型坦克 /50	▶ MkI-V 轻型坦克 /58	▶ 雷诺装甲车 /69
▶ MarkVIII 重型坦克 /50	**1.6 萌芽状态的自行火炮** **/58**	▶ 比辛 A5P 装甲车 /69
▶ MarkIX 重型坦克 /51	▶ M1914 自行防空炮 /59	▶ 怀特 AM 装甲车 /70
▶ MarkB 中型坦克 /51	▶ 皮尔斯-阿罗自行防空炮 /59	▶ 普莱斯装甲车 /70
▶ K-Wagen 重型坦克 /52	▶ MarkI 火炮运载车 /60	▶ 西布鲁克装甲车 /70
▶ LKI 轻型坦克 /52	▶ Canonde194GPF 自行火炮 /60	▶ 雷诺 47 毫米自动炮装甲车 /71
▶ MarkC 中型坦克 /53	传奇武器鉴赏：雷诺 FT-17	▶ 杰弗里装甲车 /72
▶ "上西里西亚"中型坦克 /53	轻型坦克 /61	▶ 埃尔哈特 E-V/4 装甲车 /72
▶ LKII 轻型坦克 /54	知名兵工厂探秘：雷诺汽车公司 /62	▶ 加福德-普奇洛夫装甲车 /73
▶ 菲亚特 2000 重型坦克 /54	**1.7 初露峥嵘的轮式装甲车** **/65**	▶ 奥斯丁-普奇洛夫装甲车 /73
▶ 福特 M1918 轻型坦克 /55	▶ 蓝旗亚 1Z 装甲车 /65	▶ 菲亚特-奥姆斯克装甲车 /74
▶ "骨架"轻型坦克 /55	▶ 劳斯莱斯装甲车 /66	▶ 蓝旗亚 1ZM 装甲车 /74
▶ 蒸汽坦克 /56	▶ 兰彻斯特装甲车 /66	▶ BA-27 装甲车 /74
▶ Char2C 重型坦克 /56	▶ 奥斯丁装甲车 /67	
▶ 蒸汽滚轮坦克 /56	▶ 德劳内-贝尔维尔装甲车 /67	

Chapter02　二战前后　　　　　　　　　　　　　　　　　　　　　/75

2.1 由盛转衰的轻型坦克 **/76**	▶ T-24 中型坦克 /91	▶ KV-1S 重型坦克 /107
▶ T-26 轻型坦克 /76	▶ 四号中型坦克 /92	▶ IS-2 重型坦克 /108
▶ T-27 轻型坦克 /77	▶ T-28 中型坦克 /92	▶ KV-85 重型坦克 /108
▶ BT-2 轻型坦克 /77	▶ 维克斯 MkII 中型坦克 /93	▶ IS-1 重型坦克 /108
▶ M2 轻型坦克 /78	▶ 九七式中型坦克 /94	▶ P-40 重型坦克 /109
▶ BT-5 轻型坦克 /78	▶ S-35 中型坦克 /94	▶ M26"潘兴"重型坦克 /109
▶ 一号轻型坦克 /79	▶ 三号中型坦克 /95	▶ ARL44 重型坦克 /110
▶ BT-7 轻型坦克 /79	▶ M11/39 中型坦克 /95	▶ "虎王"重型坦克 /110
▶ 二号轻型坦克 /80	▶ M13/40 中型坦克 /96	▶ "鼠"式重型坦克 /111
▶ 九四式轻型坦克 /80	▶ M4"谢尔曼"中型坦克 /96	▶ "土龟"重型坦克 /112
▶ T-46 轻型坦克 /81	▶ M3"格兰特/李"中型坦克 /97	▶ IS-7 重型坦克 /112
▶ MkVI 轻型坦克 /81	▶ M2 中型坦克 /97	▶ IS-3 重型坦克 /113
▶ 雷诺 R35 轻型坦克 /82	▶ "豹"式中型坦克 /98	▶ IS-4 重型坦克 /113
▶ 哈奇开斯 H35 轻型坦克 /82	▶ M14/41 中型坦克 /98	传奇武器鉴赏："虎"式
▶ LT-35 轻型坦克 /83	▶ KV-13 中型坦克 /98	重型坦克 /114
▶ BT-SV 轻型坦克 /83	▶ T-43 中型坦克 /99	**2.4 独树一帜的英联邦坦克** **/116**
▶ MkVII 轻型坦克 /84	▶ "灰熊"中型坦克 /100	▶ MkI 巡航坦克 /116
▶ LT-38 轻型坦克 /84	▶ "谢尔曼萤火虫"中型坦克 /100	▶ "马蒂尔达 II"步兵坦克 /117
▶ T-50 轻型坦克 /85	▶ M15/42 中型坦克 /101	▶ "马蒂尔达 I"步兵坦克 /117
▶ FCM36 轻型坦克 /85	▶ T-44 中型坦克 /101	▶ MkII 巡航坦克 /118
▶ M22"蝗虫"轻型坦克 /86	传奇武器鉴赏：T-34 中型坦克 /102	▶ MkIII 巡航坦克 /118
▶ T-60 轻型坦克 /86	**2.3 甲坚炮利的重型坦克** **/104**	▶ MkIV 巡航坦克 /119
▶ NI 轻型坦克 /87	▶ T-35 重型坦克 /105	▶ MkV"盟约者"巡航坦克 /119
▶ T-70 轻型坦克 /87	▶ CharB1 重型坦克 /105	▶ MkVI"十字军"巡航坦克 /120
▶ M24"霞飞"轻型坦克 /88	▶ SMK 重型坦克 /106	▶ "丘吉尔"步兵坦克 /120
传奇武器鉴赏：M3"斯图亚特"	▶ T-100 重型坦克 /106	▶ "白羊"巡航坦克 /121
轻型坦克 /88	▶ KV-1 重型坦克 /106	▶ "瓦伦丁"步兵坦克 /121
2.2 性能均衡的中型坦克 **/91**	▶ KV-2 重型坦克 /107	▶ "哨兵"巡航坦克 /122

▶ MkVIII"克伦威尔"巡航坦克	/122
▶ MkVII"骑士"巡航坦克	/123
▶ "彗星"巡航坦克	/123
▶ MkVIII"挑战者"巡航坦克	/124

2.5 术业有专攻的特种坦克 /124

- ▶ T-37 两栖坦克 /125
- ▶ OT-26 喷火坦克 /126
- ▶ OT-130 喷火坦克 /126
- ▶ T-38 两栖坦克 /127
- ▶ OT-133 喷火坦克 /127
- ▶ T-40 两栖坦克 /128
- ▶ 二号喷火坦克 /128
- ▶ KV-8 喷火坦克 /129
- ▶ 特二式两栖坦克 /129
- ▶ KV-8S 喷火坦克 /130
- ▶ OT-34 喷火坦克 /130
- ▶ "鳄鱼"喷火坦克 /131

2.6 火力强大的坦克歼击车 /132

- ▶ 一号坦克歼击车 /133
- ▶ "黄鼠狼 I"坦克歼击车 /133
- ▶ "黄鼠狼 II"坦克歼击车 /134
- ▶ "犀牛"坦克歼击车 /135
- ▶ "黄鼠狼 III"坦克歼击车 /135
- ▶ M10"狼獾"坦克歼击车 /135
- ▶ M18"地狱猫"坦克歼击车 /136
- ▶ SU-85 坦克歼击车 /136
- ▶ "射手"坦克歼击车 /137
- ▶ "象"式坦克歼击车 /137
- ▶ 四号坦克歼击车 /138
- ▶ SU-100 坦克歼击车 /138
- ▶ TACAMT-60 坦克歼击车 /139
- ▶ M36"杰克逊"坦克歼击车 /139
- ▶ TACAMR-2 坦克歼击车 /140
- ▶ "阿基里斯"坦克歼击车 /140
- ▶ "追猎者"坦克歼击车 /141
- ▶ "猎豹"坦克歼击车 /141

传奇武器鉴赏："猎虎"
坦克歼击车 /142

2.7 百花齐放的牵引式火炮 /144

- ▶ B-4 榴弹炮 /145
- ▶ 博福斯 40 毫米高射炮 /145
- ▶ sFH18 榴弹炮 /146
- ▶ PaK36 反坦克炮 /146
- ▶ Flak18 高射炮 /146
- ▶ 九一式榴弹炮 /147
- ▶ GrW34 迫击炮 /147
- ▶ F-22 榴弹炮 /148
- ▶ leFH18 榴弹炮 /148
- ▶ QF2 磅反坦克炮 /148
- ▶ A-19 榴弹炮 /149
- ▶ sIG33 步兵炮 /150
- ▶ Flak36 高射炮 /150
- ▶ 九四式反坦克炮 /151
- ▶ 九七式迫击炮 /151
- ▶ M1931/37 式 122 毫米榴弹炮 /152
- ▶ 53-K 反坦克炮 /152
- ▶ ML-20 榴弹炮 /153
- ▶ M-10 榴弹炮 /153
- ▶ M-30 榴弹炮 /154
- ▶ M1938 迫击炮 /154
- ▶ M1938 年式 76 毫米山地炮 /155
- ▶ M1 高射炮 /155
- ▶ F-22USV 榴弹炮 /156
- ▶ GebH36 山地炮 /156
- ▶ BR-5 迫击炮 /157
- ▶ BR-17 加农炮 /157
- ▶ BR-18 榴弹炮 /158
- ▶ 52-K 高射炮 /158
- ▶ M3 反坦克炮 /159
- ▶ M2 迫击炮 /159
- ▶ M59 加农炮 /160
- ▶ Pak38 反坦克炮 /160
- ▶ M2 榴弹炮 /160
- ▶ 8 英寸 M1 榴弹炮 /161
- ▶ QF6 磅反坦克炮 /161
- ▶ M5 反坦克炮 /162
- ▶ GrW42 迫击炮 /162
- ▶ Nebelwerfer41 火箭炮 /162
- ▶ ZiS-3 加农炮 /163
- ▶ PaK40 反坦克炮 /164
- ▶ QF17 磅反坦克炮 /164
- ▶ FlaK40 高射炮 /164
- ▶ D-1 榴弹炮 /165
- ▶ OB-25 步兵炮 /165
- ▶ Pak43 反坦克炮 /166
- ▶ BS-3 反坦克炮 /166

传奇武器鉴赏：QF25 磅榴弹炮 /167
知名兵工厂探秘：莱茵金属公司 /169

2.8 苏德对决中的突击炮 /171

- ▶ 三号突击炮 /171
- ▶ SU-76 突击炮 /172
- ▶ SU-122 突击炮 /172
- ▶ StuH42 突击炮 /173
- ▶ StuIG33B 突击炮 /173
- ▶ 四号突击炮 /174
- ▶ SU-152 突击炮 /174
- ▶ ISU-122 突击炮 /175
- ▶ ISU-152 突击炮 /175
- ▶ "灰熊"突击炮 /176
- ▶ "虎"式突击炮 /176

2.9 稳步发展的自行火炮 /177

- ▶ "卡尔"臼炮 /178
- ▶ "古斯塔夫"列车炮 /178
- ▶ SU-5 自行火炮 /179
- ▶ 一号 B 型自行火炮 /179
- ▶ T-90 自行防空炮 /180
- ▶ 二号自行火炮 /180
- ▶ 一号自行防空炮 /180
- ▶ ZiS-30 自行反坦克炮 /181
- ▶ M7 自行火炮 /181
- ▶ "主祭"自行火炮 /182
- ▶ "主教"自行火炮 /182
- ▶ "蟋蟀"自行火炮 /183
- ▶ T34 自行火箭炮 /183
- ▶ 42 型自行火箭炮 /184
- ▶ "黄蜂"自行火炮 /184
- ▶ "野蜂"自行火炮 /185
- ▶ "司事"自行火炮 /185
- ▶ ZSU-37 自行防空炮 /186
- ▶ 四号自行防空炮 /186

传奇武器鉴赏：BM-13
自行火箭炮 /187
知名兵工厂探秘：克虏伯公司 /189

2.10 大量应用的轮式装甲车 /192

- ▶ SdKfz231 装甲侦察车 /192
- ▶ D-8 装甲车 /193
- ▶ D-12 装甲车 /193
- ▶ BA-I 装甲车 /193
- ▶ FAI 装甲车 /194
- ▶ Kfz13 装甲侦察车 /194
- ▶ BA-3 装甲车 /195
- ▶ BA-20 装甲车 /195
- ▶ SdKfz221 装甲侦察车 /196
- ▶ SdKfz247 装甲指挥车 /196
- ▶ BA-6 装甲车 /197
- ▶ BA-10 装甲车 /197
- ▶ M3 装甲侦察车 /198
- ▶ "盖伊"装甲车 /198
- ▶ 莫里斯 CS9 装甲车 /199
- ▶ "戴姆勒-澳洲野犬"装甲侦察车 /199
- ▶ T17 装甲车 /200
- ▶ "戴姆勒"装甲车 /200
- ▶ AEC 装甲车 /201
- ▶ T18 装甲车 /201
- ▶ DUKW 两栖装甲车 /202

▶ GPA 两栖吉普车 /202	▶ 通用运载车 /208	▶ SdKfz9 半履带车 /214
▶ "亨伯"装甲侦察车 /203	▶ T-20 装甲牵引车 /208	▶ SdKfz251 半履带装甲车 /215
▶ BA-64 装甲车 /203	▶ 洛林 37L 履带运输车 /209	▶ SdKfz252 半履带装甲车 /215
▶ "澳洲野犬"装甲侦察车 /204	▶ "劳埃德"装甲运兵车 /210	▶ SdKfz253 半履带装甲车 /216
▶ M8 装甲车 /204	▶ 一式装甲运兵车 /210	▶ M3 半履带装甲车 /216
▶ M20 通用装甲车 /205	▶ RSO 牵引车 /211	▶ SdKfz250 半履带装甲车 /217
▶ "水龟"两栖装甲运兵车 /205	▶ "袋鼠"装甲运兵车 /211	▶ M2 半履带装甲车 /217
▶ "考文垂"装甲车 /206	**2.12 昙花一现的半履带车辆 /212**	▶ SdKfz4 半履带装甲车 /218
▶ SdKfz234 装甲侦察车 /206	▶ BA-30 半履带装甲车 /212	▶ M5 半履带装甲车 /218
▶ M38 装甲车 /206	▶ SdKfz11 半履带车 /213	▶ M9 半履带装甲车 /218
2.11 不受重视的履带式装甲车 /207	▶ SdKfz2 半履带摩托车 /213	
▶ 雷诺 UE 装甲车 /207	▶ SdKfz6 半履带车 /214	

Chapter03　冷战前后　　219

3.1 独占鳌头的主战坦克 /220	▶ PT-91 主战坦克 /236	▶ 89 式步兵战车 /253
▶ "百夫长"主战坦克 /221	▶ "佐勒菲卡尔"主战坦克 /236	▶ CV-90 步兵战车 /253
▶ T-54/55 主战坦克 /221	传奇武器鉴赏：M1 "艾布拉姆斯"	▶ "波尼克斯"步兵战车 /254
▶ T-62 主战坦克 /222	主战坦克 /237	▶ "达多"步兵战车 /254
▶ M60 "巴顿"主战坦克 /222	知名兵工厂探秘：通用动力公司 /239	传奇武器鉴赏：M2 "布雷德利"
▶ 61 式主战坦克 /223	**3.2 默默耕耘的非主战坦克 /240**	步兵战车 /255
▶ T-64 主战坦克 /223	▶ M46 "巴顿"中型坦克 /240	**3.4 容量可观的装甲运兵车 /257**
▶ "酋长"主战坦克 /224	▶ M47 "巴顿"中型坦克 /241	▶ BTR-40 装甲运兵车 /257
▶ "豹1"主战坦克 /224	▶ M41 "华克猛犬"轻型坦克 /241	▶ 60 式装甲运兵车 /258
▶ "维克斯"主战坦克 /225	▶ M103 重型坦克 /242	▶ AMX-VCI 装甲运兵车 /258
▶ "胜利"主战坦克 /225	▶ M48 "巴顿"中型坦克 /242	▶ M113 装甲运兵车 /259
▶ Pz61 主战坦克 /226	▶ PT-76 轻型坦克 /243	▶ BTR-60 装甲运兵车 /259
▶ AMX-30 主战坦克 /226	▶ AMX-13 轻型坦克 /243	▶ YP-408 装甲运兵车 /260
▶ Strv103 主战坦克 /227	▶ T-10 重型坦克 /244	▶ UR-416 装甲运兵车 /260
▶ Pz68 主战坦克 /227	▶ "征服者"重型坦克 /244	▶ FV432 装甲运兵车 /261
▶ T-72 主战坦克 /228	▶ Pz58 中型坦克 /245	▶ M3 装甲运兵车 /261
▶ 74 式主战坦克 /228	▶ Strv74 中型坦克 /245	▶ BTR-70 装甲运兵车 /262
▶ T-80 主战坦克 /229	▶ M551 "谢里登"轻型坦克 /246	▶ EE-11 装甲运兵车 /262
▶ "梅卡瓦"主战坦克 /229	▶ IKV-91 轻型坦克 /246	▶ VXB-170 装甲运兵车 /263
▶ "挑战者1"主战坦克 /230	▶ "蝎"式轻型坦克 /247	▶ 73 式装甲运兵车 /263
▶ "豹2"主战坦克 /230	▶ SK-105 轻型坦克 /247	▶ VAB 装甲车 /264
▶ TAM 主战坦克 /231	**3.3 协同坦克作战的步兵战车 /248**	▶ "秃鹰"装甲运兵车 /264
▶ OF-40 主战坦克 /231	▶ BMP-1 步兵战车 /248	▶ "狐"式装甲运兵车 /265
▶ M-84 主战坦克 /232	▶ "黄鼠狼"步兵战车 /249	▶ "风暴"装甲运兵车 /265
▶ TR-85 主战坦克 /232	▶ AIFV 步兵战车 /249	▶ XA-188 装甲运兵车 /266
▶ AMX-56 "勒克莱尔"主战坦克 /233	▶ AMX-10P 步兵战车 /249	▶ BTR-80 装甲运兵车 /266
▶ K1 主战坦克 /233	▶ VCTP 步兵战车 /250	▶ 96 式装甲运兵车 /267
▶ 90 式主战坦克 /234	▶ "蜜獾"步兵战车 /250	▶ "阿奇扎里特"装甲运兵车 /267
▶ T-90 主战坦克 /234	▶ KIFV 步兵战车 /251	**3.5 快速突击的空降战车 /268**
▶ "挑战者2"主战坦克 /235	▶ BMP-2 步兵战车 /251	▶ BMD-1 空降战车 /268
▶ T-84 主战坦克 /235	▶ "武士"步兵战车 /252	▶ BMD-2 空降战车 /269
▶ C1 "公羊"主战坦克 /236	▶ BMP-3 步兵战车 /252	▶ BMD-3 空降战车 /269

- "鼬鼠 1" 空降战车 /270
- "鼬鼠 2" 空降战车 /270
- BMD-4 空降战车 /271

3.6 备受青睐的履带式装甲车 /271
- LVTP-5 两栖装甲车 /272
- M728 战斗工程车 /272
- "弯刀" 装甲侦察车 /273
- AAV-7A1 两栖装甲车 /273
- 78 式雪地运输车 /274
- IMR-2 战斗工程车 /274
- Bv206 装甲全地形车 /275
- DT-30 装甲全地形车 /275
- M9 装甲战斗推土机 /276
- "纳苏" 装甲全地形车 /276
- AMX-30 战斗工程牵引车 /277

3.7 后期发力的轮式装甲车 /277
- AML 装甲侦察车 /278
- "撒拉森" 装甲车 /278
- "萨拉丁" 装甲侦察车 /279
- BRDM-2 装甲车 /279
- "狐" 式装甲侦察车 /280
- V-100 装甲车 /280
- LARC-V 两栖运输车 /281
- "美洲豹" 坦克歼击车 /281
- 菲亚特 6614 装甲车 /282
- EE-9 "卡斯卡韦尔" 装甲侦察车 /282
- "食人鱼" 装甲车 /283
- "山猫" 装甲侦察车 /283
- ERC 装甲侦察车 /284
- AMX-10RC 装甲侦察车 /284
- VBC-90 装甲车 /285
- "卡斯皮" 地雷防护车 /285
- "大山猫" 装甲车 /286
- LAV-25 装甲车 /286
- LAV-3 装甲车 /287
- "半人马" 装甲车 /287
- "野犬 1" 全方位防护运输车 /288
- "野外征服者" 机动步兵车 /288
- "眼镜蛇" 装甲车 /289
- M1117 装甲车 /289
- 传奇武器鉴赏:"斯特赖克"装甲车 /290

3.8 机动灵活的越野汽车 /292
- "平茨高尔" 高机动性全地形车 /292
- 73 式大型卡车 /293
- 73 式吉普车 /293
- 乌拉尔 4320 卡车 /294
- 重型增程机动战术卡车 /294
- "卫士" 越野车 /295
- "悍马" 装甲车 /295
- 乌尼莫克 U4000 卡车 /296
- 沙漠侦察车 /296
- M1070 重型装备运输卡车 /297
- VBL 装甲车 /297
- "瓦曼塔" 装甲车 /298
- 高机动车 /298
- 先进轻型突击车 /299
- "狼" 式越野车 /299

3.9 少而精的牵引式火炮 /300
- M30 迫击炮 /300
- M50 榴弹炮 /301
- M65 原子加农炮 /301
- L16 迫击炮 /302
- 2B9 迫击炮 /302
- M198 榴弹炮 /303
- L118 榴弹炮 /303
- M224 迫击炮 /304
- FH70 榴弹炮 /304
- M252 迫击炮 /305
- M119 榴弹炮 /305
- TRF1 榴弹炮 /306
- K6 迫击炮 /306

3.10 自行火炮迎来黄金时代 /307
- M110 自行榴弹炮 /307
- BM-21 自行火箭炮 /308
- M107 自行加农炮 /308
- MkF3 自行火炮 /309
- M109 自行榴弹炮 /309
- "阿伯特" 自行火炮 /310
- 2S3 自行加榴炮 /310
- 2S4 自行迫击炮 /311
- "拉尔斯" 自行火箭炮 /311
- 75 式自行榴弹炮 /312
- 75 式自行火箭炮 /312
- RM-70 自行火箭炮 /313
- "猎豹" 自行高射炮 /314
- 2S5 自行加农炮 /314
- 2K22 自行防空系统 /315
- AuF1 自行火炮 /315
- 2S9 自行迫击炮 /316
- M270 自行火箭炮 /316
- ASTROSII 自行火箭炮 /317
- 87 式自行高射炮 /317
- 2S19 自行榴弹炮 /318
- BM-30 自行火箭炮 /318
- M142 自行火箭炮 /319
- AS-90 自行榴弹炮 /319
- K-30 自行防空炮 /320
- 96 式自行迫击炮 /320
- CAESAR 自行榴弹炮 /321
- "皮纳卡" 自行火箭炮 /321
- 99 式自行榴弹炮 /322
- K9 自行榴弹炮 /322
- 传奇武器鉴赏:PzH2000 自行榴弹炮 /323
- 知名兵工厂探秘:地面武器工业集团 /325

3.11 决胜千里的重型导弹 /327
- LGM-30 "民兵" 弹道导弹 /327
- 2K12 "卡勃" 地对空导弹 /328
- MIM-72 "小橄榄树" 地对空导弹 /328
- "轻剑" 地对空导弹 /329
- OTR-21 "圆点" 地对地导弹 /329
- MIM-104 "爱国者" 地对空导弹 /330
- OTR-23 "奥卡" 地对地导弹 /330
- 81 式地对空导弹 /331
- BGM-109 "战斧" 巡航导弹 /331
- 9K330 "道尔" 地对空导弹系统 /332
- RT-2PM "白杨" 弹道导弹 /332
- LGM-118 "和平卫士" 弹道导弹 /333
- RT-23 弹道导弹 /333
- "复仇者" 防空导弹系统 /334
- MGM-140 陆军战术导弹 /335
- 93 式地对空导弹 /335
- 传奇武器鉴赏:RT-2PM2 "白杨 M" 弹道导弹 /336

3.12 称霸低空的武装直升机 /338
- AH-1 "眼镜蛇" 武装直升机 /339
- 米-24 "雌鹿" 武装直升机 /339
- 米-28 "浩劫" 武装直升机 /340
- A129 "猫鼬" 武装直升机 /340
- 卡-50 "黑鲨" 武装直升机 /341
- CSH-2 "石茶隼" 武装直升机 /341
- "虎" 式武装直升机 /342
- 传奇武器鉴赏:AH-64 "阿帕奇" 武装直升机 /342

世界重武器大百科（珍藏版）

Chapter04　新的世纪　　　/345

4.1　主战坦克走向第四代　/346
- "豹 2E" 主战坦克　/346
- "拉姆塞斯 II" 主战坦克　/347
- "阿琼" 主战坦克　/347
- "萨布拉" 主战坦克　/348
- K2 主战坦克　/348
- T-14 主战坦克　/349
- "阿勒泰" 主战坦克　/349
- M-95 "堕落者" 主战坦克　/350
- PL-01 轻型坦克　/350
- 传奇武器鉴赏：10 式主战坦克　/351

4.2　地位不减的履带式装甲车　/353
- ASCOD 步兵战车　/353
- BMPT 坦克支援战车　/354
- K21 步兵战车　/354
- BvS10 装甲全地形车　/355
- "野马" 装甲全地形车　/355
- T-15 步兵战车　/355
- 传奇武器鉴赏："美洲狮"步兵战车　/356

4.3　面貌焕然一新的轮式装甲车　/358
- "野犬 2" 全方位防护运输车　/359
- "水牛" 防地雷反伏击车　/359
- 日本轻装甲机动车　/360
- RG-32 防地雷反伏击车　/360
- "虎" 式装甲车　/361
- BTR-90 装甲运兵车　/361
- "沙猫" 装甲车　/362
- "豺狼" 装甲车　/362
- VBCI 步兵战车　/363
- RG-31 防地雷反伏击车　/363
- BTR-4 装甲运兵车　/364
- "拳师犬" 装甲运兵车　/364
- RG-35 防地雷反伏击车　/365
- VBTP-MR 装甲车　/365
- BTR-82 装甲运兵车　/366
- "回旋镖" 装甲运兵车　/366
- 16 式机动战斗车　/366
- 传奇武器鉴赏：L-ATV 装甲车　/367
- 知名兵工厂探秘：三菱重工　/368

4.4　射程更远的重型导弹　/370
- S-400 "凯旋" 地对空导弹　/371
- 03 式地对空导弹　/371
- 9K720 "伊斯坎德尔" 弹道导弹　/372
- "铠甲 -S1" 防空系统　/372
- "烈火 2" 弹道导弹　/373
- "烈火 3" 弹道导弹　/373
- "烈火 4" 弹道导弹　/374
- "烈火 5" 弹道导弹　/374
- 传奇武器鉴赏："萨德"反导系统　/375

4.5　齐头并进的轮式与履带式自行火炮　/377
- 2S25 自行反坦克炮　/377
- 2S31 自行迫榴炮　/378
- "克莱博" 自行火炮　/378
- 2S35 自行榴弹炮　/379
- WR-40 自行火箭炮　/379
- K239 自行火箭炮　/379
- 19 式自行榴弹炮　/380
- 传奇武器鉴赏：M777 牵引榴弹炮　/380

4.6　缓慢革新的武装直升机　/382
- AH-6 "小鸟" 武装直升机　/383
- "楼陀罗" 武装直升机　/383
- 卡 -52 "短吻鳄" 武装直升机　/384
- LCH 武装直升机　/384
- S-97 "侵袭者" 武装直升机　/385

4.7　改变战争的无人车　/385
- "魔爪" 无人车　/386
- "防御者" 无人车　/386
- "黑骑士" 无人车　/387
- "角斗士" 无人车　/387
- "守护者" 无人车　/388
- "天王星 9" 无人车　/389
- MULE 无人车　/389

参考文献　　　/390

Chapter 01 一战前后

　　第一次世界大战，简称"一战"，发生时间为 1914 年 7 月 28 日至 1918 年 11 月 11 日，是资本主义国家为重新瓜分世界和争夺全球霸权而爆发的一场世界级战争。战争过程主要是同盟国和协约国之间的战斗。德国、奥匈帝国、奥斯曼帝国、保加利亚属于同盟国阵营，英国、法国、俄国、意大利、美国、塞尔维亚、比利时、罗马尼亚和希腊等则属于协约国阵营。这场战争是欧洲历史上破坏性最强的战争之一，约有 6500 万人参战，1000 多万人丧生，2000 万人受伤。战争造成了严重的经济损失。一战给人类带来了深重灾难，但在客观上促进了科学技术的发展。在一战中，各种新式武器如飞机、坦克、远程大炮等相继投入战争，是武器发展史的重要阶段。

1850—1929 年

1855 年　英国科恩在蒸汽式拖拉机的底盘上安装机枪和装甲，制成了一辆轮式装甲车，并获得专利权

1885 年　德国人卡尔·本茨研制出世界上第一辆采用汽油发动机的汽车

1897 年　法国炮兵中校德波尔设计的液压气动反后坐装置被安装在 M1897 野战炮上

1899 年　英国人西姆斯在四轮汽车上安装了装甲和一挺机枪

1900 年　英国把装甲汽车投入正在南非进行的英布战争中

1901 年　美国人伦巴德在研制林业用牵引车辆时，发明出第一条实用效果较好的履带

1903 年　美国工程师霍尔特应用伦巴德的发明，设计并制造了世界上第一台履带式拖拉机

1904 年　美国汽车和机械工程师约翰·沃尔特·克里斯蒂发明了克里斯蒂悬挂系统

1915 年　英国在履带式拖拉机的基础上研制出"小威利"坦克

1916 年　世界上第一种实用的量产坦克——英国 Mark Ⅰ坦克开始服役

1917 年　法国雷诺 FT-17 坦克开始服役，它被著名历史学家史蒂芬·扎洛加称为"世界第一辆现代坦克"

1918 年　德军使用巴黎炮攻击法国首都巴黎，其炮弹是第一个进入平流层的人造物体

1.1 纵横战场的野战炮

火炮是陆军的重要组成部分和主要火力突击力量，具有强大的火力、较远的射程、良好的精度和较高的机动能力，能集中、突然、连续地对地面和水面目标实施火力打击。因此，操作火炮的炮兵在历史上有"战争之神"的称号。

火炮自问世以来，经过长期的发展，逐渐形成了多种具有不同特点和不同用途的火炮体系，成为战争中火力作战的重要手段。在各类火炮中，野战炮是应用极为广泛的一种。野战炮最初是指可以跟随步兵一同运动进行野外作战的轻型火炮，操作野战炮的专业单位称为野战炮兵。野战炮的命名是为了与装设在要塞的火炮（如海岸炮）及较为钝重的攻城炮作出区分。

最早类似野战炮定位的火炮为蛇炮，它是由骑兵携行的管型火器，可视为野战炮的前身。实际将野战炮用于实战的是三十年战争中瑞典国王古斯塔夫二世·阿道夫的杰作，他研发出可放置在轮式车架上的火炮，让火炮从效率极低的武器一夕间演变成可以与野战单位共同进退的装备。而将野战炮发扬光大的则是法国皇帝拿破仑，他让野战炮装上更大的车轮，提供更多驮马拖曳火炮与炮弹，并让具备专业数学知识的军官操作火炮，使野战炮可以移动得更快，且具有更强大的摧毁力。

到了一战时期，火炮作为一种步兵的有限支援武器被投入战场，在战争初期的几场战役中，法军和德军的主要作战方式还是步兵线列战配合骑兵的冲击，火炮集群战术还没有正式出现。然而，仅仅过了两个月，由于火炮技术的发展，各国立刻认识到了火炮可以作为决定战场胜负的关键。于是各国纷纷开始将火炮大规模配属到一线战斗部队，尤其是威力较大又便于机动的野战炮。战争期间，交战双方都饱受火炮强大火力的摧残，火炮技术也在这一时期得到了重大发展及改进。虽然机枪在一战中给人留下了深刻印象，但火炮才是真正统治战场的武器。可以说，一战就是"拼火炮"的战争。谁的火炮多，谁的火炮大，谁就能赢得战争。

Kanone C/73 野战炮

原产国：德国	
量产时间：1873 年	
重量：2.515 吨	

Kanone C/73 野战炮是德国在 19 世纪 70 年代研制的 90 毫米牵引式野战炮，其炮管长度为 2.1 米，射速为 10 发 / 分，炮口初速为 464 米 / 秒，有效射程为 6500 米，最大射程为 7100 米。

拉依托勒 M1875 野战炮是法国在一战中研制的 95 毫米牵引式野战炮，其炮管长度为 2.28 米，射速为 1 发 / 分，炮口初速为 400 米 / 秒，有效射程为 6500 米，最大射程为 9800 米。

拉依托勒 M1875 野战炮

原产国：法国	
量产时间：1875 年	
重量：1.413 吨	

M1897 野战炮

原产国：美国	
量产时间：1897 年	
重量：0.97 吨	

M1897 野战炮是美国在 19 世纪末研制的 81 毫米牵引式轻型野战炮，其炮管长度为 2.11 米，单发炮弹重 6 千克，炮口初速为 514 米 / 秒，最大射程为 5970 米。

德班戈 M1877 野战炮

原产国：法国	
量产时间：1877 年	
重量：2.02 吨	

德班戈 M1877 野战炮是法国于 19 世纪 70 年代研制的 90 毫米牵引式野战炮，由查尔斯·拉贡德班戈设计，其炮管长度为 2.06 米，射速为 2 发 / 分，炮口初速为 500 米 / 秒，最大射程为 7600 米。

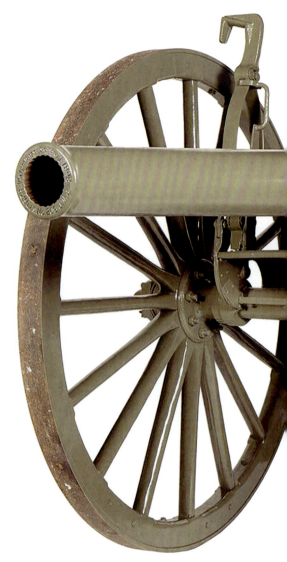

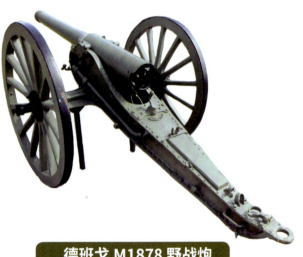

德班戈 M1878 野战炮

原产国：法国	
量产时间：1878 年	
重量：2.75 吨	

德班戈 M1878 野战炮是法国于 19 世纪 70 年代研制的 120 毫米牵引式野战炮，其总长度为 5.1 米，炮管长度为 3.25 米，射速为 1 发 / 分，炮口初速为 525 米 / 秒，最大射程为 10000 米。

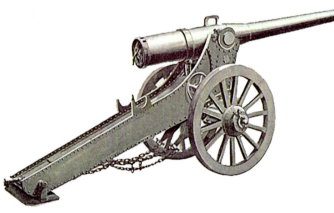

FK 96 野战炮

原产国：德国

量产时间：1896 年

重量：0.919 吨

FK 96 野战炮是德国在 19 世纪末研制的 77 毫米牵引式野战炮，其炮管长度为 2.15 米，炮弹重 6.85 千克，射速为 8 发/分，炮口初速为 465 米/秒，最大射程为 7800 米。

BL 12 磅 6 CWT 野战炮

原产国：英国

量产时间：1894 年

重量：0.911 吨

BL 12 磅 6 CWT 野战炮是英国在 19 世纪末研制的 76.2 毫米轻型野战炮，其炮管长度为 1.805 米，炮弹重 5.7 千克，射速为 8 发/分，炮口初速为 483 米/秒，最大射程为 5300 米。

sFH 02 榴弹炮

原产国：德国	
量产时间：1902 年	
重量：2.035 吨	

sFH 02 榴弹炮是德国克虏伯公司在 20 世纪初研制的 150 毫米牵引式重型野战榴弹炮，其炮管长度为 1.8 米，全炮宽度为 1.23 米，炮弹重 40.5 千克，炮口初速为 325 米/秒，最大射程为 7450 米。

M1900 野战炮

原产国：俄国	
量产时间：1900 年	
重量：1 吨	

M1900 野战炮是俄国在 20 世纪初研制的 76.2 毫米牵引式野战炮，总共生产了 2300 门左右。其炮管长度为 2.36 米，俯仰角度为 -6°至 +11°，炮弹重 6.4 千克，炮口初速为 590 米/秒，有效射程为 7500 米，最大射程为 8500 米。

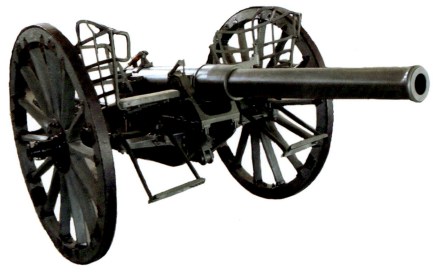

QF 15 磅野战炮

原产国：英国

量产时间：1901 年

重量：1.031 吨

QF 15 磅野战炮是英国在 20 世纪初研制的 76.2 毫米轻型野战炮，其炮管长度为 2.3 米，俯仰角度为 -5°至 +16°，炮弹重 6.4 千克，射速为 20 发 / 分，炮口初速为 510 米 / 秒，最大射程为 6400 米。

M1902 野战炮

原产国：俄国

量产时间：1902 年

重量：2.38 吨

M1902 野战炮是俄国在 20 世纪初研制的 76.2 毫米牵引式野战炮，其炮管长度为 2.28 米，俯仰角度为 -3°至 +17°，炮弹重 7.5 千克，射速为 12 发 / 分，炮口初速为 589 米 / 秒，最大射程为 8500 米。

克虏伯 M1903 野战炮

原产国：德国

量产时间：1903 年

重量：1.079 吨

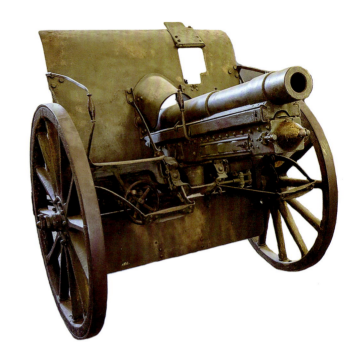

克虏伯 M1903 野战炮是德国克虏伯公司在 20 世纪初研制的 75 毫米牵引式野战炮，被德国、土耳其、丹麦、罗马尼亚、塞尔维亚、泰国等多个国家的军队采用。其炮管长度为 2.25 米，炮弹重 8.67 千克，射速为 8 发 / 分，炮口初速为 546 米 / 秒，最大射程为 6000 米。

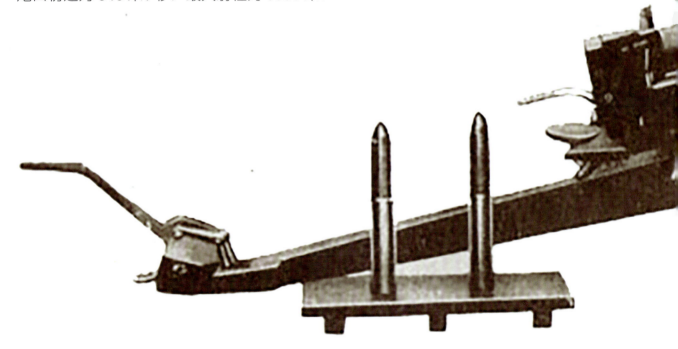

三八式野战炮

原产国：日本

量产时间：1905 年

重量：0.947 吨

三八式野战炮是由德国克虏伯公司设计、日本大阪炮兵工厂生产的 75 毫米野战炮，其总长度为 5.2 米（作战状态），炮管长度为 2.286 米，俯仰角度为 – 8°至 +43°，炮弹重 6 千克，射速为 15 发 / 分，炮口初速为 510 米 / 秒，有效射程为 8350 米，最大射程为 11600 米。

QF 18 磅野战炮

原产国：英国

量产时间：1903 年

重量：1.28 吨

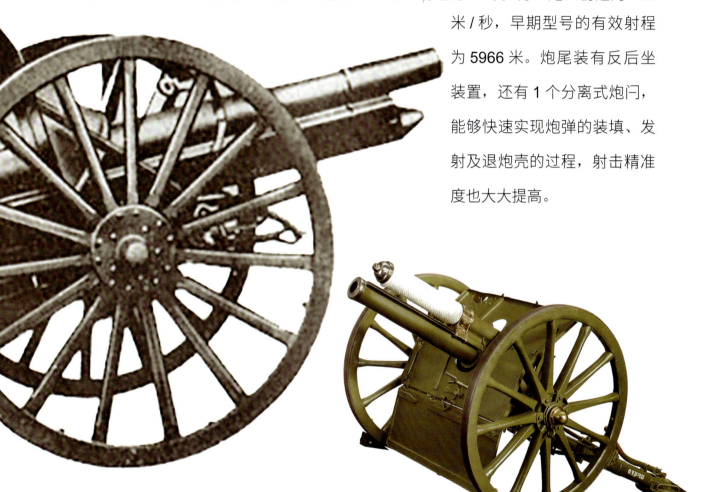

QF 18 磅野战炮是英国在 20 世纪初研制的 83.8 毫米野战炮，总产量超过 10000 门，两次世界大战中均被英国军队广泛使用。其炮管长度为 2.34 米，射速为 20 发 / 分，炮口初速为 492 米 / 秒，早期型号的有效射程为 5966 米。炮尾装有反后坐装置，还有 1 个分离式炮闩，能够快速实现炮弹的装填、发射及退炮壳的过程，射击精准度也大大提高。

QF 13 磅野战炮

原产国：英国

量产时间：1904 年

重量：1.014 吨

QF 13 磅野战炮是英国在 20 世纪初研制的 76.2 毫米野战炮，其炮管长度为 1.8 米，俯仰角度为 - 5°至 +16°，炮弹重 5.7 千克，炮口初速为 511 米 / 秒，最大射程为 5400 米。

BL 60 磅野战炮

原产国:	英国
量产时间:	1905 年
重量:	4.47 吨

BL 60 磅野战炮是英国在 20 世纪初研制的 127 毫米重型野战炮，其炮管长度为 4.04 米，俯仰角度为 –5°至 +21.5°，射速为 2 发 / 分，炮口初速为 630 米 / 秒，最大射程为 11200 米。

BLC 15 磅野战炮

原产国:	英国
量产时间:	1907 年
重量:	1.441 吨

BLC 15 磅野战炮是英国在 20 世纪初研制的 76.2 毫米轻型野战炮，其炮管长度为 2.134 米，俯仰角度为 –9°至 +16°，炮口初速为 485 米 / 秒，最大射程为 5260 米。

QF 4.5 英寸榴弹炮是英国在 20 世纪初研制的 114 毫米牵引式野战榴弹炮，其总长度为 2.7 米，炮管长度为 1.78 米，炮弹重 16 千克，射速为 4 发 / 分，炮口初速为 310 米 / 秒，有效射程为 6000 米，最大射程为 6700 米。

QF 4.5 英寸榴弹炮

原产国:	英国
量产时间:	1908 年
重量:	1.37 吨

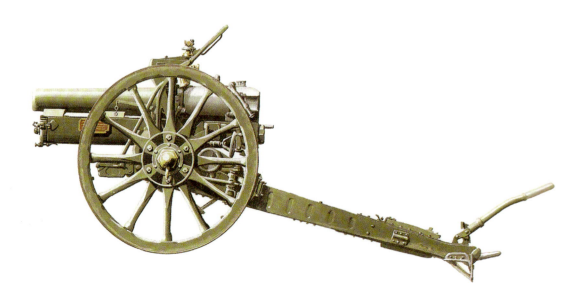

Kanone 09 野战炮

原产国：德国	
量产时间：1909 年	
重量：7.847 吨	

Kanone 09 野战炮是德国在一战前研制的 135 毫米牵引式重型野战炮，其总长度为 8.2 米，炮管长度为 5.4 米，炮弹重 42 千克，射速为 3 发 / 分，炮口初速为 695 米 / 秒，最大射程为 16500 米。

FH 98/09 榴弹炮

原产国：德国	
量产时间：1909 年	
重量：1.145 吨	

FH 98/09 榴弹炮是德国克虏伯公司在一战前研制的 105 毫米牵引式野战榴弹炮，其总长度为 1.625 米，炮管长度为 1.53 米，炮口初速为 302 米 / 秒，最大射程为 6300 米。

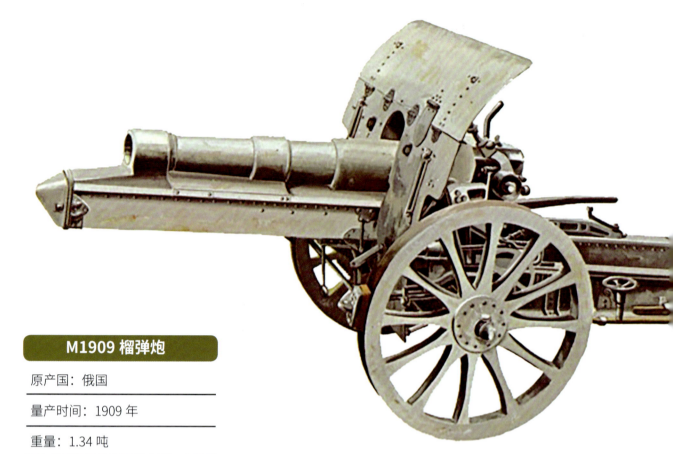

M1909 榴弹炮

原产国：俄国

量产时间：1909 年

重量：1.34 吨

M1909 榴弹炮是俄国在一战前研制的 122 毫米牵引式野战榴弹炮，其炮管长度为 1.69 米，俯仰角度为 -1°至 +43°，炮弹重 22.8 千克，炮口初速为 335 米/秒，最大射程为 7600 米。

M1910 野战炮

原产国：俄国

量产时间：1910 年

重量：2.172 吨

M1910 野战炮是俄国在一战前研制的 107 毫米牵引式野战炮，其炮管长度为 2.9 米，俯仰角度为 -5°至 +37°，射速为 5 发/分，炮口初速为 630 米/秒，最大射程为 12500 米。

sFH 13 榴弹炮

原产国：德国

量产时间：1913 年

重量：2.25 吨 -

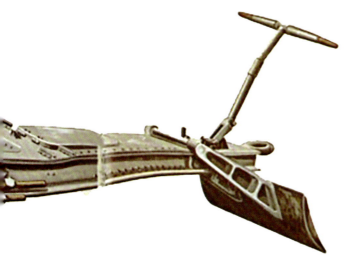

sFH 13 榴弹炮是德国在一战前研制的 150 毫米牵引式野战榴弹炮，其总长度为 2.54 米，炮管长度为 2.096 米，射速为 3 发 / 分，炮口初速为 377 米 / 秒，有效射程为 8800 米。该炮在 1913—1918 年一共生产了 3409 门，一战期间广泛装备德国炮兵部队，二战初期也有使用。

施耐德 M1910 榴弹炮

原产国：法国

量产时间：1910 年

重量：2.25 吨

施耐德 M1910 榴弹炮是法国施耐德公司在一战前研制的 152 毫米牵引式重型野战榴弹炮，其炮管长度为 1.9 米，俯仰角度为 - 1°至 +42°，炮弹重 43.5 千克，炮口初速为 335 米 / 秒，最大射程为 8700 米。

FK L/40 野战炮

原产国：德国

量产时间：1915 年

重量：5.63 吨

FK L/40 野战炮是德国在一战中研制的 150 毫米重型野战炮，其炮管长度为 5.96 米，射速为 5 发 / 分，炮口初速为 750 米 / 秒，最大射程为 18700 米。

施耐德 M1917 年式榴弹炮

原产国：法国	
量产时间：1916 年	
重量：3.3 吨	

施耐德 M1917 年式榴弹炮是法国施耐德公司在一战期间研制的 155 毫米牵引式榴弹炮，法国、美国和俄国军队都有采用，在一战和二战中都发挥了作用。该炮是以 M1915 年式 155 毫米榴弹炮为基础改进而来，为使用发射药包（而非金属药筒），修改了炮尾设计。该炮能发射包括高爆榴弹、破片杀伤弹、半穿甲弹和毒气弹在内的多种弹药。

BL 6 英寸 26 CWT 榴弹炮

原产国：英国	
量产时间：1915 年	
重量：3.693 吨	

BL 6 英寸 26 CWT 榴弹炮是英国在一战期间研制的 152 毫米牵引式榴弹炮，其总长度为 6.58 米，炮管长度为 2.21 米，俯仰角度为 0°至 +45°，炮弹重 45.4 千克，射速为 2 发 / 分，炮口初速为 430 米 / 秒，最大射程为 8700 米。

BL 6 英寸 Mk XIX 野战炮

原产国：英国

量产时间：1916 年

重量：10.34 吨

BL 6 英寸 Mk XIX 野战炮是英国在一战期间研制的 152 毫米重型野战炮，其炮管长度为 5.32 米，俯仰角度为 0°至 +38°，炮弹重 45 千克，炮口初速为 720 米 / 秒，最大射程为 17140 米。

FK 16 野战炮

原产国：德国

量产时间：1916 年

重量：1.318 吨

FK 16 野战炮是德国在一战期间研制的 77 毫米牵引式野战炮，在 1916—1918 年生产了 3000 门以上。其炮管长度为 2.695 米，射速为 5 发 / 分，炮口初速为 545 米 / 秒，有效射程为 9100 米，最大射程为 10700 米。

leFH 16 榴弹炮

原产国：德国

量产时间：1916 年

重量：2.87 吨

leFH 16 榴弹炮是德国在一战时期研制的 105 毫米牵引式野战榴弹炮，其炮管长度为 2.31 米，射速为 8 发 / 分，炮口初速为 395 米 / 秒，最大射程为 9225 米。克虏伯公司的设计师在设计 leFH 16 榴弹炮时，考虑到生产和更换损毁零件的情况，特别注重了零部件和单个组件的可维护性、统一性和互换性。例如，leFH 16 榴弹炮与 77 毫米的 FK 16 野战炮使用了相同的炮架，以及相同的复进机，并完全实现了互换。因此，leFH 16 榴弹炮便于大量快速制造，生产成本较低。

GPF 野战炮

原产国：法国	
量产时间：1917 年	
重量：13 吨	

GPF 野战炮是法国在一战后期研制的 155 毫米牵引式火炮，主要作为野战炮和海岸炮使用。其炮管长度为 5.915 米，射速为 2 发 / 分，炮口初速为 735 米 / 秒，最大射程为 19500 米。

Mrs 16 榴弹炮

原产国：德国	
量产时间：1916 年	
重量：6.68 吨	

Mrs 16 榴弹炮是德国在一战期间研制的 210 毫米牵引式榴弹炮，其炮管长度为 2.67 米，射速为 2 发 / 分，炮口初速为 393 米 / 秒，最大射程为 11100 米。

M1916 野战炮

原产国：美国	
量产时间：1916 年	
重量：1.381 吨	

M1916 野战炮是美国在一战期间研制的 75 毫米野战炮，其炮管长度为 2.31 米，炮弹重 5.38 千克，炮口初速为 531 米 / 秒，有效射程为 8900 米，最大射程为 11420 米。

M1917 野战炮

原产国：美国

量产时间：1917 年

重量：0.451 吨

M1917 野战炮是美国在一战中研制的 75 毫米野战炮，由英国 QF 18 磅野战炮改进而来，美国、英国、芬兰、希腊和菲律宾等国的军队都有采用。其炮管长度为 2.24 米，炮弹重 7.3 千克，炮口初速为 580 米 / 秒，有效射程为 7400 米。

Kanone 16 野战炮

原产国：德国

量产时间：1917 年

重量：10.87 吨

Kanone 16 野战炮是德国在一战中研制的 150 毫米牵引式重型野战炮，其总长度为 6.81 米，炮管长度为 6.41 米，射速为 3 发 / 分，炮口初速为 757 米 / 秒，最大射程为 22000 米。

M1 榴弹炮

原产国：美国

量产时间：1927 年

重量：0.653 吨

M1 榴弹炮是美国在 20 世纪 20 年代研制的轻型榴弹炮，1962 年改名为 M116 榴弹炮。由于它可以拆成 6 个部分以便运输，所以也被归类为山地炮。其总长度为 3.68 米，炮管长度为 1.38 米，炮弹重 8.27 千克，射速为 6 发 / 分，炮口初速为 381 米 / 秒，有效射程为 8800 米。M1 榴弹炮发射时虽然有炮锄支撑，但发射时的后坐力依旧会使炮身跳离地面，所以通常火炮的大架后端会放上几袋沙子，减少火炮往上跳的距离和跳动的次数，以便加速退弹和装填下一发炮弹。

传奇武器鉴赏：M1897 野战炮

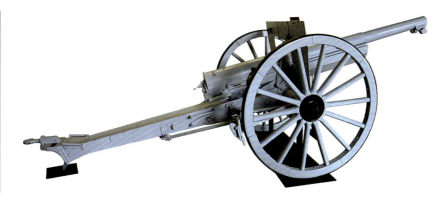

基 本 参 数	
炮管长度	2.69 米
射速	30 发 / 分
炮口初速	500 米 / 分
重量	1.544 吨
有效射程	8500 米
最大射程	11000 米

M1897 野战炮是法国研制的 75 毫米牵引式野战炮，经历了两次世界大战，深深地影响了世界火炮的设计。该炮最初被用作反人员火炮，在漫长的服役历史中，又诞生了反坦克型、高射炮型甚至自行火炮。

研发历程

普法战争后，法国的军事战略以防守为主。到了 19 世纪末期，才逐渐转变为主动进攻。因此，法军需要适合伴随步兵进攻的新式野战火炮。19 世纪 90 年代初，法国陆军选定圣克莱尔·德维尔上尉研制的一款 57 毫米速射野战炮作为原型进行发展。在研制过程中，德维尔发现短后坐机构存在一些缺陷，使火炮的射击精度受到很大影响。恰好此时，一个在德国不受赏识的工程师康拉德·豪塞尔正在为他的一种长后坐液气气压力反后坐装置专利寻找买主。德维尔伪造身份接触了豪塞尔并得到了他的反后坐系统设计。

1894 年，德维尔的新火炮进行了首次试射。然而，豪塞尔的设计存在液压油泄漏的缺陷，研发一时陷入困境。之后，液压油泄漏的问题通过更换液压机构内活塞环的材质而得以解决。经过 22 个月的测试之后，新火炮在 1898 年 5 月定型，命名为 M1897 式 75 毫米野战炮。

整体构造

M1897 式 75 毫米野战炮的主体为 75 毫米 36 倍径的线膛加农炮，炮管内有 28 条膛线。火炮采用一种改进型的螺式炮闩，并配有两道保险。炮架则采取 2 个轮子和 1 个支点的三点式设计。支架的末端配有特别的驻铲，以提高火炮快速发射时的稳定性。两个轮子的间距为 1.7 米，轮上设有手动制动装置。由于主要采取骡马机动，炮架上没有设置任何弹性悬挂系统。火炮的前部装有炮盾，可以有效防护弹片，但对高爆弹的超压则毫无办法。

作战性能

M1897 式 75 毫米野战炮的高射速在当时颇为惊人，而达成这个射速的主要保障是它独特的液压气动反后坐装置。在速射炮出现前，由于火炮缺少反后坐装置，每次射击之后火炮都会向后移动一段距离。因此炮兵在下一次射击之前必须将火炮移回之前的位置并重新瞄准。使用反后坐装置的速射炮在射击后因后坐力被机械结构抵消，故此在发射后无须再次移动和瞄准，因此唯一限制射速的只有重新装填的速度，故此可以达到极高的射击速度。M1897 式 75 毫米野战炮采用了当时各国均有研究，却无一成功的液压气动长后坐结构。

M1897 式 75 毫米野战炮采用黄铜弹壳的定装弹药。相比之前将弹头、发射药和点火药分开放置的老式火炮，定装炮弹只需一次装填就可以进行发射，也大大提高了射速。该炮起初配备两种弹药。一种是常见的 M1889 式高爆弹，另一种是 M1903 式榴霰弹。M1903 式榴霰弹以大量杀伤开阔地带的人员为主要任务。弹头内配备有 295 颗 11 毫米钢珠弹丸。炮弹发射后通过延时引线在目标上空几米爆炸，之后金属弹丸将在弹头内的苦味酸炸药的驱动下横扫敌军。

博物馆中的 M1897 式 75 毫米野战炮

M1897 式 75 毫米野战炮尾部视角

2012 年奥朗德就任法国总统时作为礼炮使用的 M1897 式 75 毫米野战炮

1.2 威力惊人的攻城炮

在人类战争史的最初阶段，修建工事就是古人保卫自己的人身和财产安全的基本操作之一。亚历山大大帝统辖麾下的马其顿勇士们大杀四方之时曾攻克过数不清的坚城和要塞；古罗马军队中曾拥有大量杰出的军事工程师；中世纪的守军们在食物、饮水等物资准备充足的情况下亦可凭借坚固的工事与优势数量的敌军长期周旋。

在冷兵器盛行的时代，高墙深垒的防御工程措施无疑是有效的，即便是14世纪火炮使用的初级阶段，城防的设计和建设也并没有发生多大的改观。原始的射石炮设计粗糙，火炮笨重而粗短，受药量不高，弹丸的飞行速度较低且弹道往往歪斜，其对坚固工事的破坏力有限，因此在火炮问世并发展的相当一段时期内，要塞的设计和建筑方式仍旧沿袭以往的经验，并未发生革命性的改变。

随着火炮制造和使用技术的进步，古老的城防修筑工程技术不断受到冲击并逐渐产生新的改变。1494年入侵亚平宁半岛的法国军队所使用的坚固且轻便的新式火炮将一座座中世纪风格的要塞夷为平地。那些曾经在中世纪模式的围城战中坚守数月乃至数年而不倒的城池在法国人密集且高效的炮击下完全不堪一击。法国人使用的铜铸长管火炮所发射的铸铁炮弹远比之前其他欧洲军队使用过的石质炮弹更加坚固，其飞行速度之快更是前所未见，并因此赋予了炮弹可怕的动能。此战表明，延续数百年的传统防御方式已无力应对新式武器的强力挑战。在这场矛与盾的直接交锋中，锐利的长矛轻易地贯穿了老朽的盾牌，同时也揭开了城防建筑工程革新的序幕。

16世纪，以几何学为指导，在防御火炮进攻的同时又需要充分发扬己方火力的，名为"火炮要塞"的新型要塞开始登上历史舞台。这种发源于意大利的新式要塞以低矮、厚实并带有一定倾斜度的城墙取代了中世纪防御体系中常见的高耸笔直但相对单薄的城墙。低矮但宽广的墙体既为守城一方的火炮提供了坚实可靠的平台，又是一种可有效防御攻城方炮弹轰击的静态防御措施。耸立的塔楼被削低成了敦实的棱堡，这些向外突出的工事每一座都有4个面，这使得它们可以消除潜在的射击死角，并为相邻的工事提供火力掩护。发展到16世纪中后期，要塞的防御技术和指导思想更加先进——革命性的深度防御的理论被应用于实践。此后，围绕棱堡的攻防所展开的相关军事理论和技战术在百余年间不断发展更新。

18世纪末至19世纪初，欧洲发生了大规模战争，战争双方都投入了大量的军队。在新的战争、新的战术思想面前，规模较小、常备守军不多、基于单纯防御指导思想的棱堡式要塞，难以完成战争所赋予的坚守任务，这种要塞在围攻火炮的轰击和敌方的强攻下很快陷落，或由于防御范围有限而被迂回、围困。于是，防御正面和纵深增大，便于兵力机动的堡垒式要塞在西欧一些国家相继出现。这种要塞的纵深可达10千米以上，其核心仍保留着带有围墙的内堡垒，在距内堡垒6～8千米的外围，配置一线堡垒带，堡垒之间相距3～4千米。在一线堡垒带与内堡垒之间配置二线堡垒带。堡垒是要塞的主要支撑点，内驻有炮兵和步兵。堡垒之间设有重炮炮台，其炮火可以支援两侧堡垒。要塞内还配备有强大的预备队，并预先构筑有野战工事和机动路，提高了要塞防御的灵活性，增加了敌方围攻、迂回的困难。

到了20世纪初，堡垒式要塞仍然受到欧洲各国的重视。当时有许多要塞盛名在外，例如比利时的列日要塞、那慕尔要塞、安特卫普要塞和法国的莫伯日要塞等。遗憾的是，这些要塞在一战爆发后相继失陷，几乎没有起到阻止和吸引大量敌人的作用。而让这些大名鼎鼎的要塞顷刻间土崩瓦解的武器，就是那些威力惊人的攻城炮。所谓攻城炮，顾名思义就是用来攻击要塞和城市的重型火炮。为了有效摧毁敌方坚固的防御工事，这些火炮的口径往往超过150毫米，甚至不乏420毫米的超大口径，而火炮的总重量也高达数吨甚至数百吨。

1914年8月初，德军5个师攻击列日要塞东端的堡垒，虽然付出了伤亡数万人的巨大代价，但是堡垒依旧未被攻克。直到8月12日，德军将大贝莎攻城榴弹炮运到阵地，仅仅伤亡数千人就攻占了整个要塞。号称"不可攻克"的那慕尔要塞在德军大贝莎攻城榴弹炮的咆哮下，仅仅3天便宣告失守。据记载，一战中唯一有效拖延了敌军围攻进程的，只有奥匈帝国加利西亚的普热梅西尔要塞，而这项纪录的诞生，主要是因为围攻该要塞的俄军缺乏攻城炮支援。

列日、那慕尔等要塞的失陷，证明要塞筑城体系已不能适应当时的战争规模和武器的发展及攻防战术的变化。这种孤立的封闭式的要塞，其工事和重型火炮集中配置、独立防守，缺少友邻和后方支援，极易被摧毁、攻陷和迂回。而在战争中，能进行有力抵抗和长期坚守的是那些由堑壕、炮台和铁丝网等构成的有较大纵深的带状阵地。因此，欧洲一些国家战后在国境线内相继建设了以堑壕、掩盖射击工事和地下掩蔽工事为主，沿正面连绵延伸、纵深梯次配置的堑壕阵地筑城体系（如马基诺防线、曼纳海姆防线和齐格菲防线等），用以取代要塞。

M1877 攻城炮

原产国：俄国

量产时间：1877 年

重量：6.66 吨

M1877 攻城炮是俄国在 19 世纪 70 年代研制的 152 毫米攻城炮，也可作为要塞炮和海岸炮，其总共生产了 1370 门。其炮管长度为 3.6 米，炮口初速为 463 米/秒，最大射程为 9300 米。

M1885 迫击炮

原产国：法国

量产时间：1885 年

重量：16.5 吨

M1885 迫击炮是法国在 19 世纪 80 年代研制的 270 毫米重型攻城迫击炮，总共生产了 32 门。其炮管长度为 3.35 米，每次发射需要 3 分钟，炮口初速为 355 米/秒，最大射程为 8000 米。

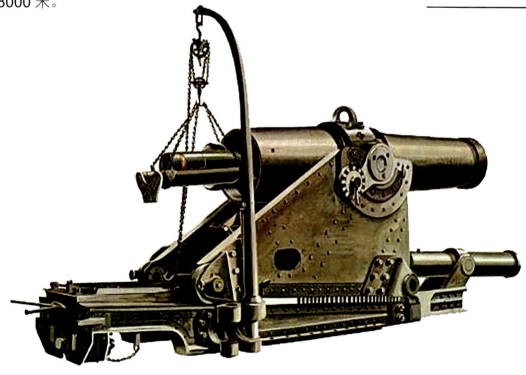

Haubitze L/12 榴弹炮

原产国：德国

量产时间：1890 年

重量：50.3 吨

Haubitze L/12 榴弹炮是德国克虏伯公司在 19 世纪后期研制的 280 毫米超重型攻城榴弹炮，也可作为海岸炮，德国军队在两次世界大战中均有使用。其炮管长度为 3.39 米，炮座可以 360 度旋转，每次发射需要 4 分钟，炮口初速为 425 米/秒，有效射程为 9900 米，最大射程为 10400 米。

二十八厘米榴弹炮

原产国：德国、日本

量产时间：1892 年

重量：10.758 吨

二十八厘米榴弹炮是由德国克虏伯公司设计、日本大阪炮兵工厂生产的 280 毫米重型攻城榴弹炮，最初用于海岸守卫。其炮管长度为 2.863 米，炮弹重 217 千克，炮口初速为 314 米/秒，最大射程为 7800 米。

M98 榴弹炮

原产国：奥匈帝国

量产时间：1900 年

重量：9.3 吨

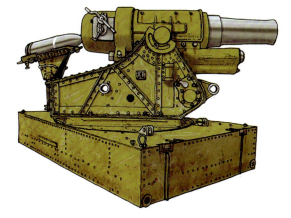

M98 榴弹炮是奥匈帝国在 20 世纪初研制的 240 毫米重型攻城榴弹炮，奥匈帝国军队持续使用到一战结束。其炮管长度为 2.18 米，炮弹重量为 133 千克，炮口初速为 278 米/秒，最大射程为 6500 米。

M1904 攻城炮

原产国：俄国

量产时间：1904 年

重量：5.437 吨

M1904 攻城炮是俄国在 20 世纪初研制的 152 毫米重型攻城炮，其炮管长度为 4.572 米，炮口初速为 623 米/秒，最大射程为 14200 米。该炮在一战、苏俄内战以及 20 世纪早期发生于俄罗斯帝国的一些区域冲突中都有使用，直到 20 世纪 30 年代早期才被新型火炮取代。

四五式榴弹炮

原产国：日本
量产时间：1912 年
重量：38 吨

　　四五式榴弹炮是日本在一战前研制的 240 毫米重型攻城榴弹炮，也是同类火炮中第一种完全由日本自主研发的型号。其炮管长度为 3.892 米，射速为 1 发/分，炮口初速为 400 米/秒，最大射程为 14000 米。在转移阵地时，四五式榴弹炮会分成炮架、摇架、可动滑轨、框架、炮身等组件，由专用牵引车运输，1 门四五式榴弹炮需要 13 辆牵引车和 104 头驮马。即使是这么庞大的运输部队，野战移动时速仍然只有 8000 米。到达新阵地前，炮组单位要先挖直径 7 米、深 1.3 米的坑洞，并将可吸收榴弹炮后坐力的框架放于其中。

斯柯达 M1911 榴弹炮

原产国：奥匈帝国
量产时间：1911 年
重量：20.83 吨

　　斯柯达 M1911 榴弹炮是奥匈帝国在一战前研制的 305 毫米重型攻城榴弹炮，总共生产了 79 门。其炮管长度为 3.05 米，射速为 12 发/时，炮口初速为 340 米/秒，有效射程为 9600 米，最大射程为 11300 米。

伽马榴弹炮

原产国：德国

量产时间：1909 年

重量：150 吨

伽马榴弹炮是德国克虏伯公司在 20 世纪初研制的 420 毫米超重型攻城榴弹炮，总共生产了 10 门。其总长度为 13.5 米，炮管长度为 6.72 米，最大射程为 14200 米。伽马榴弹炮过于笨重，必须拆开用火车运输，在到达阵地前要重新组装，非常麻烦。后来，克虏伯公司在伽马榴弹炮的基础上研制了便于通过公路机动的大贝莎榴弹炮。

大贝莎榴弹炮

原产国：德国

量产时间：1914 年

重量：42.6 吨

大贝莎榴弹炮是一战期间德国使用的一种 420 毫米超重型攻城榴弹炮，由克虏伯公司设计和制造，总共生产了 10 门。其总长度为 10 米，炮管长度为 5.04 米，射速为 8 发/时，炮口初速为 400 米/秒，最大射程为 9300 米。1914 年 8 月，德军使用大贝莎榴弹炮摧毁了比利时列日要塞东端的堡垒。1916 年凡尔登战役中，德军也曾派出 4 门大贝莎榴弹炮参战，但是没能扭转战局。此役之后，因为协约国火炮的射程已大大增加，大贝莎榴弹炮的使用变得很危险，于是德军将其撤下并不再使用，直到战争结束。

BL 8 英寸 Mk VI 榴弹炮

原产国：英国
量产时间：1915 年
重量：8.74 吨

BL 8 英寸 Mk VI 榴弹炮是英国在一战期间研制的 203 毫米牵引式重型攻城榴弹炮，其炮管长度为 2.972 米，俯仰角度为 -4°至 +45°，炮弹重 91 千克，炮口初速为 400 米/秒，最大射程为 9825 米。

M1914 迫击炮

原产国：法国
量产时间：1914 年
重量：28.6 吨

M1914 迫击炮是法国在一战期间研制的 370 毫米重型攻城迫击炮，由路易斯·菲尤设计，也可作为海岸炮使用。其炮管长度为 2.96 米，每次发射需要 3 分钟，炮口初速为 318 米/秒，最大射程为 10500 米。

斯柯达 M14 榴弹炮

原产国：奥匈帝国
量产时间：1914 年
重量：105 吨

斯柯达 M14 榴弹炮是奥匈帝国在一战期间研制的 420 毫米超重型攻城榴弹炮，其炮管长度为 6.29 米，炮座可以 360°旋转，每次发射需要 5 分钟，炮口初速为 435 米/秒，最大射程为 14600 米。

BL 9.2 英寸榴弹炮

原产国：英国

量产时间：1914 年

重量：5 吨

BL 9.2 英寸榴弹炮是英国在一战期间研制的 233 毫米重型攻城榴弹炮，分为 Mk 1 型和 Mk 2 型两种型号。Mk 1 型的炮管长度为 3 米，炮口初速为 362 米 / 秒，最大射程为 9200 米；Mk 2 型的炮管长度为 4 米，炮口初速为 490 米 / 秒，最大射程为 12742 米。

M1915 榴弹炮

原产国：俄国

量产时间：1915 年

重量：63.9 吨

M1915 榴弹炮是俄国在一战期间研制的 305 毫米重型攻城榴弹炮，在两次世界大战中都有使用。该炮的射速为 3 发 / 分，炮口初速为 442 米 / 秒，最大射程为 13470 米。

斯柯达 M16 榴弹炮是奥匈帝国在一战中研制的 380 毫米超重型攻城榴弹炮，总共生产了 10 门。其炮管长度为 6.46 米，每次发射需要 5 分钟，炮口初速为 459 米 / 秒，最大射程为 15000 米。

斯柯达 M16 榴弹炮

原产国：奥匈帝国

量产时间：1916 年

重量：81.7 吨

巴黎炮

原产国：德国

量产时间：1918 年

重量：256 吨

巴黎炮是一战期间德国用来轰击巴黎的超级火炮，又名"威廉皇帝炮"，在 1918 年 3 月到 8 月期间服役，是有史以来射程最远的火炮，有效射程达 130 千米。巴黎炮整个计划极为机密，发射地库西堡-欧夫里克与目标巴黎市距离为 121 千米，炮弹重量约为 125 千克，能发射 40 千米高空，也是第一个进入平流层的人造物体。巴黎炮安装在列车上，沿铁路轨道移动，每次发射需动员 80 人操作。由于超长射程，德国科学家需小心计算科里奥利力对炮弹的影响，炮弹进入平流层后阻力会大减，能有效提高射程。

巴黎炮本身目标并不是摧毁巴黎市，而是心理威慑法国人，但在战略上来说，巴黎炮是一项失败品，只造成 300 多人死亡和 900 多人受伤。到了 20 世纪 30 年代，德国以巴黎炮获得的知识，研发长程火箭取代巴黎炮。而克虏伯公司也研发了新的列车炮——K12 列车炮，是巴黎炮的优化版本，曾用来跨越英吉利海峡轰击英国。

1.3 小巧灵活的轻型火炮

除了数量众多的野战炮和威力惊人的攻城炮,现代陆军还装备了不少轻型火炮,包括步兵炮、山地炮和轻型迫击炮等。

顾名思义,步兵炮不是配属给专门的炮兵部队,而是配发到步兵团里,由团属炮兵连或排操作,主要用来支援步兵作战。步兵炮起源于一战时期,当时欧洲各交战国把战壕越挖越长,双方用机枪封锁战线,一时间都难以获得突破。为了反制机枪,法国率先使用37毫米M1916步兵炮,这种火炮就像是1门小口径狙击炮,通常隐秘地部署起来,伺机打掉敌人的机枪火力点。这种火炮随后得到多个国家的仿制,在一战后逐步发展到75毫米口径。步兵炮的特点是射程较短,精度较高,重量较轻,炮身低矮,战场上可以由炮组推着灵活机动,日常行军用骡马、车辆等拖曳。它们伴随步兵行动,用于在一线清除火力点,有的步兵炮也可以发射破甲弹,关键时刻充当反坦克炮使用,但是效果并不理想。

与步兵炮相比,山地炮是由正规且独立的炮兵装备,一般配备师属炮兵团。山地炮是一种中口径榴弹炮,主要用于山地战以及其他难以运送重武器的地区的战斗。山地炮的特点同样是轻,不过没有轻到步兵炮那种程度,同时它也强调火炮威力,毕竟它要应付的目标并不是单纯的机枪火力点,而是要给师级部队提供压制火力,因此火炮的射程和威力都需要提升。山地炮的设计和步兵炮类似,并且容易拆成较小的部件来进行人力、骡马、拖拉机运输。一战时期,山地炮大部分都是75毫米口径,它们的弹道较为弯曲,适合在山地射击。因为炮弹初速更快,所以山地炮也具备一定的反坦克能力,可以对轻型坦克造成威胁。

RML 2.5 英寸山地炮

原产国：英国

量产时间：1877 年

重量：0.363 吨

RML 2.5 英寸山地炮是英国在 19 世纪 70 年代研制的 63.5 毫米山地炮，其总长度为 1.75 米，炮管长度为 1.68 米，炮口初速为 438 米 / 秒，最大射程为 3658 米。

QF 2.95 英寸山地炮

原产国：英国

量产时间：1897 年

重量：0.38 吨

QF 2.95 英寸山地炮是英国维克斯公司在 19 世纪末研制的 75 毫米山地炮，其炮管长度为 0.911 米，俯仰角度为 -10°至 +27°，射速为 14 发 / 分，炮口初速为 280 米 / 秒，最大射程为 4412 米。

埃尔哈特 M1904 山地炮

原产国：德国

量产时间：1904 年

重量：0.529 吨

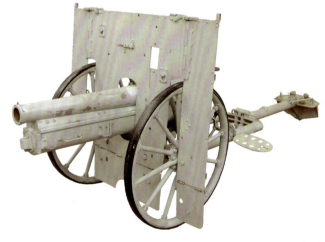

埃尔哈特 M1904 山地炮是德国在 20 世纪初研制的 75 毫米山地炮，其炮管长度为 1.27 米，俯仰角度为 -7°至 +38.5°，炮弹重 5.3 千克，炮口初速为 300 米 / 秒，最大射程为 5750 米。

M1909 山地炮

原产国：	俄国
量产时间：	1909 年
重量：	1.225 吨

M1909 山地炮是俄国在一战前研制的 76 毫米山地炮，苏联军队在二战中仍有使用。其炮管长度为 1.25 米，炮弹重 6.23 千克，炮口初速为 387 米/秒，俯仰角度为 -6°至 +28°，最大射程为 8550 米。

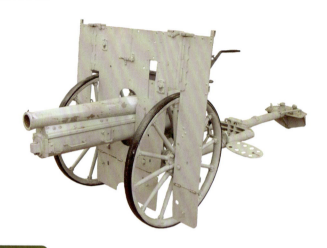

2 英寸迫击炮

原产国：	英国
量产时间：	1915 年
重量：	0.048 吨

2 英寸迫击炮是英国在一战中研制的 50.8 毫米迫击炮，其炮管长度为 1.04 米，炮弹重 5.6 千克，射速为 3 发/分，最大射程为 520 米。

四一式山地炮

原产国：日本

量产时间：1911 年

重量：0.544 吨

四一式山地炮是日本在一战前研制的 75 毫米山地炮，其总长度为 4.31 米，炮管长度为 1.1 米，俯仰角度为 –18°至 +40°，炮口初速为 435 米/秒，最大射程为 7022 米。

QF 3.7 英寸山地炮是英国在一战期间研制的 94 毫米山地榴弹炮，其炮管长度为 1.1 米，炮弹重 9.1 千克，俯仰角度为 –5°至 +40°，炮口初速为 297 米/秒，最大射程为 5394 米。

QF 3.7 英寸山地炮

原产国：英国

量产时间：1915 年

重量：0.73 吨

M1915 步兵炮

原产国：俄国

量产时间：1915 年

重量：0.18 吨

M1915 步兵炮是俄国在一战中研制的 37 毫米步兵炮，苏联军队在二战时期仍有使用。其总长度为 1.6 米，炮管长度为 0.7 米，全炮宽度和高度均为 1 米，炮口初速为 442 米/秒，最大射程为 3200 米。

斯柯达 M15 山地炮

原产国：奥匈帝国

量产时间：1915 年

重量：0.613 吨

斯柯达 M15 山地炮是奥匈帝国在一战中研制的 75 毫米山地炮，其炮管长度为 1.15 米，俯仰角度为 -10°至 +50°，炮弹重 6.35 千克，射速为 8 发/分，炮口初速为 349 米/秒，最大射程为 8250 米。

M1927 步兵炮

原产国：苏联

量产时间：1927 年

重量：0.78 吨

M1927 步兵炮是苏联在 1928—1943 年生产的 76 毫米步兵炮，总产量超过 18000 门。其总长度为 3.5 米，炮管长度为 1.25 米，炮弹重 6.2 千克，射速为 12 发/分，炮口初速为 387 米/秒，最大射程为 4200 米。

斯柯达 M1916 山地炮

原产国：奥匈帝国

量产时间：1916 年

重量：1.235 吨

斯柯达 M1916 山地炮是奥匈帝国在一战期间研制的 100 毫米山地炮，其炮管长度为 1.93 米，俯仰角度为 - 8°至 +70°，炮弹重 16 千克，射速为 5 发 / 分，炮口初速为 341 米 / 秒，有效射程为 7090 米，最大射程为 8490 米。

M1916 步兵炮

原产国：法国

量产时间：1916 年

重量：0.161 吨

M1916 步兵炮是法国在一战期间研制的 37 毫米步兵炮，法国、美国、意大利和波兰等国的军队均有采用。其炮管长度为 0.74 米，射速为 25 发 / 分，炮口初速为 367 米 / 秒，有效射程为 1500 米，最大射程为 2400 米。

M1917 步兵炮

原产国：美国

量产时间：1917 年

重量：0.441 吨

M1917 步兵炮是美国伯利恒钢铁公司在一战期间研制的 37 毫米步兵炮，总共生产了 185 门，主要用户为美国陆军和法国陆军。其炮管长度为 1.73 米，俯仰角度为 - 5°至 +15°，炮口初速为 640 米 / 秒，最大射程为 3700 米。

1.4 守卫天空的高射炮

1870年普法战争中，普鲁士派重兵包围了法国首都巴黎，切断了它与外界的地面联系。法国政府为了突破重围，派人乘热气球飞出城区，与城外联系。为此，普鲁士研制了专打气球的火炮。这种火炮是由加农炮改装的，口径为37毫米，安装在可以移动的四轮车上。为了追踪射击飘行的气球，由几名普军士兵操作火炮，改变炮位和射击方向，打下了不少气球，并由此得名"气球炮"，它就是高射炮的雏形。

20世纪初期，随着气球越来越广泛地应用在战争之中，很多军火公司提出了关于研制专门的高射武器和弹药的主张，当时提出的弹药种类包括高爆弹、燃烧弹、榴霰弹、杆状破片弹、链状破片弹等；引信包括碰炸和定时等种类。1906年，德国埃哈尔特公司根据飞机和飞艇的特点，改进了原来的气球炮装置，制成专门用来射击飞机和飞艇的火炮。这标志着世界上第一门高射炮的正式问世。此后，德国又相继研制出了几种性能更优越的高射炮。在这一时期，俄国、英国、美国、法国、意大利等工业发达国家也制成了高射炮。

在早期制成的高射炮中，性能最好的是德国1914年制造的77毫米高射炮。其突出特点是在四轮炮架上装有简单炮盘。这种炮盘在行军时可以折叠起来，用马或车辆牵引；作战时，打开炮盘，支起炮身即可对空射击。炮盘的使用既便于火炮转移阵地，又缩短了由行军转到作战状态的时间。由于它采用控制手轮调整身管进行瞄准，而且首次采用炮盘，因而射击命中率较高。

一战爆发后，面对空中威胁，各国开始积极研制新的高射炮。这一时期的高射炮主要是改装自中小口径的野战加农炮。法国和俄都采用改装了的简易防空炮架的75毫米和76.2毫米火炮。这种简易改装对飞艇和气球的命中率尚可，但对固定翼飞机几乎无效，因为这类改装的火炮普遍缺乏测量目标距离、高度、速度等诸元参数的火控系统，士兵对防空作战缺乏经验和概念，手动设置的定时引信通常不能有效地在目标附近爆炸。

当时的弹药也有不足。高爆弹和榴霰弹的定时引信主要是药盘定时和机械定时两种工作模式，其中前者在射向高空时由于空中大气稀薄，燃烧速度变慢，导致弹药不能在预定时间和位置爆炸。为了更好地打击用氢气灌装的齐柏林飞艇，英国人发明了燃烧弹。同时英国人还发明了曳光弹用于夜间射击。

为了配合军队移动，各国还将防空武器安装在车辆上，这就是自行高射炮的雏形。不过，因为一战期间多数军队很少移动，所以此类安装在车辆上的自行防空武器并未流行，多数高射炮仍由畜力或人力移动。

QF 12 磅 12 CWT 高射炮

原产国：英国

量产时间：1914 年

重量：4 吨

QF 12 磅 12 CWT 高射炮是英国在一战期间研制的 76.2 毫米高射炮，其炮管长度为 3.048 米，俯仰角度为 0°至 +85°，炮架可以 360°旋转，炮弹重 5.67 千克，炮口初速为 670 米/秒，最大射程为 6100 米。

QF 3 英寸 20 CWT 高射炮

原产国：英国

量产时间：1914 年

重量：5.99 吨

QF 3 英寸 20 CWT 高射炮是英国在一战期间研制的 76.2 毫米高射炮，其炮管长度为 3.58 米，俯仰角度为 -10°至 +90°，炮架可以 360°旋转，炮弹重 7.3 千克，射速为 18 发/分，炮口初速为 760 米/秒，有效射程为 4900 米，最大射程为 7200 米。

FlaK L/35 高射炮

原产国：德国

量产时间：1914 年

重量：2.05 吨

FlaK L/35 高射炮是德国克虏伯公司在一战期间研制的 77 毫米高射炮，总共生产了 394 门。其炮管长度为 2.7 米，俯仰角度为 +1°至 +60°，炮弹重 6.85 千克，射速为 12 发 / 分，炮口初速为 487 米 / 秒，最大射程为 7200 米（平射）。

M1914/15 高射炮

原产国：俄国

量产时间：1915 年

重量：0.44 吨

M1914/15 高射炮是俄国在一战期间研制的 76 毫米高射炮，也是俄国第一种专用高射炮。其总长度为 2.3 米，炮管长度为 1.79 米，俯仰角度为 –5°至 +65°，射速为 12 发 / 分，炮口初速为 588 米 / 秒，最大射程为 9500 米（平射）。M1914/15 高射炮采用半自动惯性楔形立式炮闩，并采用舰炮方式安装在中央转轴，身管下方是液力复进筒。该炮能使用 76.2 毫米 M1902 野战炮的全部炮弹，还能发射定时引信高射炮弹。

M1918 高射炮

原产国：美国

量产时间：1918 年

重量：5.5 吨

M1918 高射炮是美国在一战期间研制的 76.2 毫米高射炮，其总长度为 7.6 米，炮管长度为 3.8 米，俯仰角度为 +10°至 +85°，炮架可以 360°旋转，炮弹重 6.8 千克，炮口初速为 730 米 / 秒，最大射程为 7900 米。

八八式高射炮

原产国：日本	
量产时间：1927 年	
重量：2.74 吨	

八八式高射炮是日本在 20 世纪 20 年代后期研制的 75 毫米高射炮，其总长度为 5 米，炮管长度为 3.21 米，炮弹重 6.6 千克，射速为 20 发 / 分，炮口初速为 720 米 / 秒，最大射程为 9098 米。日本在二战爆发时仍将它作为主要野战防空武器，直到二战结束前都没有新型号能够完全取代它。

博福斯 M1929 高射炮

原产国：瑞典	
量产时间：1929 年	
重量：4.2 吨	

博福斯 M1929 高射炮是瑞典博福斯公司在德国克虏伯公司工程师的帮助下研发的一门高射 / 平射两用炮，其总长度为 5.9 米，炮管长度为 3.9 米，炮弹重 6.4 千克，炮口初速为 850 米 / 秒，最大射程为 11000 米。

1.5 探索前行的早期坦克

一战期间，英军新闻官员斯文顿上校目睹了进攻的英法联军士兵被德军严密火力大量杀伤的惨状，设想在拖拉机上安装钢甲和枪炮，使之成为能够跨越堑壕、不怕枪弹的进攻型战斗车辆。这个聪明绝顶的创意直接导致了 Mark I 重型坦克的问世。

"坦克"是英语"Tank"的音译，原意为"大水柜"。这个名称是为了在英国首次使用坦克作战前，对外保密而起的。1916 年 9 月 15 日，在法国的索姆河战役前线，英军的 32 辆钢铁怪物以 6 千米/时的速度向铁丝、堑壕密布的德军阵地开进，并向因恐慌而四散逃命的德军士兵喷吐着火舌，很快就突破了德军防线。英军取得了战斗的胜利，而伤亡人数只有过去的 5%。从此，这种以"水柜"为名秘密生产的武器正式走上历史的舞台。

此后，英国又在 Mark I 重型坦克基础上，先后设计生产了 Mark II 至 Mark V 重型坦克，其中 Mark IV 重型坦克的生产数量最多，参加了费莱尔、康布雷等著名战役，并一直使用到一战结束。与此同时，英国还设计生产了 Mark A 中型坦克、Mark C 中型坦克等。

法国是继英国之后第二个生产坦克的国家，先后研制了施耐德 CA1 重型坦克、"圣沙蒙"重型坦克、雷诺 FT-17 轻型坦克和 Char 2C 重型坦克。1917 年，德国也开始制造 A7V 重型坦克。

1918 年 6 月 4 日，法军使用两个坦克营共 80 辆雷诺 FT-17 轻型坦克，在巴黎东北的维雷科特雷地区，以连排为单位配属步兵，向德军实施反突袭，此次作战开创了坦克连配合步兵连实施协同作战的战例。

总的来说，初期坦克的可靠性差、底盘没有独立悬吊系统，非常不舒适，操控环境也不人性化，造成乘员晕眩呕吐，抱怨连连。在一战中，也没有发生多数坦克在战场上对决的场面。

"小威利"中型坦克
原产国：英国
设计时间：1915 年
重量：16.5 吨

"小威利"中型坦克是英国研制的世界上第一种坦克，又称"小游民"。这种坦克刚问世便已经落后，无法适应战场环境，所以仅制造了原型车。它基本上就是在履带式拖拉机底盘上焊接了 1 个铁壳，没有悬挂、乘坐舒适性差、通过能力差、可靠性差、行驶速度慢、转向困难、没有装甲，几乎没有实用价值。不过，"小威利"坦克完全开启了英国坦克设计的大门。

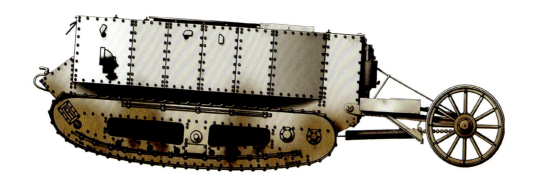

施耐德 CA1 坦克是法国研制的第一种坦克，研发目的是破坏战场上的铁丝网。该坦克没有上部旋转炮塔，在车长舱的右边设有 1 门 75 毫米迫击炮，在车体左右两侧各设置 1 挺 8 毫米霍奇基斯 M1914 机枪，车首以大角度向前倾斜，大幅度凸出于底盘之外，并在最前方装置 1 具钢缆剪，作为破坏并推开铁丝网之用。车内空间非常狭窄且低矮，底板至车顶高度只有 0.9 米，6 名车组人员只能蹲在狭小的车厢内。初期装甲板只有 5.5 毫米厚，后来因为防护性能太差而改为 11 毫米厚。

施耐德 CA1 重型坦克
原产国：法国
量产时间：1915 年
重量：13.6 吨

"沙皇"坦克

原产国：俄国

设计时间：1915 年

重量：60 吨

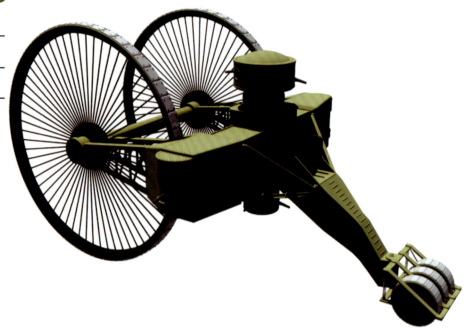

"沙皇"坦克是俄国在一战期间研制的超重型坦克，是为数不多的无履带坦克之一。它的 2 个前轮直径为 27 英尺（约 8.23 米），其上安装了巨型重炮。在测试中，凭借巨大的车轮，"沙皇"坦克可以轻易跨越荒原，撞倒树木。然而，虽然两个巨大的轮子可以碾压一切障碍，但背后那个小小的转向轮却屡次被障碍物卡住，使战车动弹不得。同时，军官们还指出其另一个巨大弱点：高耸的车轮是敌方炮火的绝佳目标。再加上项目耗资巨大，"沙皇"坦克项目最终被停止。

"越野车"坦克

原产国：俄国

设计时间：1915 年

重量：4 吨

"越野车"坦克是俄国在一战期间研制的轻型坦克。一战爆发后，一名 23 岁的俄国飞机设计师亚历山大·普罗霍夫斯契柯夫受命开发一种具备优良越野性能的履带式车辆，他在 1915 年 1 月完成了自己的设计，并且通过自己的人脉获得了一笔军方的补贴资金。该车的原型车在当年 5 月完成了测试，据说速度很快，但此后便无下文。到了 1916 年 10 月，有人试图重启这个项目，因为经费不足而作罢。有趣的是，普罗霍夫斯契柯夫在许多年后声称，他的发明才是世界上第一种坦克。

Mark I 重型坦克

原产国：英国

量产时间：1916 年

重量：28 吨（雄性）

Mark I 坦克是英国在一战中研制的坦克，是世界上第一种正式参与战争的坦克。1916 年 9 月 15 日，该坦克在索姆河战役首次参战。它的主要作用是破坏战场上的铁丝网、越过战壕，能抵御小型武器的射击。因为赋予的任务不同，Mark I 重型坦克有两种型号，没有装备火炮只配有机枪的称为"雌性坦克"，装备火炮并配有机枪的称为"雄性坦克"。"雌性坦克"共装备 5 挺 7.7 毫米机枪，"雄性坦克"共装备 2 门 QF 6 磅炮和 3 挺 7.7 毫米机枪。Mark I 坦克的操控十分困难，转弯是依靠控制左右两边履带的速度。该坦克有 8 名乘员，其中 4 名乘员要负责操控坦克。由于没有无线电通信，所以车内会携带两只信鸽用来与司令部通信。

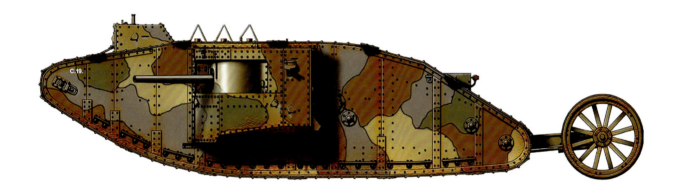

Mark II 重型坦克是在 Mark I 重型坦克的基础上进行了很小的修改，原因是 Mark II 坦克原来的制造目的是用来作为训练车，但是由于 Mark I 坦克的生产数量未能达标，所以 Mark II 坦克也参加了 1917 年 4 月的阿拉斯战役。从 1916 年 12 月至 1917 年 1 月，Mark II 坦克一共生产了 50 辆（25 辆"雄性坦克"和 25 辆"雌性坦克"）。

Mark II 重型坦克

原产国：英国

量产时间：1916 年

重量：28 吨（雄性）

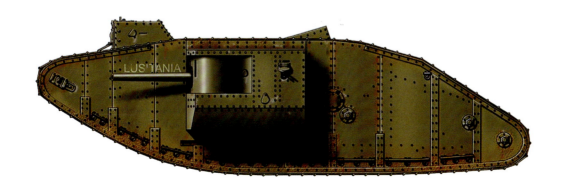

Mark A 中型坦克

原产国：英国

量产时间：1917 年

重量：14 吨

Mark A 中型坦克是英国在一战期间研制的中型坦克，搭载 2 台汽油发动机，单台最大功率为 33 千瓦。变速箱有 4 个前进挡和 1 个后退挡，最高时速为 13.4 千米/时。该坦克的主要武器是 4 挺 7.7 毫米霍奇基斯机枪，装甲厚度为 14 毫米。

Mark III 重型坦克

原产国：英国

量产时间：1917 年

重量：28 吨（雄性）

Mark III 坦克和 Mark II 坦克一样，原计划作为训练车，但和 Mark II 坦克不同的是，有很多其后用于 Mark IV 坦克的新设计都放在 Mark III 坦克做试验，所以 Mark III 坦克和 Mark II 坦克的差别较大。Mark III 坦克一共生产了 50 辆。

Mark IV 重型坦克

原产国：英国

量产时间：1917 年

重量：28.4 吨（雄性）

与 Mark I、Mark II 和 Mark III 坦克相比，Mark IV 重型坦克拥有更厚的装甲、更宽的履带和更大的油箱，并且给坦克发动机配备了排气管和降噪装置，车内加装了冷却和排气装置。车体顶部安装了横梁导轨，部分履带板拴接钢销以增强坦克行驶性能。Mark IV 坦克的炮座尺寸更小，无须拆卸就可以进行铁路运输。"雄性"Mark IV坦克的2门QF 6磅炮由40倍径改为32倍径,炮管更短,初速更低。辅助武器仍然是3挺7.7毫米机枪。此外,为了对付德军坦克,部分"雌性"Mark IV坦克也装备了1门QF 6磅炮,被称为"雌雄同体"。

Mark V 重型坦克

原产国:英国

量产时间:1917年

重量:29吨(雄性)

1916年年底,英国军方下令开发Mark系列坦克的新型号Mark V和Mark VI。到了1917年夏季,工程师提交了两个方案,最终军方选择了Mark V重型坦克,Mark VI重型坦克则被取消。Mark V重型坦克是Mark IV重型坦克的改进型,主要改进了转向系统、传动装置,换装了功率更大的发动机。该坦克同样分为"雄性"和"雌性",武器配置方式与Mark IV重型坦克相同。Mark V重型坦克仍然存在车内空气不洁的缺点,火药和发动机产生的污染气体只能依靠顶部安装的风扇排出,以至于经常出现乘员失去意识而无法作战的情况。从1917年至1918年6月,Mark V重型坦克共生产了400辆。

"飞象"重型坦克

原产国：英国

设计时间：1917年

重量：100吨

"飞象"重型坦克是英国在一战期间设计的一款超重型坦克。在英国陆地战舰委员会的构想中，"飞象"坦克必须是坚甲与利炮的组合，装甲钢板至少有1英寸（25.4毫米）厚，主炮口径不应低于5英寸（127毫米）。尽管工程师和职业军人对机械化战争时代的到来达成了一致，但在具体的技术问题上，两者的分歧却难以调和。后来，由于Mark系列坦克在战场上没有得到正确的使用，英军高层逐渐对坦克失去了信心。1917年2月中旬，一纸命令宣告了"飞象"坦克项目的终止。

"圣沙蒙"重型坦克是法国在一战中研制的第二款坦克，从1917年4月至1918年7月制造了400辆。虽然不是现今定义的坦克，但一般来说在早期坦克发展中起到了重要作用。"圣沙蒙"重型坦克的主要武器是1门75毫米火炮，辅助武器为4挺霍奇基斯M1914重机枪。该坦克的缺点是动力不足，最高时速仅有12千米/时。此外，由于车体较长（8.9米），大大限制了主炮的旋转，使它的战术用途极为有限。

"圣沙蒙"重型坦克

原产国：法国

量产时间：1917年

重量：23吨

A7V 重型坦克

原产国：德国

量产时间：1917 年

重量：33 吨

A7V 重型坦克是德国研制的第一种坦克，其 57 毫米主炮的后坐行程短，能在 2000 米外击毁各种英军战车。不过，火炮仅能左右 25°转动，火力涵盖面稍显不足。除了主炮以外，A7V 坦克还安装了 6 挺 MG08 重机枪，车体左右两侧、车身后方各两挺。每挺重机枪皆为 2 人操作，车内共有 3.6 万发机枪弹。除了固定武器以外，考虑到坦克一旦遭到击毁后乘员必须下车作战，因此还准备了轻机枪、步枪、手枪和手榴弹等武器。因为车内没有灯光，工程师设计了简单的射击指示灯，射击指示灯仅有"注意"与"射击"两个指令。

M1917 轻型坦克

原产国：美国

量产时间：1917 年

重量：6 吨

1917 年 4 月美国加入一战后，美国陆军远征军急需坦克，于是美国迅速与法国进行了谈判，获得了雷诺 FT-17 轻型坦克在美国生产的许可权。出于安全考虑，早期生产的坦克被称为"6 吨特种拖拉机"。后来，坦克被正式命名为 M1917 轻型坦克。美国福特汽车公司的工程师对雷诺 FT-17 轻型坦克的设计作了一些修改。这些修改有些是车体表面上的，有些是为了解决向前线部队提供非标准弹药和装备而造成的后勤问题。

"霍尔特气电"重型坦克

原产国：美国

设计时间：1917 年

重量：25.4 吨

"霍尔特气电"重型坦克是美国霍尔特制造公司和通用电气公司联合设计的重型坦克，搭载 1 台 67 千瓦的四缸汽油发动机，该发动机通过简单的变速器连接到通用电气公司研发的发电机。来自发电机的电力输送到控制装置，之后进入 2 台牵引电动机。该坦克的主要武器为 1 门 75 毫米火炮，车内有 6 名乘员，包括 1 名指挥官、1 名驾驶员、1 名炮手、1 名装填手和 2 名机枪手。"霍尔特气电"重型坦克仅制造了一辆原型车，因机动性和可操作性很差，最终被放弃。

Mark VIII 重型坦克

原产国：英国、美国、法国

量产时间：1918 年

重量：38 吨

Mark VIII 重型坦克旨在服务于英国、法国和美国军队的装甲部队，其生产所需的材料、火炮和生产线是由三国共同承担。该坦克重达 38 吨，装甲最厚 16 毫米，搭载 1 台 220 千瓦发动机，最高速度为 10 千米/时，搭载 2 门 57 毫米火炮和 7 挺 7.92 毫米机枪。在三国的设想中，到 1919 年，就能打造出一支庞大的坦克部队，以突破德军防线。不过，Mark VIII 坦克的生产难度较大，到 1918 年 11 月战争结束时只生产了 125 辆。

有别于其他 Mark 系列，Mark IX 重型坦克更像是一种装甲运兵车，除 4 名战车操作人员外，还可乘载 30 名士兵。该车搭载 1 台 110 千瓦发动机，最大速度为 6.9 千米/时，装甲最厚 10 毫米，搭载 2 挺 7.7 毫米机枪。Mark IX 是世界上第一种真正意义上的专职装甲运兵车，在一战时期，虽然坦克的行驶速度还不及自行车，但依旧比步兵快得多，很多时候付出巨大代价夺取阵地，却发现没有步兵巩固。Mark IX 就是专门设计用来给步兵代步的装甲车，不过直到战争结束，也只生产了 34 辆。

Mark IX 重型坦克

原产国：	英国
量产时间：	1918 年
重量：	27 吨

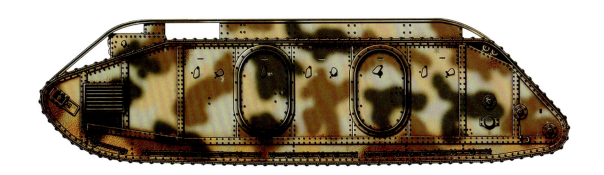

Mark B 中型坦克是英国在一战中研制的中型坦克，搭载 1 台里卡多四缸汽油发动机，最大功率为 75 千瓦。该坦克的主要武器是 4 挺 7.92 毫米机枪，装甲厚度为 14 毫米，最大速度为 10 千米/时，最大行程为 105 千米。

Mark B 中型坦克

原产国：	英国
量产时间：	1918 年
重量：	18 吨

K-Wagen 重型坦克

原产国：德国

设计时间：1918 年

重量：120 吨

K-Wagen 重型坦克是德国在一战中设计的超重型坦克，按照最初的设计，这种坦克的重量为 168 吨，但在生产过程中被降到了更为实际的 120 吨，车组乘员多达 27 人。该坦克有一个盒状车体，装甲厚度从 10 毫米到 30 毫米不等。主要武器为 4 门 77 毫米火炮，备弹 800 发。辅助武器为 7 挺 7.92 毫米机枪，备弹 21000 发。由于这种坦克的庞大体积和重量，为了便于运输，只能将其拆卸为 6 个部分，用火车运到离前线不远的组装地点重新组装。德国投降时，K-Wagen 重型坦克仅有 2 辆未完工的样车。

LK I 轻型坦克

原产国：德国

设计时间：1918 年

重量：6.9 吨

LK I 轻型坦克是德国在一战期间设计的轻型坦克，战争结束前仅生产了 2 辆原型车。该坦克由约瑟夫·沃尔默设计，基于戴姆勒汽车底盘，使用现有的轴安装链轮及惰轮。LK I 轻型坦克采用前置发动机及后置驾驶舱，是第一种装备炮塔、配备 7.92 毫米 MG08 机枪的德国装甲战斗车辆。

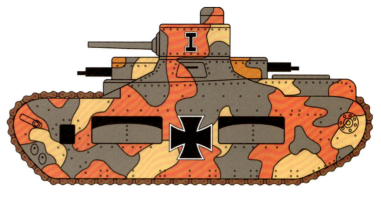

"上西里西亚"中型坦克

原产国：德国
设计时间：1918年
重量：19吨

"上西里西亚"中型坦克是德国在一战中设计的中型坦克，借鉴了法国雷诺FT-17轻型坦克的旋转炮塔，安装1门57毫米或37毫米火炮，车体前后各安装1挺7.92毫米机枪。该坦克的结构比较接近后来的主流设计，但其装甲过于薄弱（最厚处14毫米），速度也过于缓慢（最高公路时速为16千米，最高越野时速为9千米），很容易被敌方野战炮击毁，因此该项目最终未能投产。

Mark C 中型坦克

原产国：英国
量产时间：1918年
重量：20吨

Mark C中型坦克是英国工程师威廉·里格比设计的中型坦克，第一辆原型车在1918年8月完成，3个月后一战结束时，仅制造了36辆半成品。最终Mark C中型坦克只向英军交付了50辆，到1925年被全部淘汰。Mark C中型坦克的主要武器是5挺7.7毫米机枪，装甲厚度为14毫米，最高速度为12.7千米/时，最大行程为225千米。

LK II 轻型坦克

原产国：德国

设计时间：1918 年

重量：8.75 吨

LK II 轻型坦克是一战期间德国设计的轻型坦克，战争结束前仅生产了 2 辆原型车。该坦克在外形上和英国 Mark A 中型坦克十分相似，但是重量要轻得多，而防护力却大致相当。LK II 轻型坦克的速度更快，行动也更加灵活。该坦克有 3 名乘员，搭载 1 门 57 毫米火炮或 2 挺 7.92 毫米机枪，最高速度为 18 千米 / 时。

菲亚特 2000 重型坦克

原产国：意大利

设计时间：1918 年

重量：40 吨

菲亚特 2000 重型坦克是意大利菲亚特公司在一战期间设计的重型坦克，菲亚特公司在 1917 年 6 月将原型展示给军事委员会，后续设计到 1918 年完成。该坦克原计划生产 50 辆，最终只生产了 2 辆样车。该坦克的发动机位于车体后部，传动部件紧挨车底甲板延伸到前方，驾驶员有固定的驾驶位。发动机和传动部件被一层甲板隔开，上部就是战斗舱室，机枪手就站在上层操作武器。坦克顶部装有一座半球形的旋转炮塔，配备 1 门 65 毫米火炮。车体每侧配置了 3 挺 6.5 毫米机枪。

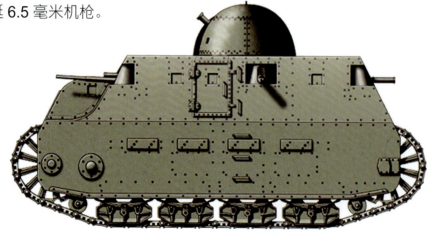

一战期间，美国为了应对雷诺 FT-17 轻型坦克产量不足的问题，要求福特汽车公司制造一种 3 吨轻型坦克，可以使用运输船运往欧洲。福特汽车公司设计 M1918 轻型坦克时参考了雷诺 FT-17 轻型坦克的许多地方，如窄过顶式履带、巨大的前导轮等。它的主动轮在后，也有尾撑辅助越壕。该坦克有 2 名车组人员，驾驶员在车体右侧，车长/机枪手在左侧。车体右侧有一个观察窗，可供驾驶员四周观察。

福特 M1918 轻型坦克

原产国：	美国
量产时间：	1918 年
重量：	3 吨

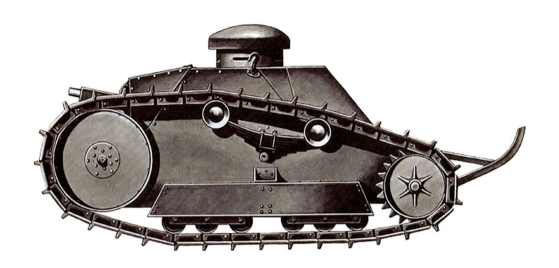

"骨架"轻型坦克是美国先锋拖拉机公司在一战中设计的轻型坦克，依靠其新颖的设计一度得到美军的青睐。但因一战的结束，该坦克最终未能投入量产，仅有的一辆原型车现陈列于阿伯丁试验场。该坦克侧面呈菱形，采用钢管作为支架，一个管状的战斗室悬在履带支架之间。战斗室的装甲厚度为 12.7 毫米。按设计，战斗室上应安装 1 门 37 毫米火炮，但是样车上安装的是 1 挺 7.7 毫米机枪。该坦克对地压强较小、涉水能力优秀。

"骨架"轻型坦克

原产国：	美国
设计时间：	1918 年
重量：	8.2 吨

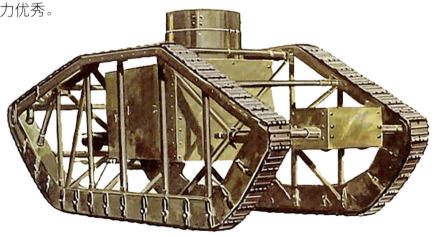

蒸汽坦克

原产国：美国

设计时间：1918 年

重量：50.8 吨

蒸汽坦克是美国陆军工兵处在一战中设计的重型坦克，以英国 Mark Ⅳ 重型坦克为蓝本改进而来，两者外形非常相似。与 Mark Ⅳ 坦克不同，蒸汽坦克的主要武器并非火炮，而是一种特制的火焰喷射器，最大喷射距离达到 27 米。动力方面，蒸汽坦克采用两台双缸蒸汽机，最大功率威 373 千瓦。但由于蒸汽坦克的重量超过 50 吨，且当时传动装置的效率很低，所以其最高速度只有 6 千米/时。随着一战的结束，蒸汽坦克成产计划也被搁置。

Char 2C 重型坦克

原产国：法国

设计时间：1921 年

重量：69 吨

Char 2C 重型坦克是法国在一战中研制的超重型坦克，总共生产了 10 辆。该坦克的装甲非常厚重，前部装甲厚 45 毫米，侧面厚 22 毫米，顶部厚 13 毫米。炮塔的前部有 35 毫米钢板，后部也有 22 毫米钢板。不过，Char 2C 重型坦克的运输需要特殊的器材，对铁路的要求也非常严苛。因此，这大大限制了它的作用。

蒸汽滚轮坦克

原产国：美国

设计时间：1918 年

重量：17 吨

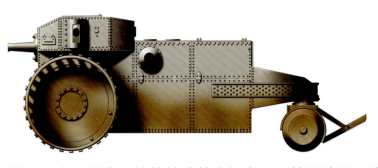

蒸汽滚轮坦克是美国霍尔特制造公司在一战中设计的轮式蒸汽坦克，与美国陆军工兵处设计的履带式蒸汽坦克类似，蒸汽滚轮坦克也采用 2 台双缸蒸汽机作为动力来源。蒸汽滚轮坦克拥有 2 个直径为 8 英尺（约 2.44 米）的大轮和 1 个直径为 4 英尺（约 1.22 米）的滚筒，

外形与"沙皇"坦克有几分相似。蒸汽滚轮坦克的主要武器是1门75毫米榴弹炮,而同时期的坦克普遍装备37～57毫米口径火炮。蒸汽滚轮坦克在进行测试时,仅仅前行15米就抛锚了,于是整个项目也被终止。

T-18 轻型坦克

原产国:苏联

量产时间:1928 年

重量:5.9 吨

T-18 轻型坦克是苏联的第一种量产坦克,其原型为法国在 20 世纪初研制的雷诺 FT-17 轻型坦克。该坦克的总产量为 959 辆,其中 4 辆转交内务部队,2 辆交给第四委员会,1 辆交给了军事化工委员会,其余的全部装备苏军的坦克营、坦克团以及 1929 年开始组建的混成坦克旅。由于苏联后来研制了一系列性能先进的中型和重型坦克,T-18 轻型坦克只能退居二线作为训练使用。

维克斯 MK.E 轻型坦克

原产国:英国

量产时间:1929 年

重量:7.3 吨

维克斯 MK.E 轻型坦克是由英国维克斯公司于 20 世纪 20 年代研制的轻型坦克,又称为维克斯六吨坦克。车身采用当时技术成熟的铆焊制法,为了保持一定程度的机动性,装甲略显薄弱。该坦克在设计时即提供两种款式的武装供客户选择:A 构型为双炮塔,每个炮塔搭载 1 挺维克斯机枪。B 构型为单炮塔,炮塔为双人式,搭载 1 挺机枪及 1 门短管 47 毫米榴弹炮。B 构型在当时属于新设计,双人炮塔可以让车长专心观测,将火力装填的任务交给装填手,从而具备即时射击的能力。这种新设计受到肯定,并被后来大多数的新型坦克所采用。

Mk I-V 轻型坦克

原产国：英国

量产时间：1929 年

重量：5 吨

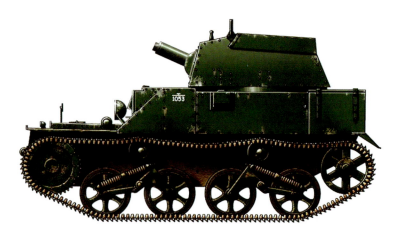

Mk I-V 轻型坦克是英国在战间期制造的一系列相似的轻型坦克，包括 Mk I、Mk II、Mk III、Mk IV 和 Mk V 等型号。这些坦克的重量都在 5 吨左右，采用霍姆斯斜弹簧式悬挂，在公路上拥有 50 千米/时的最大速度，越野时则为 30 千米/时。武器方面，仅安装了 12.7 毫米机枪或 7.7 毫米机枪。Mk I、Mk II、Mk III 和 Mk IV 坦克都只有 2 名乘员，即车长（兼任驾驶员）和炮手。MkI-V 坦克则有 3 名成员，即车长（要帮助操控机枪）、炮手和驾驶员。

1.6 萌芽状态的自行火炮

人类历史上，科技的成果往往会最先应用于军事与战争。汽车面世后不久，人们就把各种武器安装在汽车上。20 世纪初，陆军威力最大的武器莫过于火炮，自行火炮的诞生也就顺理成章了。最初的自行火炮采用了轮式底盘，但在履带式底盘的拖拉机和特种车出现后，履带式自行火炮就出现了。

从某种意义上来说，世界上最早的坦克其实只是自行火炮而已——在车体上架设火炮的设计与后世的自行火炮别无二致。法国最早的两款坦克——"圣沙蒙"和施耐德 CA1 重型坦克与其说是坦克，倒不如说是一辆自行火炮。这两种坦克装备的都是 1 门 75 毫米火炮，主要攻击目标均为敌方工事建筑，与自行火炮的打击目标基本一致。因此一些资料把这两种坦克划分为自行火炮。

1916 年的西线战场，经历了整整一年的堑壕战后，千疮百孔的无人地带和密集无比的战壕，令重型火炮跟不上进攻的节奏，往往导致战斗失利。英国陆军格雷格少校提出了应该设计一种运载火炮用的坦克，可以搭载火炮和弹药在崎岖的地面行驶，同时也可以跨越敌方的战壕。1917 年，英国完成了 Mark I 火炮运载车的设计工作并开始量产。这种自行火炮由 Mark I 重型坦克改装而来，大量改动了原本的设计，把原本中置的发动机移到了后方，而火炮就架在了中间的位置，4 名车组人员的位置也彻底改变。Mark I 火炮运载车基本上保持了 Mark I 重型坦克的机动性，因为履带较长，所以操纵性更好。不过，Mark I 火炮运载车去掉了后方的辅助轮，所以其越壕能力反倒不如 Mark I 重型坦克了。Mark I 火炮运载车确立了履带式自行火炮的标准，即在机动履带底盘上改装的半封闭式战斗室中搭载常规火炮，同时可以在底盘上直接开火。

M1914 自行防空炮

原产国：德国
量产时间：1914 年
重量：7.03 吨

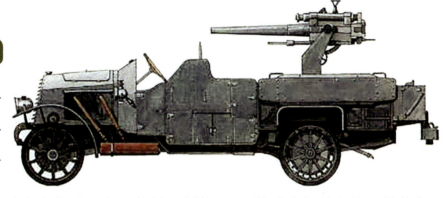

M1914 自行防空炮是德国克虏伯公司在一战前研制的 4×4 轮式自行防空炮，总共生产了 156 辆。该自行火炮搭载 1 门 77 毫米火炮，炮管长度为 2 米，俯仰角度为 -5°至 +70°，最高射速为 25 发 / 分，炮口初速为 465 米 / 秒，最大射程为 4250 米。动力装置为 1 台 67 千瓦汽油发动机，最高速度为 60 千米 / 时。

皮尔斯 - 阿罗自行防空炮

原产国：英国
量产时间：1915 年
重量：6 吨

皮尔斯 - 阿罗（Pierce-Arrow）自行防空炮是英国在一战中研制的轮式自行防空炮，总共生产了 48 辆。其车体长度为 5.2 米，车体宽度为 2.08 米，车体高度为 1.57 米，车体装甲厚度为 5～8 毫米，车内有 5 名乘员。该自行火炮搭载 1 门 QF 2 磅火炮（40 毫米口径），辅助武器为 1 挺 7.7 毫米机枪，动力装置为 1 台 22 千瓦汽油发动机。

Mark I 火炮运载车

原产国：英国

量产时间：1917 年

重量：35 吨

Mark I 火炮运载车是英国在一战期间研制的履带式自行火炮，由 Mark I 重型坦克改装而来，总共生产了 48 辆。其车体长度为 9.1 米（不含火炮和车尾装置），车体宽度为 3 米，车体高度为 3 米。主炮可以选择搭载 60 磅榴弹炮（127 毫米口径）或者 6 英寸榴弹炮（152 毫米口径），辅助武器为 1 挺 7 毫米机枪。动力装置为 1 台 78 千瓦汽油发动机，最高速度为 6 千米 / 时，最大行程为 38 千米。

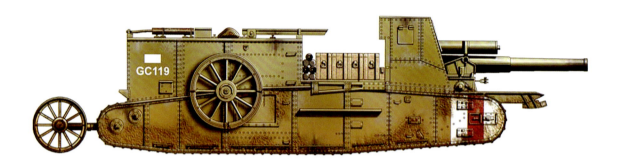

Canon de 194 GPF 自行火炮是法国在一战期间研制的履带式自行火炮，总共生产了 50 辆。其车体宽度为 2.54 米，最高速度为 10 千米 / 时。该自行火炮搭载 1 门 194 毫米火炮，炮管长度为 6.57 米，俯仰角度为 0°至 +40°，炮口初速为 640 米 / 秒，最大射程为 18300 米。Canon de 194 GPF 自行火炮一直服役到二战时期，被德军俘获之后还在诺曼底战役中发挥过作用。

Canon de 194 GPF 自行火炮

原产国：法国

量产时间：1918 年

重量：29.6 吨

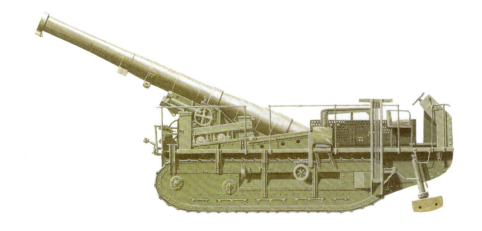

传奇武器鉴赏：雷诺 FT-17 轻型坦克

基本参数	
长度	5 米
宽度	1.74 米
高度	2.14 米
重量	6.5 吨
最高速度	7.7 千米/时

雷诺 FT-17 轻型坦克是法国在一战期间研制的轻型坦克，被著名历史学家史蒂芬·扎洛加称为"世界第一部现代坦克"。

研发历程

1915 年，法国对履带式车辆产生兴趣。当时，法国计划将其用来对付敌军的铁丝网。随后，法国制造了施耐德 CA1 坦克。到了 1916 年，法国决定集中力量生产轻型坦克而不是中型坦克。同年 7 月，在法国装甲兵之父尚·巴普提斯特·尤金·埃斯蒂安建议下，法军向雷诺汽车公司订购了一种"装甲武器载具"。具体要求为：重量在 6 吨左右，能和法军的步兵一同进行突击。最终，雷诺汽车公司根据这些要求，研发出了雷诺 FT-17 轻型坦克。第一辆雷诺 FT-17 轻型坦克在 1917 年 3 月 17 日交付法军使用。

整体构造

雷诺 FT-17 轻型坦克的驾驶室位于车体前方，战斗室位于车体中部，发动机和传动系统位于车体后方，主炮安装在一个可以 360°旋转的炮塔上。这种设计对后来的坦克布局产生了深远影响，直到今天，这种模式仍然是主流的坦克布局模式。雷诺 FT-17 轻型坦克由 2 名乘员操作，驾驶员坐在车体的前部，而车长则坐在车体的中部，半个身体伸进炮塔中。驾驶员有 3 个观察窗，同时，也可以打开舱门进行驾驶。在炮塔后方安装有逃生门，便于乘员在紧急情况下逃离。有趣的是，雷诺 FT-17 坦克没有底盘，车体直接承受坦克的重量。

作战性能

装甲方面，雷诺 FT-17 坦克的装甲最薄处为 6 毫米，最厚处为 22 毫米。火力方面，在旋转炮塔上安装 1 门 37 毫米火炮或 8 毫米机枪，炮塔可以通过转动炮塔内的一个手柄来进行旋转。机动方面，雷诺 FT-17 坦克的汽油发动机能提供 7.7 千米 / 时的最高速度。该坦克可以爬上 27°以下的坡道，并能跨越 1.8 米的壕沟。其悬挂装置有 4 个轮轴架。第一个轮轴架装有 3 个小直径负重轮，后面的 3 个轮轴架只安装了 2 个小直径负重轮。因诱导轮较主动轮大，所以履带的上半部分前部高于后部。因履带仅有横向突起，所以其防滑性能较差。

雷诺 FT-17 轻型坦克炮塔特写

保存在塞尔维亚贝尔格莱德战争博物馆的雷诺 FT-17 轻型坦克

迷彩涂装的雷诺 FT-17 轻型坦克

知名兵工厂探秘：雷诺汽车公司

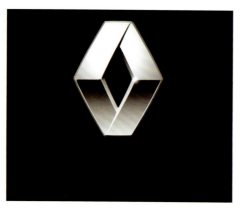

雷诺汽车公司标志

雷诺汽车公司建立于 1898 年，创始人为路易斯·雷诺和他的兄弟马塞尔·雷诺及费尔南德·雷诺。公司以创始人的姓氏而命名，图形商标是四个菱形拼成的图案，象征雷诺三兄弟与汽车工业融为一体，表示雷诺能在无限的（四维）空间中竞争、生存与发展。

与世界上许多汽车公司的创始人一样，路易斯·雷诺也是一个对机械充满兴趣的人。1898 年，年仅 21 岁的路易斯·雷诺在巴黎市郊比昂古创建了雷诺汽车公司。当时工厂只有 6 名工人，一年仅生产 6 辆汽车。不过，路易斯·雷诺在创业过程中充分发挥了他在机械方面的天赋，发明了直接传动系统和涡轮增压器。

20 世纪初，欧洲人开始狂热地迷恋赛车。路易斯·雷诺让他的哥哥马塞尔·雷诺作为车手，参加各种赛事，甚至路易斯·雷诺本人也常常披挂上阵。1901 年，雷诺赛车包揽了"巴黎 - 波尔多"大赛的前四名和"巴黎 - 柏林"大赛的前三名。1902 年，马塞尔·雷诺战胜了称雄多年的梅赛德斯车队，获得"巴黎 - 维也纳"大赛的桂冠，他甚至比主持赛事的官员还早两个多小时到达终点。雷诺车队取得了一次又一次城际公路赛事的冠军。一次，雷诺赛车的时速超过了 100 千米，那是当时赛车速度的极限，之前从未有人超越。兄弟俩赢得了一场又一场的比赛，也促进了公司的发展。

在 1903 年"巴黎 - 马德里"的比赛中，一场严重的事故夺去了马塞尔·雷诺 31 岁的生命。路易斯·雷诺开始对赛车产生恐惧，在他哥哥遇难之后，他再也没有亲自参加过任何汽车赛事。对于从小朝夕相伴并一直在事业上无私扶植他的哥哥，路易斯·雷诺充满了歉疚。

路易斯·雷诺的另一个哥哥费尔南德·雷诺，也一直致力于公司的相关业务。后来，费尔南德全身心开拓雷诺汽车的海外市场，在纽约和东京设立了代表处，还在俄罗斯建立了两家工厂。费尔南德的努力最终确立了雷诺汽车在全世界的销售网络。

雷诺汽车公司成立之初的一个转折点是生产出租车。1905 年，雷诺接到了第一份来自出租公司的大订单。两年之后，雷诺公司的出租车占据了英国和法国的大街小巷，伦敦、巴黎、纽约，甚至在布宜诺斯艾利斯，雷诺公司的出租车随处可见。

在之后的一战中，气势汹汹的德军一路杀至巴黎，先头部队离巴黎圣母院仅 25 千米。法军拼死才将德军挡在巴黎郊区。为了击退德军，解围巴黎，法军需要火速将 12000 名士兵送往前线，而当时又没有足够的运输工具。情急之下，巴黎军区司令加列尼将军召集了 600 辆雷诺出租车为他运送士兵，巴黎的出租车司机们在国难临头之时丝毫没有退缩，他们冒着炮火将士兵送到了前线，最后帮助法军取得巴黎保卫战的胜利。

雷诺汽车公司的第一次大发展出现在一战爆发以后，战争使雷诺汽车公司变成了一个真正的兵工厂。战争期间，雷诺除了生产汽车外，还为军队生产枪械、坦克和飞机。停战后的1919年，雷诺汽车公司已成为法国最主要的私人公司，汽车产品系列齐全，柴油发动机技术处于世界领先地位。同时，雷诺还拓展其他业务：生产卡车、商用车、拖拉机、有轨机动车等。

二战爆发后，法国被德国占领期间，路易斯·雷诺保持了企业的正常运行，履行了德军订单，为德国军队提供大量坦克、飞机发动机和其他武器。因此，比昂古工厂成为1942年英军轰炸的第一个目标。战争期间，雷诺在比昂古的工厂一半设施被毁，几乎毁于一旦。1944年，德军被赶出法国。同年9月22日，路易斯·雷诺被逮捕，监禁于弗雷斯纳监狱，罪名是与德国进行工业合作。10月24日，路易斯·雷诺死于狱中。

1945年，戴高乐将军颁布法令，没收了路易斯·雷诺的所有资产，并将企业收归国有。随着时代发展，法国政府逐渐放手，让雷诺汽车公司民营化。1996年开始，官股开始大量释出股份，民股逐渐占据较大比例，雷诺因此由国营汽车公司转为民营汽车公司。目前，雷诺汽车公司是法国第二大汽车制造公司，主要产品有雷诺牌轿车、公务用车及运动车等。

一战期间雷诺汽车公司制造的轻型坦克

1918年乔治·巴顿在法国与雷诺坦克合影

巴黎军事博物馆中保存的雷诺坦克

1.7 初露峥嵘的轮式装甲车

1898年，英国发明家弗雷德里克·西姆斯在四轮汽车上安装了装甲和机枪，制成了世界上第一辆带有武器的装甲车辆。20世纪初，英国、法国、德国、美国和俄国等国先后利用本国钢铁制造业和汽车工业的优越实力，制造出了世界上早期的装甲车。1900年，英国将装甲车投入到英布战争中。

一战中，堑壕和机枪彻底阻止了步兵的冲锋，以堑壕和机枪为核心的堑壕战登上了历史的舞台。尽管各参战国普遍装备了用普通卡车底盘改装的装甲车，但由于装甲车无法逾越战场上纵横密布的战壕，因此只能用于执行侦察和袭击作战任务。

装甲车对道路有很大的依赖性，在一定程度上限制了装甲车的发展。不过由于成本低廉，可靠性高，装甲车在一战时期也有所发展。一战末期，英国研制出了装甲运兵车。虽然车上的装甲可使车内士兵免受枪弹的伤害，但习惯于徒步作战的步兵仍把首批装甲运兵车称为"沙丁鱼罐头"和"带轮的棺材"。

蓝旗亚 1Z 装甲车

原产国：	意大利
量产时间：	1912年
重量：	3.5吨

蓝旗亚1Z装甲车是意大利蓝旗亚汽车公司在一战前研制的轮式装甲车，在1912—1916年一共制造了91辆。车身长度为5.1米，宽度为1.75米，载重2200千克。主要武器为1挺8毫米机枪，动力装置为1台52千瓦的汽油发动机，搭配四速手动变速箱，最高时速为60千米。

劳斯莱斯装甲车

原产国：	英国
量产时间：	1914 年
重量：	4.7 吨

劳斯莱斯装甲车是英国劳斯莱斯汽车公司在一战期间研制的轮式装甲车，战争期间一共制造了 120 辆。车身长度为 4.93 米，宽度为 1.93 米，高度为 2.54 米，有 3 名乘员。主要武器为 1 挺 7.7 毫米维克斯机枪，装甲厚度为 12 毫米，最高时速为 72 千米，最大行程为 240 千米。

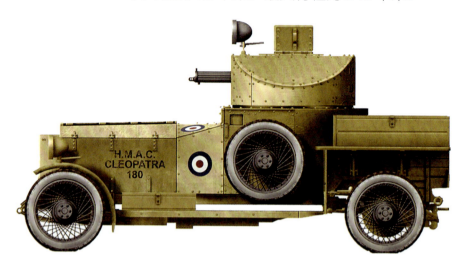

兰彻斯特装甲车

原产国：	英国
量产时间：	1914 年
重量：	4.9 吨

兰彻斯特装甲车是英国兰彻斯特汽车公司在一战期间研制的轮式装甲车，其车身长度为 4.9 米，宽度为 1.93 米，高度为 2.29 米，有 4 名乘员。主要武器为 1 挺 7.7 毫米机枪，装甲厚度为 7.9 毫米，最高时速为 80 千米，最大行程为 290 千米。该车与劳斯莱斯装甲车较为相似，但加大了前部装甲的倾角，前轮采用独立悬挂装置。

奥斯丁装甲车

原产国：英国

量产时间：1914 年

重量：5.3 吨

奥斯丁装甲车是英国奥斯丁汽车公司在一战期间研制的轮式装甲车，采用中型卡车底盘，可靠性高，便于维修。车身长度为 4.9 米，宽度为 2.03 米，高度为 2.84 米，有 4～5 名乘员。主要武器为 2 挺 7.7 毫米机枪，装甲厚度为 3～6 毫米，最高速度为 56 千米/时，最大行程为 201 千米。

德劳内-贝尔维尔装甲车是英国在一战期间研制的轮式装甲车，采用了法国德劳内-贝尔维尔豪华轿车的底盘。该车有 3 名乘员，主要武器为 1 挺 7.7 毫米机枪，动力装置为 1 台 30 千瓦的六缸汽油发动机。

德劳内-贝尔维尔装甲车

原产国：英国

量产时间：1914 年

重量：4 吨

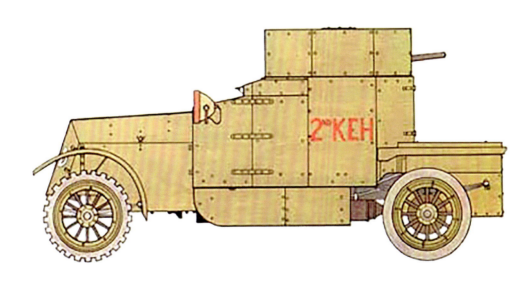

密涅瓦装甲车

原产国：比利时

量产时间：1914 年

重量：4 吨

密涅瓦装甲车是比利时密涅瓦汽车公司在一战期间研制的轮式装甲车，因率先在一战中投入使用而名噪一时。大战开始几个星期之后，比利时军队就利用这种装甲车抗击德军的进攻，一度很有成效。这种装甲车是利用旅游观光车临时改装，结构比较简单，顶部仅有简单的机枪护板。乘员为 4 人，武器是 1 挺 7.7 毫米机枪，装甲厚度仅 4 毫米。不过，其最高速度达到了 40 千米 / 时。

标致装甲车

原产国：法国

量产时间：1914 年

重量：5 吨

标致装甲车是法国标致汽车公司在一战期间研制的轮式装甲车，在 1914—1915 年一共制造了 270 辆。车身长度为 4.8 米，宽度为 1.8 米，高度为 2.8 米，有 3～4 名乘员。主要武器为 1 挺 8 毫米机枪（AM 型）或 1 门 37 毫米火炮（AC 型），最高速度为 40 千米 / 时，最大行程为 140 千米。

雷诺装甲车

原产国：法国	
量产时间：1914 年	
重量：3 吨	

雷诺装甲车是法国雷诺汽车公司在一战期间研制的轮式装甲车，其车身长度为 4.5 米，宽度为 1.7 米，高度为 1.7 米，有 3～4 名乘员，车顶为敞开式。该车的主要武器为 1 挺 8 毫米机枪或 1 门 37 毫米火炮，装甲厚度为 6 毫米，最高速度为 45 千米 / 时，最大行程为 100 千米。

比辛 A5P 装甲车

原产国：德国	
量产时间：1914 年	
重量：10.3 吨	

比辛 A5P 装甲车是德国比辛公司在一战期间研制的轮式装甲车，其车身长度为 9.5 米，宽度为 2.1 米，高度为 3.5 米，有 10 名乘员。主要武器为 3 挺 7.92 毫米机枪，装甲厚度为 9 毫米，最高速度为 34 千米 / 时，最大行程为 240 千米。

怀特 AM 装甲车

原产国：法国

量产时间：1915 年

重量：6 吨

怀特 AM 装甲车是法国塞古尔·洛弗夫尔公司在一战期间研制的轮式装甲车，一共制造了 250 辆左右。该车采用了美国怀特卡车的底盘，车身长度为 5.6 米，宽度为 2.1 米，高度为 2.75 米，有 4 名乘员。主要武器为 1 门 37 毫米火炮，辅助武器为 1 挺 8 毫米机枪，装甲厚度为 8 毫米，最高速度为 45 千米/时，最大行程为 240 千米。

普莱斯装甲车

原产国：英国

量产时间：1915 年

重量：6.9 吨

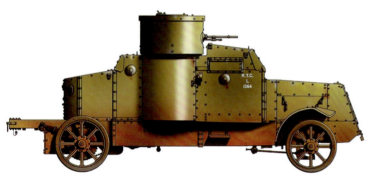

普莱斯装甲车是英国在一战期间研制的轮式装甲车，采用了美国普莱斯卡车的底盘，其车身长度为 6.12 米，宽度为 2.23 米，高度为 2.77 米，有 4 名乘员。主要武器为 2 挺 7.7 毫米机枪，装甲厚度为 10 毫米，配备 30 千瓦汽油发动机，最高速度为 25 千米/时，最大行程为 145 千米。

西布鲁克装甲车

原产国：英国

量产时间：1915 年

重量：10 吨

西布鲁克装甲车是英国在一战期间研制的轮式装甲车，一共制造了 30 辆。车身长度为 7.3 米，宽度为 2.1 米，高度为 1.8 米，有 6～9 名乘员。主要武器为 1 门 47 毫米火炮，装在可旋转的炮架上，射击时要将侧面的装甲板放下来。辅助武器为 2～4 挺 7.7 毫米机枪。装甲厚度为 7.9 毫米。最高速度为 32 千米/时，最大行程为 160 千米。

雷诺 47 毫米自动炮装甲车

原产国：法国

量产时间：1915 年

重量：3 吨

雷诺 47 毫米自动炮装甲车是法国雷诺汽车公司在一战期间研制的轮式装甲车，计划制造 100 辆，实际仅制造了 4 辆。车身长度为 4.7 米，宽度为 .7 米，高度为 1.7 米，有 4 名乘员。主要武器为 1 门 47 毫米火炮，装甲厚度为 6 毫米，最高速度为 20 千米/时，最大行程为 100 千米。

杰弗里装甲车

原产国：美国	
量产时间：1915 年	
重量：5.7 吨	

杰弗里装甲车是美国托马斯·杰弗里公司在一战期间研制的轮式装甲车，采用了铁皮钉补技术，据说灵感来源于旧衣服的补丁。车身长度为 5.48 米，宽度为 1.95 米，高度为 2.44 米，有 4 名乘员。主要武器为 4 挺 7.7 毫米机枪，最高时速为 32 千米/时。

埃尔哈特 E-V/4 装甲车

原产国：德国	
量产时间：1915 年	
重量：7.75 吨	

埃尔哈特 E-V/4 装甲车是德国埃尔哈特公司在一战期间研制的轮式装甲车，发动机前置，被装甲包围防护，后部有一个大盒状车身，顶部有一个圆顶出口。其车身长度为 5.3 米，宽度为 2 米，高度为 2.85 米，有 8～9 名乘员。主要武器为 3 挺麦德森轻机枪，装甲厚度为 9 毫米，最高速为 61.3 千米/时，最大行程为 250 千米。

Chapter 01 一战前后

加福德 - 普奇洛夫装甲车

原产国：俄国
量产时间：1915 年
重量：11 吨

加福德 - 普奇洛夫装甲车是俄国普奇洛夫工厂在一战期间研制的轮式装甲车，采用了美国加福德 D 型卡车的底盘，其车身长度为 5.7 米，宽度为 2.3 米，高度为 2.8 米，离地间隙为 0.3 米，有 8～9 名乘员。主要武器为 1 门 76.2 毫米火炮，辅助武器为 2～3 挺马克沁机枪，最高时速为 18 千米 / 时，最大行程为 120 千米。

奥斯丁 - 普奇洛夫装甲车

原产国：俄国
量产时间：1916 年
重量：5.2 吨

俄国在购进了英国奥斯丁装甲车后，由普奇洛夫工厂实行国产化改造，推出了奥斯丁 - 普奇洛夫装甲车，俄军的装备总数在 100～200 辆。车身长度为 4.9 米，宽度为 2.03 米，高度为 2.84 米，有 4～5 名乘员。该车装有 2 个机枪塔和 1 挺 7.7 毫米维克斯机枪，装甲厚度为 8 毫米，最高速度为 50 千米 / 时。这种装甲车除了在一战中使用外，在十月革命胜利后，苏联红军仍在继续使用。

菲亚特-奥姆斯克装甲车

原产国：俄国

量产时间：1918 年

重量：5.3 吨

菲亚特-奥姆斯克装甲车是俄国在一战期间研制的轮式装甲车，其车身长度为 4.5 米，宽度为 1.9 米，高度为 2.65 米，有 3~4 名乘员。该车的动力装置为 1 台 37 千瓦汽油发动机，主要武器为 1~2 挺 7.62 毫米机枪，装甲厚度为 8 毫米，最高速度为 70 千米/时，最大行程为 140 千米。

蓝旗亚 1ZM 装甲车

原产国：意大利

量产时间：1918 年

重量：3.7 吨

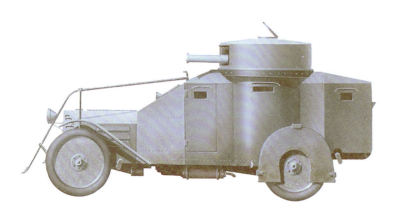

蓝旗亚 1ZM 是意大利蓝旗亚汽车公司在一战期间研制的轮式装甲车，由蓝旗亚 1Z 装甲车改进而来，一共制造了 110 辆。车身长度为 5.7 米，宽度为 1.94 米，高度为 2.4 米，有 6 名乘员。主要武器为 3 挺 8 毫米机枪，装甲厚度为 9 毫米，最高速度为 60 千米/时，最大行程为 300 千米。意大利军队根据一战中的实战经验，在车身的前上部安装了金属护栏。

BA-27 装甲车

原产国：苏联

量产时间：1928 年

重量：4.4 吨

BA-27 装甲车是苏联于 20 世纪 20 年代后期研制的多用途轮式装甲车，其特点是采用了苏联第一款量产的 T-18 坦克的炮塔。改进型的 BA-27M 装甲车为 6×4 驱动型，共生产了 300 多辆。苏军把它看作"用于伴随坦克作战的、有薄装甲的机动武器"。

Chapter 02
二战前后

　　第二次世界大战简称"二战",亦称世界反法西斯战争,发生时间为1939年9月1日至1945年9月2日,是以德国、日本、意大利三个法西斯轴心国和匈牙利、罗马尼亚、保加利亚等仆从国为一方,以反法西斯同盟和全世界反法西斯力量为另一方进行的第二次全球规模的战争。战争范围从欧洲到亚洲,从大西洋到太平洋,先后有60多个国家和地区、20亿以上的人口被卷入战争,作战区域面积2200万平方千米。据不完全统计,战争中军民共伤亡9000余万人,经济损失达5万多亿美元,是人类历史上规模最大的世界战争。此次战争在客观上推动了科学技术的发展,带动了航空技术、原子能、重炮等领域的发展与进步。

1930—1946年

1932年　苏联开始生产T-32多炮塔中型坦克,采用了结构简单的烛式悬挂

1935年　苏联开始生产采用克里斯蒂悬挂的BT-7轻型坦克,这是BT系列快速坦克中的集大成者

1939年　苏联哈尔科夫机械制造厂研制的V-2四冲程水冷式柴油发动机投入批量生产,成为世界上第一种实用的坦克柴油发动机

1940年　美国开始生产M59加农炮,这是少数可在25000码(约22860米)距离外开火压制德军野战炮兵的军团级火炮配备

1941年　英国开始生产"丘吉尔"步兵坦克,采用了独立螺旋弹簧悬挂

1943年　德国和苏联在库尔斯克爆发了大型会战,双方共投入了超过268万名士兵和6000多辆坦克,会战期间发生了史上规模最大的坦克战

1944年　德国完成"鼠"式超重型坦克的样车生产,这是德国在二战中所设计的最重型坦克,也是全世界到目前为止最重型坦克纪录保持者

2.1 由盛转衰的轻型坦克

两次世界大战之间，坦克的运用与编组方式研究在各国广泛兴起的，主要的研究方向大致上分为两派，一派的意见是认为坦克应该是支援步兵的一个系统，因此需要搭配步兵部队的编制与作战形态，平均分配给步兵单位指挥调度。另外一派的意见认为坦克应该要集中起来使用，利用坦克的火力、防护与机动力的三项特性作为战场上突破与攻坚的主力角色。前一派的意见在当时占了大多数，后一派则以德国为代表。而在此期间，各国研制装备了多种类型的坦克。其中，轻型坦克（含超轻型坦克）是生产数量较多的一种。按当时的划分标准，轻型坦克是指车重在 10 吨至 20 吨、使用轻型火炮的坦克。

一战以来，轻型坦克作为支援步兵的战斗车辆，在战争中发挥了一定的作用。苏联最早生产的有 T-26、T-27 和 T-46 轻型坦克，以后又生产了 T-30、T-60、T-70 和 T-80 等轻型坦克，生产数量超过 30000 辆。美国自 1933 年起生产了多种型号的轻型坦克，数量也高达 27000 多辆，这是轻型坦克的兴盛时期。到了二战中后期，随着坦克技术的发展，轻型坦克由于火力和防护力远不及各国投入战斗的中型坦克，致使它受到了冷落。

T-26 轻型坦克

原产国：苏联

量产时间：1931 年

重量：10.5 吨

T-26 轻型坦克是苏联坦克部队早期的主力装备，广泛使用于 20 世纪 30 年代的多次冲突及二战之中。T-26 坦克和德国一号坦克都是以英国"维克斯"坦克为基础设计的，两者底盘外形相似，但 T-26 坦克的火力远超一号坦克和二号坦克，甚至超过了早期三号坦克的水平。早期 T-26 坦克的主炮为 37 毫米口径，后期口径加大为 45 毫米。不过，T-26 坦克的火控能力不太好，精确射击能力不足，据说在 300 米内才可以取得比较高的命中率，而这么近的距离对于装甲薄弱的 T-26 坦克来说是非常危险的。

T-27 轻型坦克

原产国：苏联

量产时间：1931 年

重量：2.7 吨

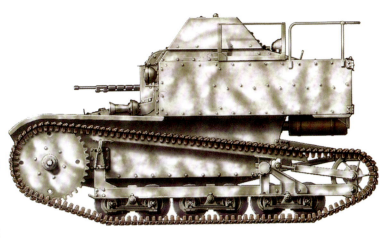

T-27 轻型坦克是苏联于 20 世纪 30 年代初研制的轻型坦克，二战时期仍在苏军中服役。车体由轧制的装甲板铆接而成，部分为焊接，车顶有两个方形的舱门。所有的装甲板接缝处都用帆布垫片进行了密封，用于增大 T-27 坦克的涉水深度。T-27 坦克没有任何的内部或外部通信联络设备。两车之间的联络主要依靠信号旗来完成，这也是那一时期苏联坦克的典型特征。T-27 坦克有 2 名乘员，即驾驶员和车长（兼机枪手），车上安装了 1 挺 7.62 毫米 DT M1929 机枪。

BT-2 轻型坦克

原产国：苏联

量产时间：1932 年

重量：10.2 吨

BT-2 轻型坦克是苏联 BT 系列快速坦克的第一款量产型，是以 BT-1 轻型坦克为蓝本研制而成。由于 BT-1 坦克没有炮塔，因此 BT-2 轻型坦克新设计了 1 个炮塔，安装了 1 门 37 毫米反坦克炮，车身正前方加上一条钢管去固定诱导轮轴，这成为后来 BT 系列快速坦克的典型特征。与 BT-1 坦克一样，BT-2 坦克可以选择用履带或车轮行驶，因为苏联国土辽阔，有许多地方是没有公路的原野，但在实际使用时发现很少有机会用车轮行驶。

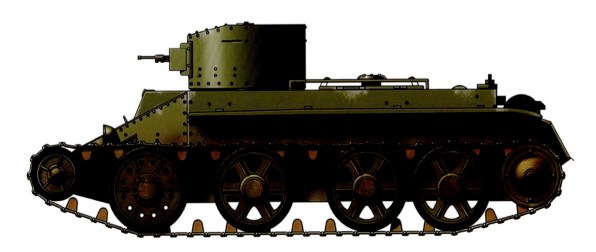

BT-5 轻型坦克

原产国：苏联

量产时间：1933 年

重量：11.5 吨

BT-5 轻型坦克是苏联 BT 系列快速坦克中第二款大量生产的型号，炮塔重新设计，增加了后部空间并装上 45 毫米口径反坦克炮和 DT 同轴机枪。这种炮塔被分为有环形天线的指挥车型（后部放无线电机）和无环形天线的普通车型（后部作为附加弹药箱）。BT-5 轻型坦克改用苏联国产发动机，取代了可靠性不佳的美国发动机。

M2 轻型坦克

原产国：美国

量产时间：1935 年

重量：11.6 吨

M2 轻型坦克是美国在二战前设计的一款轻型坦克，美国陆军在太平洋战争初期少量使用。该坦克主要有 M2A1、M2A2、M2A3 和 M2A4 等型号。M2A1 仅有 1 座配备 1 挺 12.7 毫米机枪的单人炮塔，M2A2 装有两座各安装 1 挺 12.7 毫米机枪的双人炮塔，M2A3 主要加厚了装甲并提高了底盘（配备武器与 M2A2 相同），M2A4 则装备了 1 门 37 毫米 M5 坦克炮、1 挺 M2 重机枪和 5 挺 M1919 中型机枪。

一号轻型坦克

原产国：德国	
量产时间：1934 年	
重量：5.4 吨	

一号轻型坦克是德国于 20 世纪 30 年代研制的轻型坦克，在二战初期德军发动的"闪电战"中发挥了重要作用。该坦克的炮塔需要手动转动，由车长负责操控炮塔上的 2 挺 7.92 毫米机枪，共携带 1525 发弹药。后期型号搭载改进的炮塔，安装有 1 门 20 毫米 EW141 反坦克速射炮和 1 挺 7.92 毫米 MG34 机枪。一号轻型坦克的车身装甲极为薄弱，且有许多明显的开口、缝隙以及缝合处，而发动机的马力也相当小。

BT-7 轻型坦克

原产国：苏联	
量产时间：1935 年	
重量：14 吨	

BT-7 轻型坦克是苏联 BT 系列快速坦克的最后一款大量生产的型号。与早期 BT 系列坦克相比，BT-7 轻型坦克的性能明显增强。该坦克采用重新设计的炮塔，安装 1 门 45 毫米火炮，备弹 188 发。辅助武器为 2 挺 7.62 毫米 DT 机枪，备弹 2394 发。为使主炮和机枪能在夜间射击，BT-7 坦克安装了两盏车头射灯，并在火炮上安装了一个遮罩。

二号轻型坦克

原产国：德国

量产时间：1935 年

重量：8.9 吨

二号轻型坦克是德国于 20 世纪 30 年代研制的轻型坦克，曾在二战的波兰战役与法国战役中大量使用。该坦克的主要武器为 1 门 20 毫米机炮（备弹 180 发），辅助武器为 1 挺 7.92 毫米 MG34 机枪（备弹 1425 发）。二号轻型坦克的底盘被用来改装成不同用途的特种车辆，如"山猫"装甲侦察车、"黄鼠狼"自行火炮和"黄蜂"自行火炮等。

九四式轻型坦克

原产国：日本

量产时间：1935 年

重量：3.45 吨

九四式轻型坦克是日本在二战前研制的超轻型坦克，又被称为"九四式豆战车"。该坦克主要用于指挥、通信、搜索、警戒等作战任务，也可用作火炮牵引车或弹药搬运车。主要武器是 1 挺机枪，早期为 6.5 毫米九一式机枪，后被 7.7 毫米九七式机枪取代，极少数车安装过 37 毫米火炮。九四式坦克的装甲防护力非常薄弱，往往只需要 1 个炸药包或 1 个集束手榴弹就可以把它炸毁，用重机枪也可以打穿其装甲从而击杀车内乘员。

T-46 轻型坦克

原产国：苏联

设计时间：1936 年

重量：19 吨

T-46 轻型坦克是苏联在 T-26 轻型坦克基础上改进而来的轻型坦克。1935 年，苏联开始在 T-26 轻型坦克的基础上研发性能更好的轻型坦克，但计划最终被放弃，只保留了一定数量的原型车，这就是 T-46 坦克。由于 T-46 坦克设计上比 T-26 坦克更复杂，材料更昂贵，这些都是研发被终止的原因。T-46 坦克在芬兰投入实战，但损失惨重，实战效果并不好。

Mk VI 轻型坦克

原产国：英国

量产时间：1936 年

重量：4.93 吨

Mk VI 轻型坦克是英国在二战前研制的轻型坦克，总共生产了 1682 辆。其车体长度为 4 米，宽度为 2.08 米，高度为 2.26 米。装甲厚度为 4～14 毫米，车内有 3 名乘员。主要武器为 1 挺 15 毫米机枪，辅助武器为 1 挺 7.92 毫米机枪。动力装置为 1 台 66 千瓦汽油发动机，最高时速为 56 千米/时，最大行程为 210 千米。

雷诺 R35 轻型坦克

原产国：法国

量产时间：1936 年

重量：10.6 吨

雷诺 R35 轻型坦克是法国在二战前研制的轻型坦克，总共生产了 1600 辆左右，其设计目的是取代旧式的 FT-17 轻型坦克作为法国陆军标准的步兵坦克。车体长度为 4.02 米，宽度为 1.87 米，高度为 2.13 米。装甲厚度为 43 毫米，车内有 2 名乘员。主要武器为 1 门 37 毫米火炮，辅助武器为 1 挺 7.5 毫米机枪。最高速度为 20 千米/时，最大行程为 130 千米。

哈奇开斯 H35 轻型坦克

原产国：法国

量产时间：1936 年

重量：11 吨

哈奇开斯 H35 轻型坦克是法国在二战前研制的轻型坦克，总共生产了 1200 辆左右。其车体长度为 4.22 米，宽度为 1.95 米，高度为 2.15 米。车体装甲厚度为 34 毫米，炮塔装甲厚度为 40 毫米，车内有 2 名乘员。主要武器为 1 门 37 毫米火炮，辅助武器为 1 挺 7.5 毫米机枪。最高速度为 28 千米/时，最大行程为 129 千米。

LT-35 轻型坦克

原产国：捷克斯洛伐克
量产时间：1936 年
重量：10.5 吨

LT-35 轻型坦克是捷克斯洛伐克于 20 世纪 30 年代研制的轻型坦克，在二战中被德国采用，德军称其为 Panzer 35(t) 坦克。其车体长度为 4.9 米，宽度为 2.06 米，高度为 2.37 米。该坦克有 4 名乘员，主要武器为 1 门 37 毫米火炮，辅助武器为 2 挺 7.92 毫米机枪。动力装置为 1 台 89 千瓦汽油发动机，最高速度为 34 千米 / 时，最大行程为 120 千米。

BT-SV 轻型坦克

原产国：苏联
设计时间：1937 年
重量：25 吨

BT-SV 轻型坦克是一种纯技术试验性坦克，最初是作为 BT 系列快速坦克的改进型。BT 系列快速坦克以高速机动性能而著称，但是装甲十分薄弱。BT-SV 坦克将前装甲厚度从 13 毫米增加到 25 毫米，并采用大倾角设计，侧装甲也采用铆接斜钢板的方法，形成斜坡形的结构。此外，还安装了 BT-7 坦克的防弹型炮塔以及 45 毫米火炮。BT-SV 坦克作为技术试验车，为哈尔科夫工厂积累了大量数据。在此基础上，总工程师费尔索夫在 1937 年 10 月提出了 A20 计划，也就是 T-34 中型坦克的前身，沿用了 BT-SV 坦克的大量设计。

LT-38 轻型坦克

原产国：	捷克斯洛伐克
量产时间：	1938 年
重量：	9.85 吨

LT-38 轻型坦克是捷克斯洛伐克于 20 世纪 30 年代研制的轻型坦克，于 1938 年末服役于捷克斯洛伐克军队，1939 年 3 月德国并吞捷克斯洛伐克之后，鉴于该坦克设计优良，遂以 Panzer 38(t) 的名称继续使用。其车体长度为 4.62 米，宽度为 2.14 米，高度为 2.25 米。装甲厚度为 8～50 毫米，车内有 4 名乘员。主要武器为 1 门 37 毫米火炮，辅助武器为 2 挺 7.92 毫米机枪。动力装置为 1 台 92 千瓦汽油发动机，最高速度为 42 千米/时，最大行程为 250 千米。

Mk VII 轻型坦克

原产国：	英国
量产时间：	1938 年
重量：	7.6 吨

Mk VII 轻型坦克是英国在二战前研制的轻型坦克，总共生产了 177 辆。其车体长度为 4.11 米，宽度为 2.31 米，高度为 2.12 米。车体装甲厚度为 14 毫米，车内有 3 名乘员。主要武器为 1 门 QF 2 磅炮（40 毫米口径），备弹 50 发。辅助武器为 1 挺 7.92 毫米机枪，备弹 2025 发。动力装置为 1 台 123 千瓦汽油发动机，最高速度为 64 千米/时，最大行程为 230 千米。

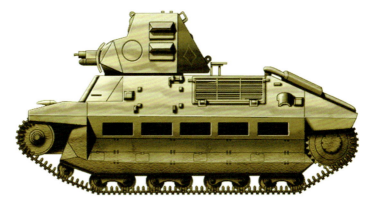

FCM 36 轻型坦克

原产国：法国

量产时间：1938 年

重量：12.4 吨

FCM 36 轻型坦克是法国在二战前研制的轻型坦克，也是法国第一款投入量产的使用柴油发动机的坦克。FCM 36 坦克的外观比较现代化，拥有六边形的炮塔和倾斜装甲。该坦克的火力较差，只有 1 门 37 毫米火炮和 1 挺 7.5 毫米同轴机枪。索玛公司曾试图在 FCM 36 坦克上安装更加强力的火炮，但是因为炮塔焊接技术问题，并没有成功。法国投降后，一些 FCM 36 轻型坦克被德国装上了 75 毫米 Pak 40 火炮，成为"黄鼠狼Ⅰ"驱逐战车。

T-50 轻型坦克

原产国：苏联

量产时间：1941 年

重量：14 吨

T-50 轻型坦克是苏联在二战初期研制的轻型步兵坦克，采用扭力杆式悬吊系统、柴油发动机、倾斜式装甲和全焊接制造的车身等。该坦克还拥有三人炮塔和车长指挥塔，其战斗效率远高于单人炮塔和双人炮塔。另外，所有 T-50 轻型坦克都拥有无线电。该坦克装有 1 门 45 毫米火炮，辅助武器为 1 挺 7.62 毫米机枪。

M22"蝗虫"轻型坦克

原产国：美国

量产时间：1942 年

重量：7.4 吨

M22"蝗虫"轻型坦克是美国在二战中研制的空降轻型坦克，英国陆军曾根据《租借法案》接收这种坦克，并将其命名为"蝗虫"。为了保证整车重量不超过 7.5 吨，M22 坦克的装甲厚度被大幅削减，导致防护力不强。该坦克的主要武器是 1 门 37 毫米坦克炮，主要弹种为钨合金穿甲弹，弹药基数 50 发。辅助武器为 1 挺 7.62 毫米同轴机枪，备弹 2500 发。此外，还有 3 支供乘员自卫用的 11.43 毫米冲锋枪，备弹 450 发。

T-60 轻型坦克

原产国：苏联

量产时间：1941 年

重量：6.4 吨

T-60 轻型坦克是苏联在二战期间研制的轻型坦克，其基础设计工作仅耗时半月。该坦克采用焊接车体，外形低矮，前部装甲厚 15～20 毫米，后来增加到 20～35 毫米。侧装甲厚 15 毫米，后来增加到 25 毫米。后部装甲厚 13 毫米，后来增加到 25 毫米。该坦克装有 1 门 20 毫米 TNSh-20 型主炮，备弹 750 发。辅助武器为 1 挺 7.62 毫米 DT 机枪，这种机枪和 TNSh-20 型主炮都可以拆卸下来单独作战。与其他苏联坦克相比，T-60 轻型坦克在雪地、沼泽，以及烂泥和水草地的机动性较好。

NI 轻型坦克

原产国：苏联

量产时间：1941 年

重量：7 吨

NI 轻型坦克是苏联在防守敖德萨地区时利用 KhTZ-3 和 STZ-5 拖拉机改装而来的坦克，不少苏军士兵形象地将它们称为"拖拉机坦克"。由于没有现成的军用装甲板，工人便利用锅炉钢板、木板和橡胶制成"复合装甲"。在武器选择上，NI 轻型坦克也是五花八门。有些安装了被拆卸下来的 T-26 坦克炮塔，有些安装了 45 毫米或 37 毫米反坦克炮，还有些安装了数挺 12.7 毫米或 7.62 毫米机枪。虽然 NI 坦克装甲薄弱、火力一般，最高速度也只有 7 千米/时，但当它首次出现在战场上时，却取得了不错的战果。

T-70 轻型坦克

原产国：苏联

量产时间：1942 年

重量：9.2 吨

T-70 轻型坦克是苏联在二战中使用的轻型坦克，用来取代 T-60 轻型坦克的侦察用途与 T-50 轻型坦克的支援步兵用途。该坦克的主要武器为 1 门 45 毫米火炮，方向射界 360°，高低射界 -6°至 +20°，弹药基数为 91 发。辅助武器为 1 挺 7.62 毫米同轴机枪，弹药基数为 945 发。车体的前装甲板厚 35～40 毫米，炮塔装甲板厚 10～60 毫米。

M24 "霞飞"轻型坦克

原产国：美国

量产时间：1944 年

重量：18.4 吨

　　M24 "霞飞"轻型坦克是美国在二战中研制的轻型坦克，主要用于取代 M3 "斯图亚特"轻型坦克，除美国陆军使用外，还提供给英国陆军。该坦克的主炮为 75 毫米 M6 火炮，使用的弹药是 M61 风帽穿甲弹、M72 穿甲弹和 M48 高爆弹。M6 火炮射速高达 20 发/分，但是不能持续长时间。辅助武器为 2 挺 7.62 毫米机枪和 1 挺 12.7 毫米机枪。作为轻型坦克，M24 "霞飞"轻型坦克的装甲较为薄弱，车身装甲厚度为 13～25 毫米，炮塔装甲厚度为 13～38 毫米。

传奇武器鉴赏：M3 "斯图亚特"轻型坦克

基本参数	
长度	4.33 米
宽度	2.47 米
高度	2.29 米
重量	14.7 吨
最高速度	58 千米/时

　　M3 "斯图亚特"轻型坦克是美国在二战期间制造数量最多的轻型坦克，欧洲战场上的英军以美国南北战争名将斯图亚特为其命名，在英国还拥有"甜心"（Honey）的非官方昵称。

研发历程

　　二战初期，随着欧洲情势日渐紧张，美国坦克设计师意识到 M2 轻型坦克已经过时，于是进行了整体升级计划，美国以 1938 年推出的 M2A4 轻型坦克为基础设计进行强化，包括更换发动机、厚实装甲、采用加入避弹设计炮塔以及新的 37 毫米主炮，并因应加重的车身重量而修改驱动轮及悬吊系统。新的坦克被命名为 M3 轻型坦克，于 1941 年 3 月至 1943 年 10 月生产，由美利坚汽车与铸造公司负责。改良型 M3A1 于 1941 年 8 月服役。尽管使用单位抱怨该坦克火力不足，改良型的 M5 轻型坦克依然保留了 37 毫米主炮。M5 轻型坦克自 1942 年开始生产后逐渐取代了 M3 轻型坦克，并在 1944 年被 M24 轻型坦克取代。

M3 轻型坦克车体左侧视角

M3 轻型坦克曾经通过《租借法案》陆续提供给英国、苏联、法国、葡萄牙及一些中南美国家使用，部分坦克甚至持续使用至 1996 年。英国陆军最早在实战中使用 M3 轻型坦克。1941 年 11 月，大约 170 辆"斯图亚特"坦克参与了北非战场的"十字军"行动。1942 年，英军接收了美制 M4"谢尔曼"中型坦克之后，便将 M3 轻型坦克撤出主战场，改作侦察之用，或改装成其他用途的车辆。

保存至今的 M3 轻型坦克

整体构造

M3 轻型坦克车体前部和两侧装甲板为倾斜布置,车内由前至后分别为驾驶舱、战斗舱和动力舱。车内乘员 4 人:车长、炮长、驾驶员和前置机枪手。驾驶员和前置机枪手位于驾驶舱内,驾驶员在左、机枪手居右,上方各有一扇舱门,门上都装有一具潜望镜。战斗舱在车体的中部,其上安装有炮塔,车长和炮长位于炮塔内,车长在右、炮长在左,上方各有一扇舱门。动力舱位于车体的后部,发动机为风冷式汽油机,动力经变速箱、传动轴传递到车体前部的主动轮。

作战性能

M3 轻型坦克装备 1 门 37 毫米 M5 主炮,以及 3 挺 7.62 毫米 M1919A4 机枪:1 挺与主炮同轴,1 挺在炮塔顶端,1 挺在副驾驶座前方。该坦克搭配了有动力旋转装置的同质焊接式炮台,具有一个陀螺稳定器,可使 37 毫米主炮于行进中精准射击。M3 轻型坦克的车身采用斜面设计,并将驾驶舱盖移到上方,但由于车身过高且有许多棱角,给了对手很大的射击面积。总的来说,M3 轻型坦克行驶速度快,越野能力强,但其车体较窄,限制了其主要武器的口径,且车体较高,流线性差,整车目标大,受弹凹部多,限制了其发展。

迷彩涂装的 M3 轻型坦克

2.2 性能均衡的中型坦克

中型坦克的重量在 20～40 吨,主炮口径在 45～85 毫米,介于轻型坦克(以机动力、侦察运用为设计导向)和重型坦克(以火力、装甲防护为主导)之间。二战时期,中型坦克经受了各种复杂条件下的战斗考验,成为地面作战的主要突击兵器,各国生产中型坦克约 15.7 万辆,典型的中型坦克有苏联的 T-34、德国的"豹"式、美国的 M4"谢尔曼"等。

二战初期,德国首先集中使用大量坦克,实施"闪电战"。战争中后期,在苏德战场上曾多次出现有数千辆坦克参加的大会战。在北非战场、诺曼底战役以及远东战役中,也有大量坦克参战。德国在战争初期的战果让各国领悟到坦克的运用应该加以集中,以充分发挥它们的优势。而集中坦克使用之后,相对应的火炮支持,补给后勤和运输系统都需要跟着改变,这些在战争中学习到的经验彻底改变了日后的战场形态。战争期间,坦克与坦克、坦克与反坦克武器的激烈对抗,也促进了中型、重型坦克技术的迅速发展,坦克的结构形式趋于成熟,火力、机动力、防护力三大性能全面提高。

T-24 中型坦克

原产国:苏联

量产时间:1931 年

重量:18.5 吨

T-24 中型坦克是苏联于 1931 年生产的中型坦克,也是哈尔科夫工厂生产的第一款坦克。该坦克被认为是不可靠的,只用于训练和检阅。

不过,T-24 中型坦克让哈尔科夫工厂获得了设计和生产坦克的最初经验,而这些经验在日后工厂受命生产 BT 系列快速坦克时,得到了极为成功的应用。T-24 中型坦克的主要武器是 1 门 45 毫米火炮,辅助武器为 3 挺 7.62 毫米 DP 轻机枪。

四号中型坦克

原产国：德国

量产时间：1936 年

重量：23 吨

四号中型坦克是德国在二战期间研制的中型坦克，也是德国在二战中产量最大的一种坦克，参与了二战欧洲战场上的大部分重大战役。该坦克装备 1 门 75 毫米火炮，最初型号为 KwK 37 L/24，主要配备高爆弹用于攻击敌方步兵。后来为了对付苏联 T-34 坦克，便为 F2 型和 G 型安装了 75 毫米 KwK 40 L/42 反坦克炮，更晚的型号则使用了威力更强的 75 毫米 KwK 40 L/48 反坦克炮。该坦克的辅助武器为 2 挺 7.92 毫米 MG 34 机枪，主要用于对付敌方步兵。

T-28 中型坦克

原产国：苏联

量产时间：1932 年

重量：28 吨

T-28 中型坦克是苏联于 20 世纪 30 年代初研制的中型坦克，主要用于支援步兵以突破敌军防线，它也被设计为用来配合 T-35 重型坦克进行作战，两车也有许多零件通用。该坦克最大的特点是有 3 个炮塔（含机枪塔）。中央炮塔为主炮塔，安装 1 门 KT-28 型短身管 76 毫米火炮，主炮塔的右侧有 1 挺 7.62 毫米机枪，主炮塔的后部装 1 挺 7.62 毫米机枪，这 2 挺机枪能独立操纵射击。主炮塔的前下方有 2 个圆柱形的小机枪塔，各装 1 挺 7.62 毫米机枪。1936 年以后生产的 T-28 坦克上，还在炮塔顶部左后方额外安装了 1 挺 7.62 毫米防空机枪。

维克斯 Mk II 中型坦克

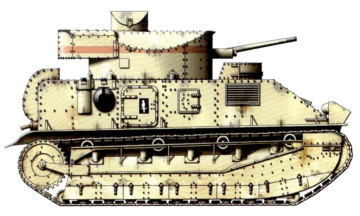

原产国：英国

量产时间：1934 年

重量：12 吨

　　维克斯 Mk II 中型坦克是英国维克斯公司研制的轻型坦克，从 1925 年的原型车到 1934 年开始量产共经历了 9 年时间，并从 1939 年起逐渐停止使用，由 Mk I 巡航坦克取代。维克斯 Mk II 中型坦克在炮塔中配备了 1 门 QF 3 磅火炮（47 毫米口径）和 4 挺 7.7 毫米霍奇斯机枪，车体两侧各有 1 挺 7.7 毫米维克斯机枪。

九七式中型坦克

原产国：日本

量产时间：1938 年

重量：15.3 吨

九七式中型坦克是日本在二战期间装备的最成功的一款坦克，主要武器为 1 门 97 式 57 毫米短身管火炮，可发射榴弹和穿甲弹，携弹量 120 发（榴弹 80 发、穿甲弹 40 发），其穿甲弹可以在 1200 米距离击穿 50 毫米厚的钢质装甲。辅助武器为 2 挺 97 式 7.7 毫米重机枪，共备弹 4035 发，其中一挺为前置机枪，另一挺机枪装在炮塔后部偏右的位置。

S-35 中型坦克

原产国：法国

量产时间：1935 年

重量：19.5 吨

S-35 中型坦克是法国在二战中使用的中型坦克，一度被评价为"20 世纪 30 年代最佳的中型坦克"。该坦克装备 1 门 47 毫米 L/40 加农炮，为二战初期西线战场威力较大的坦克炮之一。辅助武器为 1 挺 7.5 毫米同轴机枪，可选择性安装。S-35 坦克一共装有 118 枚炮弹（其中 90 枚为穿甲弹，28 枚为高爆弹）和 2250 发机枪子弹。与 Char B1 坦克一样，S-35 坦克的车长要兼任炮手的职务，不但要下达全车指令，还要瞄准、装填炮弹和开火。

三号中型坦克

原产国：德国

量产时间：1939 年

重量：23 吨

三号中型坦克是德国于 20 世纪 30 年代研制的中型坦克，拥有多种衍生及改进型。早期生产的三号坦克（A 型～E 型，以及少量 F 型）安装由 PAK36 反坦克炮所修改而成的 37 毫米坦克炮，以应付 1939 年及 1940 年的战事。后来生产的三号坦克 F 型～M 型都改装 50 毫米 KwK38 L/42 型及 KwK39 L/60 型火炮，备弹 99 发。1942 年生产的 N 型换装 75 毫米 KwK37 L/24 低速炮（四号坦克早期所使用的火炮），备弹 64 发。辅助武器方面，三号坦克各个型号都装有 2～3 挺 7.92 毫米 MG34 机枪。

M11/39 中型坦克

原产国：意大利

量产时间：1939 年

重量：11.18 吨

M11/39 中型坦克是意大利陆军在二战初期使用的一种中型坦克。尽管意大利称其为中型坦克，但以该坦克的吨位与火力来说，较接近轻型坦克的级别。该坦克的主要武器是 1 门 37 毫米火炮，辅助武器是 2 挺安装在旋转炮塔上的 8 毫米机枪。除了火力贫弱外，M11/39 中型坦克还有机械可靠性差、行驶速度慢等缺点。该坦克的铆接式装甲钢板最厚处才 30 毫米，仅能抵挡 20 毫米机炮的火力。

M4"谢尔曼"中型坦克

原产国：美国

量产时间：1941年

重量：30.3吨

M4"谢尔曼"中型坦克是美国在二战期间研制的中型坦克，"谢尔曼"之名为英军所取，来源是美国南北战争中北方军队的将军威廉·谢尔曼。该坦克的主炮是1门75毫米M3加农炮，能够在行进中瞄准目标开炮。该坦克的正面和侧面装甲厚50毫米，正面有47°斜角，防护效果相当于70毫米，侧面则没有斜角。炮塔正面装甲厚88毫米。M4"谢尔曼"坦克的机动能力不错，而且动力系统坚固耐用，只要定期进行最基本的野战维护即可，无须返厂大修。

M13/40中型坦克

原产国：意大利

量产时间：1940年

重量：14吨

M13/40中型坦克是二战期间意大利使用最广泛的中型坦克，尽管是以中型坦克的理念来设计，但其装甲与火力的标准较接近轻型坦克。该坦克的主要武器为1门47毫米火炮，能够在500米距离贯穿45毫米的装甲板，能有效对付英军的轻型坦克与巡航坦克，但仍无法对付较重型的步兵坦克。M13/40中型坦克还装有3～4挺机枪：1挺同轴机枪和2挺前方机枪，置于球形炮座。另外1挺机枪则弹性装设于炮塔顶，作为防空机枪。

M2 中型坦克

原产国：美国

量产时间：1940 年

重量：18.7 吨

M2 中型坦克是美国在二战爆发时研制的中型坦克，它是美国第一种大规模生产的中型坦克，标志着主流坦克由轻型向中型的转变。M2 中型坦克可以说是 M2 轻型坦克的加大型，两者有许多相同的部件设计。M2 中型坦克的主要武器是 1 门 37 毫米 M3 坦克炮，备弹 200 发。辅助武器为 7 挺 7.62 毫米 M1919 机枪，一共备弹 12250 发。37 毫米 M3 坦克炮可以在 457 米的距离外击穿 30°倾斜的 46 毫米表面硬化装甲，而超过 900 米后，穿甲厚度会降低为 40 毫米。

M3"格兰特/李"中型坦克是美国在二战中研制的中型坦克，其主要武器为 1 门 75 毫米 M2 坦克炮，安装在宽大车身的右方（后期换装炮管较长的 M3 坦克炮），由 1 名炮手及 1 名装填手操作。该火炮衍生自法国 75 毫米榴弹炮，后来也安装在 M4"谢尔曼"中型坦克上。驾驶席的左边安装 2 挺固定机枪。驾驶席后装有一个双人炮塔，车长及 1 名炮手负责使用炮塔内的 1 门 37 毫米 M5 坦克炮（或 M6 坦克炮），以及 1 挺同轴机枪。车长拥有一个带机枪的指挥圆顶用于观察。由于车内武器众多，所以乘员足足有 7 人。

M3"格兰特/李"中型坦克

原产国：美国

量产时间：1941 年

重量：27.9 吨

"豹"式中型坦克

原产国：德国

量产时间：1943 年

重量：44.8 吨

"豹"式中型坦克是二战期间德国最出色的坦克，又称为五号坦克（Panzerkampfwagen V），主要在东线战场服役。"豹"式坦克的主要武器为莱茵金属生产的 75 毫米半自动 KwK42 L/70 火炮，通常备弹 79 发（G 型为 82 发）。该炮的炮管较长，推动力强大，可提供高速发炮能力。尽管"豹"式坦克的火炮口径不大，但却是二战中最具威力的坦克炮，其贯穿能力甚至比 88 毫米 KwK36 L/56 火炮还高。"豹"式坦克的辅助武器是 2 挺 MG34 机枪，分别安装在炮塔上及车身斜面上，用于扫除步兵及防空。

M14/41 中型坦克

原产国：意大利

量产时间：1941 年

重量：14.5 吨

M14/41 中型坦克是意大利陆军早期使用的 M13/40 中型坦克的改良型，它使用与 M13/40 中型坦克相同的底盘，但车体设计更佳。与 M11/39 中型坦克和 M13/40 中型坦克一样，M14/41 中型坦克虽然是以中型坦克的理念来设计，但其装甲与火力的标准配置较接近轻型坦克。M14/41 中型坦克的主要武器是 1 门 47 毫米火炮，辅助武器为 4 挺 8 毫米机枪。该坦克的装甲厚度从 6 毫米到 42 毫米不等，防护能力较差。

KV-13 中型坦克

原产国：苏联

设计时间：1942 年

重量：32 吨

KV-13 中型坦克是苏联在二战中研制的试验性中型坦克，计划用于同时取代 T-34 中型坦克及 KV-1 重型坦克。该坦克的第一辆原型车于 1942 年春天完成，然而同年秋天进行的实地测试表明了 KV-13 中型坦克缺乏机械可靠性，同时装甲防护也略显不足，另外苏联军方也要求它必须安装新型的 3 人炮塔。虽然两款改进后的原型车很快在 1942 年 12 月进入生产,然而苏联军方依然决定终止 KV-13 中型坦克的研发计划,以集中资源生产现有的 T-34 中型坦克。不过,2 辆改良后的 KV-13 原型车后来成为 IS 重型坦克的研发基础。

T-43 中型坦克

原产国:苏联

设计时间:1943 年

重量:34 吨

T-43 中型坦克是苏联在二战中研发的试验性中型坦克,装有 1 门 76.2 毫米 F-34 火炮和 2 挺 7.62 毫米 DT 机枪。苏联军方希望它能够取代 T-34 中型坦克及 KV-1 重型坦克,成为苏联红军的主力坦克。计划中,T-43 坦克将拥有比一般中型坦克更为厚重的装甲,然而现有的 T-34/85 中型坦克便已经足够反制德军坦克,T-43 坦克的研发计划因而被取消。

"谢尔曼萤火虫"中型坦克

原产国：英国

量产时间：1943年

重量：35.3吨

"谢尔曼萤火虫"中型坦克是二战中唯一能在正常作战距离击毁德国"豹"式中型坦克和"虎"式重型坦克的英军坦克，由美国M4"谢尔曼"中型坦克换装主炮改进而来。"谢尔曼萤火虫"坦克安装有1门76.2毫米QF反坦克炮，当使用标准的钝头被帽穿甲弹，入射角度为30°时，"谢尔曼萤火虫"坦克的主炮可以在500米距离击穿140毫米厚的装甲。若用脱壳穿甲弹，入射角度同样为30°时，在500米距离可击穿209毫米厚的装甲。

"灰熊"中型坦克

原产国：加拿大

量产时间：1943年

重量：30吨

"灰熊"中型坦克是加拿大以美国M4"谢尔曼"中型坦克为基础改进而来，总共生产了188辆。它拥有更厚重，倾斜度更大的装甲，装甲最厚的部分达到了75毫米。"灰熊"中型坦克在旋转炮塔上安装了1门75毫米M3坦克炮，同时安装了1挺勃朗宁12.7毫米机枪用于防空、对付轻装甲和反制步兵。此外，还有1挺7.62毫米同轴机枪和1挺安装在底盘上的7.62毫米机枪。

M15/42 中型坦克

原产国：意大利

量产时间：1943 年

重量：15.5 吨

M15/42 中型坦克是意大利在二战期间生产的最后一款中型坦克，其设计借鉴了先前的 M13/40 中型坦克以及 M14/41 中型坦克。M15/42 中型坦克的车体比 M14/41 中型坦克更长，主炮是 1 门 47 毫米 L/40 火炮，最大俯仰角为 -10°和 +20°。主炮能发射空心装药弹、高爆弹，以及穿甲弹。另外，M15/42 中型坦克还装有 5 挺 8 毫米布雷达 38 型机枪（2 挺装在车体上，2 挺同轴放置，第 5 挺机枪则放在车顶，作为防空机枪）。

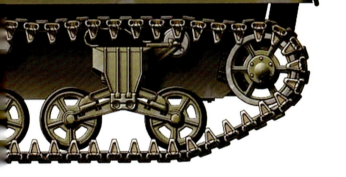

T-44 中型坦克

原产国：苏联

量产时间：1944 年

重量：32 吨

T-44 中型坦克是苏联在二战中研制的中型坦克，装备 1 门 85 毫米 ZiS-S-53 坦克炮，可使用普通穿甲弹、被帽穿甲弹和超速穿甲弹。发射普通穿甲弹时，在 500 米的射击距离上，可垂直穿甲 109 毫米；在 1000 米的射击距离上，可垂直穿甲 99 毫米。T-44 中型坦克的辅助武器为 2 挺 7.62 毫米 DTM 机枪，1 挺为同轴机枪，1 挺为前机枪，弹药基数为 2750 发。

传奇武器鉴赏：T-34 中型坦克

基 本 参 数	
长度	6.88 米
宽度	3 米
高度	2.45 米
重量	26.5 吨
最高速度	53 千米/时

T-34 中型坦克是苏联于 1940 年至 1958 年生产的中型坦克，堪称二战期间苏联最著名的坦克。该坦克在坦克发展史上具有重要地位，其设计思路对后世的坦克发展有着深远影响。

研发历程

1936 年，苏联著名战车设计师柯锡金被调往柯明顿工厂担任总设计师，此时柯明顿工厂的设计局正负责 BT 车轮履带两用式坦克的改造。1937 年，该厂被委派研发一款新型中型坦克，设计代号为 A-20。同年 11 月，设计工作完成，设计方案集 BT-1 至 BT-7 系列快速坦克之大成。之后，柯锡金建议发展纯履带式的车型，以适应苏军的作战需要，设计编号为 A-32（即此后的 T-32）。1939 年初，A-20 和 A-32 在苏联卡尔可夫制造完成。此后，T-32 又加强了火力和装甲防护，并进一步简化了生产工序，最终成为 T-34 中型坦克。

1940 年 1 月底，第一批 T-34 生产型完工。此后，陆续出现了 T-34/76、T-34/57、T-34/85 和 T-34/100 等改进型号。二战期间，T-34 系列坦克的产量超过 5 万辆，是苏德战争期间产量最大的一款坦克。其中，T-34/85 是为了应对德国"虎"式坦克而研制的改进型号，当时苏军没有能在正常作战距离上对"虎"式构成正面威胁的坦克，因此作为主力坦克的 T-34 的改装计划立即提上日程。由于加大了炮塔，德军常把 T-34/85 称为"大脑袋 T-34"。

整体构造

T-34 坦克的车体为焊接制成，分为三个部分，驾驶舱位于车体前部，战斗舱在车体中部，车体后部装有发动机和传动装置。炮塔为铸造结构，位于车体中部上方。炮塔顶部后边有两个带圆顶盖的通风口。T-34/76 采用空间狭小的双人炮塔，一般由炮手兼任车长，也有装填手甚至驾驶员兼任车长的情况，大大降低了战斗效率。后期随着 T-34/85 无线通信设备的改善（同时增加一名无线电通信员），这个弱点才逐步改观。T-34 坦克的底盘悬挂系统是美国工程师克里斯蒂所发明的新式悬挂系统，可以让坦克每个车轮独立地随地形起伏，产生极佳的越野能力和速度。

作战性能

T-34 中型坦克的主要武器最初是 1 门 76.2 毫米 M1939 L-11 型火炮，1941 年改为 76.2 毫米 F-34 长管型 41.5 倍径的高初速火炮，具有更长的炮管以及更高的初速，备弹 77 发。T-34/85 又改为 85 毫米 ZiS-S-53 坦克炮，备弹 56 发。辅助武器方面，T-34 中型坦克装有 2 挺 7.62 毫米 DP/DT 机枪，一挺作为主炮旁的同轴机枪，另一挺则置于车身驾驶座的右方。

T-34 坦克的车身装甲厚度，与德国的三号、四号坦克相当，但正面装甲有 32°的斜角，侧面也有 49°。炮塔是铸造而成的六角形，正面装甲厚度 60 毫米，侧面也是 45 毫米，车身的斜角一直延伸到炮塔，因此 T-34 坦克从正面看几乎是一个直角三角形。该坦克 45 毫米厚、32°斜角的正面装甲，防护能力相当于 90 毫米均质钢板，而 49°斜角的侧面装甲也相当于 54 毫米均质钢板。

T-34 坦克可通过高 0.75 米的障碍越、宽 2.49 米壕沟，爬坡度达 30°。在冰天雪地的东线战场，T-34 坦克可在雪深 1 米的冰原上自由驰骋，被德军称为"雪地之王"。

博物馆中的 T-34 中型坦克

T-34 中型坦克车体左侧视角

T-34/85 中型坦克

2.3 甲坚炮利的重型坦克

1916 年，坦克第一次出现在战场。当时坦克的用途是协助步兵进攻，多半带有"陆地堡垒"的色彩，因此其中不乏体形庞大之辈，例如法国"圣沙蒙"坦克和德国 A7V 坦克，其中 A7V 坦克达到 33 吨的战斗全重。德国在战争末期制造了 2 辆 K-Wagen 重型坦克，这款坦克重达 120 吨，拥有 4 门 77 毫米火炮。1918 年，以德国为首的同盟国集团遭到全面失败，战后签订的《凡尔赛和约》成功地限制了德国军备发展，包括装甲部队。

战间期是轻型坦克的黄金时期，但是重型坦克仍有一定市场。例如法国在 1917 年开始研发的世界上第一款多炮塔的旋转炮塔坦克——Char 2C 重型坦克，重达 69 吨。而法国在 20 世纪 30 年代研制的 Char B1 重型坦克，重量也达到 30 吨；苏联在 20 世纪 30 年代实现工业化后，制造了拥有 5 个炮塔的 T-32 重型坦克，后来发展成为重达 50 吨的 T-35 重型坦克，苏联也是 20 世纪 30 年代中期唯一拥有独立重型坦克编队的国家。

二战时期，坦克与坦克、坦克与反坦克武器的激烈对抗，促使坦克的装甲越来越厚，主炮口径也越来越大，重型坦克的地位大幅提升。战争初期，30 吨以上的坦克便被认定为重型坦克。但随着战争进程的推进，中型坦克的重量已经达到了 45～50 吨，超过 70 吨的重型坦克也在考虑之中。此时，美国引入了新的分类系统，即"根据坦克主炮的口径"对坦克进行分类，但重型、中型、轻型坦克这三种基本的坦克分类概念仍然被广泛认可。

二战期间，较轻的重型坦克重约 30 吨（法国 Char B1 重型坦克），与较重的中型坦克相当，而最重的"鼠"式重型坦克重达 188 吨。重型坦克的最高速度在 14 千米/时至 65 千米/时之间；车体装甲能达到 200 毫米厚，炮塔装甲厚度能够达到 250 毫米。

重型坦克在设计上是用于突破防线、破坏障碍物、摧毁敌方装甲车辆等任务。但在实战中，用于防守的作用比进攻更为显著。由于重型坦克速度慢，无法在战场上进行大范围的移动，难以在不同方向参与战斗。重型坦克的炮塔转动速度通常比中型坦克要慢，尽管拥有强大的主炮，但当面对多辆中型坦克时，重型坦克需要更长的时间旋转炮塔进行瞄准，这时它是相对脆弱的。因此重型坦克必须保持适当的移动，或是与己方中型坦克一起使用，以防止被敌方多个较小且灵活的坦克所纠缠。尽管有着厚重的装甲，但是重型坦克顶部、底部、后部的装甲往往比较薄弱，容易被击穿。虽然一部分重型坦克（如"鼠"式重型坦克）在这方面做过补足，但却带来了重量的大幅增加，导致机动性和机械可靠性的下降。

在二战结束之前，重型坦克的概念已经演变为"装备强力火炮和全向炮塔，拥有厚重防御的战斗载具"类似的现代概念。这种设计优先考虑火力和防护，但仍需拥有足够的机动性，允许与中型坦克在大多数地形上协同作战。

T-35 重型坦克

原产国：苏联

量产时间：1933 年

重量：45 吨

T-35 重型坦克是苏联于 20 世纪 30 年代研制的重型坦克，有 5 个独立的炮塔（含机枪塔），分两层排列。主炮塔是中央炮塔，在最顶层安配装 1 门 76 毫米榴弹炮，携弹 90 发，另有 1 挺 7.62 毫米机枪。下面一层有 4 个炮塔和机枪塔，2 个小炮塔位于主炮塔的右前方和左后方，2 个机枪塔位于左前方和右后方。两个小炮塔上各装 1 门 45 毫米坦克炮（弹药基数共 200 发）和 1 挺 7.62 毫米机枪，2 个机枪塔上各装 1 挺 7.62 毫米机枪（弹药基数为 10080 发）。这样布置的好处是火力配系和重量分布比较均衡，但由于只有主炮塔可以 360°旋转，无法将所有炮塔的火力全部集中到一个方向上。

Char B1 重型坦克

原产国：法国

量产时间：1935 年

重量：30 吨

Char B1 重型坦克是法国在二战前研制的重型坦克，截至 1940 年 6 月 25 日法国投降为止，共生产约 400 辆。该坦克配备 47 毫米及 75 毫米火炮各 1 门，由于车长是唯一位于炮塔中的乘员，他除了要负责整车的指挥之外，还需要操作 47 毫米火炮进行战斗。不过，Char B1 坦克有 2 位负责无线电的乘员，其中一名可以帮助装填炮弹，加快发射炮弹的速度，增加战场的主动性。

SMK 重型坦克

原产国：苏联

设计时间：1939 年

重量：55 吨

SMK 重型坦克是苏联研制的双炮塔重型坦克，主要武器为 1 门 76.2 毫米火炮，辅助武器为 1 门 45 毫米火炮和 3 挺 7.62 毫米 DT 机枪。该坦克在样车制成后向苏联国防委员会展示的过程中，受到了斯大林的严厉批评，所以研发计划被终止。不过，工程师立即调整部署，在 SMK 重型坦克的基础上进行改进，由此诞生了著名的 KV 系列重型坦克。

T-100 重型坦克

原产国：苏联

设计时间：1939 年

重量：58 吨

T-100 重型坦克是苏联研制的双炮塔重型坦克，主要武器为 1 门 76.2 毫米 L-11 火炮，辅助武器为 1 门 45 毫米火炮和 4 挺 7.62 毫米 DT 机枪。由于机动性差、实用性低，加上后来有了更好的替代方案——KV 系列重型坦克，T-100 重型坦克仅制造了 2 辆样车便停止研发。1939 年冬季战争爆发时，苏军试着使用 T-100 重型坦克通过曼纳海姆防线，结果失败。

KV-1 重型坦克

原产国：苏联

量产时间：1939 年

重量：45 吨

KV-1 重型坦克是苏联 KV 系列重型坦克的第一款型号，以装甲厚重而闻名，是苏联红军在二战初期的重要装备。KV-1 重型坦克的早期型号装备 76 毫米 L-11 火炮，车身前面原本没有架设机枪，仅有手枪口，但在生产型上加装了 3 挺 DT 重机枪。后期型号的主炮改为 76 毫米 F-32 坦克炮，炮塔更换为新型炮塔，炮塔前部还设计了使敌军跳弹的外形。KV-1

坦克早期型号的装甲厚 75 毫米，后期型号的装甲提升至 90 毫米。由于装甲的强化，重量成为 KV-1 坦克的主要缺点，虽然不断更换离合器、新型的炮塔、较长的炮管，并将部分焊接装甲改成铸造式，它的可靠性还是不如 T-34 中型坦克。

KV-2 重型坦克

原产国：苏联

量产时间：1940 年

重量：57 吨

KV-2 重型坦克是苏联 KV 系列重型坦克的第二款型号，自 1940 年一直服役到二战结束。KV-2 坦克的装甲较厚，其炮塔前装甲厚 110 毫米，侧面厚 75 毫米。由于车体一致，KV-2 坦克继承了 KV-1 坦克在齿轮、传动系统及乘员舱等方面存在的许多问题，加上重量的剧增，而动力装置仍然采用未经改进的 373 千瓦 V-2 柴油机，这些因素造成了 KV-2 坦克在作战时机动性的严重缺陷。KV-2 坦克的主要武器为 1 门 152 毫米 M-10 榴弹炮，备弹 36 发。辅助武器为 2 挺 DT 重机枪，备弹 3087 发。

KV-1S 重型坦克

原产国：苏联

量产时间：1943 年

重量：40 吨

KV-1S 重型坦克比 KV-1 重型坦克更加现代化，增大了发动机功率，减轻了装甲重量。炮塔装甲厚度为 30～82 毫米，炮塔变得小型化，主要武器依然是 1 门 76 毫米 F-32 坦克炮。车体采用铸铁，全重减轻了 5 吨，还加装了一个车长指挥塔。车长不再兼任装填手，而是负责后部机枪的射击。

IS-2 重型坦克

原产国：苏联

量产时间：1943 年

重量：46 吨

IS-2 重型坦克是苏联 IS 系列重型坦克中最著名的型号，它与 T-34/85 中型坦克一起构成了二战后期苏联坦克的中坚力量。IS-2 坦克的主炮为 122 毫米 D-25T 型火炮，方向射界为 360°，高低射界为 -3°至 +20°。辅助武器为 4 挺机枪，其中，包括 1 挺 7.62 毫米同轴机枪、1 挺安装在车首的 7.62 毫米航向机枪、1 挺安装在炮塔后部的 7.62 毫米机枪和 1 挺安装在车长指挥塔上的 12.7 毫米 DShK 机枪。

KV-85 重型坦克

原产国：苏联

量产时间：1943 年

重量：46 吨

KV-85 重型坦克是苏联 KV 系列重型坦克第三款大量生产的型号，沿用了 KV-1S 重型坦克的底盘，配备了专为 85 毫米 D-5T 火炮设计的新型铸造炮塔，该炮塔前装甲高达 100 毫米，而且容积较大，拥有车长指挥塔，利于提高作战效率。该坦克装备 1 门 85 毫米 D-5T 火炮，备弹 70 发。辅助武器为 3 挺 7.62 毫米 DT 重机枪。有少数 KV-85 坦克改装了 122 毫米 D-2-5T 火炮，虽然火炮威力巨大，但产量寥寥无几。

IS-1 重型坦克

原产国：苏联

量产时间：1943 年

重量：46 吨

IS-1 重型坦克是苏联在 1943 年库斯克会战后以 KV-13 中型坦克为基础开发而成的新型坦克。原型车称为 IS-85，正式量产时定名为 IS-1，总产量为 130 辆。IS-1 重型坦克的炮塔设计后来被移植到 T-34 中型坦克上，形成了后者产量最大的型号 T-34/85。

Chapter 02 二战前后

P-40 重型坦克

原产国：意大利

量产时间：1943 年

重量：26 吨

P-40 重型坦克是二战期间意大利最重的坦克，尽管意大利将其归类为重型坦克，但按其他国家的吨位标准只能算是中型坦克。该坦克采用避弹性较佳的斜面装甲，装有 1 门 75 毫米火炮，仅有 65 发弹药。该坦克最初设计搭载 3 挺机枪，之后取消了 1 挺前部机枪。机枪备弹量仅有 600 发，低于二战大多数坦克。总的来说，P-40 重型坦克的设计在当时比较新颖，但仍缺乏焊接、可靠的悬吊装置和保护车长的顶盖等现代化技术或装置。

M26"潘兴"重型坦克

原产国：美国

量产时间：1944 年

重量：41.9 吨

M26"潘兴"重型坦克是美国在二战后期设计的重型坦克，一共制造了 2212 辆。1945 年 3 月，美军改变标准将 M26 归类为中型坦克。该坦克装备的 90 毫米 M3 坦克炮穿透力极强，能在 1000 米距离穿透 147 毫米厚的装甲，虽然比起德国"虎王"重型坦克和苏联 IS 系列坦克等重型坦克仍有一定差距，但已足够击穿当时大多数坦克的装甲。该炮可使用曳光被帽穿甲弹、曳光高速穿甲弹、曳光穿甲弹和曳光榴弹，弹药基数为 70 发。辅助武器是 1 挺 12.7 毫米防空机枪和 2 挺 7.62 毫米勃朗宁 M1919 机枪，弹药基数分别为 550 发和 5000 发。

ARL 44 重型坦克

原产国：法国

量产时间：1944 年

重量：50 吨

ARL 44 重型坦克是法国在二战时期开始研制的重型坦克，其设计工作直到二战结束后才完成。该坦克仅生产了 60 辆，1953 年全部退役。ARL 44 坦克最初采用 1 门 44 重型倍口径的 76 毫米火炮，但是这门只有在 1000 米距离上才能穿透 80 毫米钢板的火炮很快就被否决了，换装了口径更大的 90 毫米 DCA 火炮。辅助武器方面，ARL 44 坦克安装了 2 挺 7.5 毫米 MAC 31 机枪。

"虎王"重型坦克

原产国：德国

量产时间：1944 年

重量：69.8 吨

"虎王"重型坦克是德国在二战后期研制的重型坦克，又称为"虎Ⅱ"重型坦克。该坦克安装了 1 门 88 毫米 KwK 43 L/71 坦克炮，身管长达 6.3 米，可发射穿甲弹、破甲弹和榴弹，具备在 2000 米的距离击穿美国 M4 "谢尔曼"中型坦克主装甲的能力。辅助武器是 3 挺 7.92 毫米 MG34/MG42 机枪，备弹 5850 发。车身前装甲厚度为 100～150 毫米，侧装甲和后装甲厚度为 80 毫米，底部和顶部装甲厚度为 28 毫米。炮塔前装甲厚度为 180 毫米，侧装甲和后装甲厚度为 80 毫米，顶部装甲厚度为 42 毫米。

"鼠"式重型坦克

原产国：德国

量产时间：1944 年

重量：188 吨

"鼠"式重型坦克是德国在二战期间研制的超重型坦克，也称为八号坦克，仅有两辆原型车问世。"鼠"式坦克车体前方 35 度倾斜装甲厚达 220 毫米，加上倾斜角度后相当于 380 毫米厚。车体正下方和炮塔顶部的装甲也有 120 毫米厚，车体两侧装甲厚 185 毫米，车体后部装甲厚 160 毫米。该坦克的主要武器为 1 门 128 毫米 KwK 44 L/L55 火炮，1 门 75 毫米 KwK 44 L/36.5 同轴副炮。辅助武器是 2 挺 7.92 毫米 MG34 机枪，另外在炮塔两侧和后部还各有一个射击孔。

IS-7 重型坦克

原产国：苏联基洛夫工厂

设计时间：1947 年

重量：68 吨

1945 年末，苏联科京设计局就开始着手制定一项代号为"260 工程"的重型坦克研制计划。1946 年 9 月进行了样车测试，搭载 S-70 型 130 毫米 54 倍口径坦克炮和半自动装填机，射击速度为每分钟 6～8 发。同年 12 月，第 2 号样车顺利通过 45 千米行驶测试，它拥有倾斜外形的车体和由怪异曲面组成的炮塔，另在炮塔上带有小型内控式机枪塔。1947 年又对整体外形进行了重新设计：大而扁平的新式炮塔和具有斜面的车体大大改善了避弹性能。之后，IS-7 项目由于设计单位陷入政治风波而被取消。

"土龟"重型坦克

原产国：英国

量产时间：1945 年

重量：79 吨

"土龟"重型坦克是英国在二战末期研制的超重型坦克，其发展目的是为突破战场上的坚固防护地区，在设计上强调装甲防护。为了抵挡德军的 88 毫米炮，"土龟"重型坦克的正面装甲厚达 228 毫米，炮盾装甲也有所强化。该坦克采用固定炮塔，外形类似德国的突击炮，主炮为 1 门 QF 32 磅炮（94 毫米口径），所发射的是弹体与发射药分装的分离式弹药，搭配被帽穿甲弹的 32 磅炮弹（重 14.5 千克），在测试时发现可在 900 米距离击穿德军的"豹"式坦克。辅助武器包括 1 挺同轴机枪、1 挺车头机枪及 1 挺防空机枪，均是 7.92 毫米口径的"贝莎"机枪。

IS-4 重型坦克

原产国：苏联

量产时间：1947 年

重量：53 吨

IS-4 重型坦克是苏联在二战中研制的重型坦克，截至战争结束前共生产 6 辆试验车和 2 辆量产车，随着德军迅速溃败，该车的量产因而失去意义，生产作业遂遭暂停。战争结束后于 1946 年 4 月获准重启生产并列装，1947 年正式开始量产。该坦克的主要武器是 1 门 122 毫米 D-25T 坦克炮，备弹 22 发。炮塔正面装甲厚达 250 毫米，侧面装甲厚 160 毫米。

IS-3 重型坦克

原产国：苏联

量产时间：1945 年

重量：46.5 吨

IS-3 重型坦克是苏联在 IS-2 重型坦克基础上发展而来的重型坦克，主要用于对付德国"虎王"重型坦克。该坦克的主要武器与 IS-2 重型坦克完全一样，同样是 1 门 122 毫米 D-25T 型火炮。辅助武器为 1 挺安装在装填手舱门处环行枪架上的 12.7 毫米防空机枪（备弹 250 发）、1 挺 7.62 毫米同轴机枪（备弹 756 发），以及 1 挺安装在炮塔左后部的 7.62 毫米机枪（备弹 850 发）。IS-3 重型坦克的防护力极强，尤其是侧后防护，由外层的 30 毫米厚 30°外倾装甲、内侧上段 90 毫米厚 60°内倾装甲及下段 90 毫米厚垂直装甲组成。

传奇武器鉴赏:"虎"式重型坦克

基本参数	
长度	6.32 米
宽度	3.7 米
高度	3 米
重量	56.9 吨
最高速度	42 千米/时

"虎"式重型坦克是德国在二战中研制的重型坦克,又称为六号坦克或"虎Ⅰ"坦克。

研发历程

1937 年,德国武器军备发展局提出了重型坦克的研发计划,并将具体性能要求发给了德国的奔驰公司、曼公司、亨舍尔公司和保时捷公司。1941 年,四家公司分别提交了各自的设计方案。然而,苏联 T-34 中型坦克的诞生宣告了这些设计方案的过时,于是德国又提高了新式重型坦克的设计标准。1942 年 4 月 19 日,经过比较测试,亨舍尔公司的基本架构被采用,但要换装保时捷的炮塔。同月,新式坦克定型并命名为"虎"式重型坦克。1942 年 8 月,"虎"式重型坦克开始批量生产。由于生产成本过高,"虎"式重型坦克在生产了 1300 多辆后就于 1944 年 8 月宣告停产。

整体构造

"虎"式重型坦克是当时体积最为庞大的德军坦克,其大部分装甲是垂直与其他结构相连接的,并采用了咬合连接形式,使其获得了良好的结构性能。同时咬合的装甲块之间都采用了焊接,焊缝质量很高,但是焊接的车身和炮塔也大大增加了坦克的重量。"虎"式重型坦克的外形设计极为精简,履带上方装有长盒形的侧裙。坦克内部分为驾驶员隔间、炮手/无线电操作员隔间、作战隔间(炮塔)和发动机隔间。

作战性能

"虎"式重型坦克的主要武器是 1 门 88 毫米 KwK 36 L/56 火炮,为电动击发,准确度较高,是二战时期杀伤效率较高的坦克炮之一。该炮可装载三种型号弹药:PzGr.39 弹道穿甲爆破弹、PzGr.40 亚口径钨芯穿甲弹和 HI. Gr.39 型高爆弹。"虎"式重型坦克所发射的炮弹能在 1000 米距离轻易贯穿 130 毫米装甲。辅助武器方面，"虎"式重型坦克装有 2 挺 7.92 毫米 MG34 机枪。

"虎"式重型坦克车体前方装甲厚度为 100 毫米，炮塔正前方装甲则厚达 120 毫米。两侧和车尾也有 80 毫米厚的装甲。在二战时期，这样的装甲厚度能够抵挡住大多数接战距离，尤其是来自正面的反坦克炮弹。"虎"式重型坦克的炮塔四边接近垂直，炮盾和炮塔的厚度相差无几，要从正面贯穿"虎"式重型坦克的炮塔非常困难。该坦克的薄弱地带在车顶，装甲仅有 25 毫米（1944 年 3 月增加至 40 毫米）。

为了增强装甲防护力和攻击力，"虎"式重型坦克牺牲了机动性能。由于重量较大，"虎"式重型坦克通过桥梁非常困难，因此它被设计可以涉水 4 米深，但入水前必须准备充分，炮塔和机枪要密封并且固定在前方，坦克后部需要升起大型呼吸管，整个准备过程需要 30 分钟左右。

博物馆中的"虎"式重型坦克

"虎"式重型坦克侧前方视角

"虎"式重型坦克车体右侧视角

2.4 独树一帜的英联邦坦克

二战时期,美国、苏联和德国等国按吨位和主炮口径将坦克分为重型、中型和轻型三类,这种分类方式也是后世广泛认可的一种。不过,当时同为坦克研发强国的英国并没有完全采用这种分类方式,而是按坦克用途划分。1936年,英国陆军部将坦克分为了两类:一种是拥有厚重装甲,被用于在战争中与敌方步兵近距离交战的步兵坦克;一种是能够快速移动,并在敌人的大后方发动突袭的巡航坦克。作为英联邦国家,加拿大和澳大利亚等国也沿用了英国的分类方式。

在海军文化浓郁的英国,举手投足都透着浓浓的英国海军的气息,所以研发坦克也不例外。尤其是英国早期坦克的重要投资方是英国海军部,所以英国坦克不可避免地带有浓重的"海军元素",比如坦克最早的名字"水柜"(Tank),这就是来自军舰上淡水柜的名称。而同时英国人在坦克的使用上也潜移默化地遵循了英国海军对军舰的使用规则:步兵坦克装甲厚重而速度缓慢,正好暗合海军中的战列舰的特点——装甲厚重、航速缓慢、适合主力舰队决战;巡洋坦克装甲轻薄而速度轻快,正好暗合海军中的轻型巡洋舰的特点——装甲轻薄、航速迅捷、适合作为舰队前卫。

Mk I 巡航坦克

原产国:英国

量产时间:1936年

重量:13吨

Mk I 巡航坦克是英国研制的第一款巡航坦克,它整合了 Mk III 轻型坦克的一些优点,并由1台汽油发动机供给动力。由于当时还处在大萧条时期,所以 Mk I 巡航坦克还使用了很多节约制造成本的方法。它还是英国第一款有真正的固定炮塔的坦克,并且能使用动力转动。它的旋转炮塔上安装了1门QF2磅炮和1挺同轴机枪。在驾驶室的两边还各有1个小炮塔,各安装1挺机枪。

"马蒂尔达 II"步兵坦克

原产国：英国

量产时间：1937 年

重量：25 吨

"马蒂尔达 II"步兵坦克是英国于 20 世纪 30 年代研制的步兵坦克，总共生产了 2987 辆。虽然它的名称与"马蒂尔达 I"步兵坦克相似，设计上也有一些共同特征，但它们是两种完全不同的设计，并且没有共用零部件。"马蒂尔达 II"坦克的主要武器为 1 门 QF 2 磅炮（40 毫米口径），备弹 93 发。辅助武器为 1 挺 7.92 毫米同轴机枪，备弹 2925 发。

"马蒂尔达 I"步兵坦克是英国于 20 世纪 30 年代研制的步兵坦克，总共生产了 140 辆。由于设计思想的限制，该坦克的主要武器仅有 1 挺 7.7 毫米机枪，火力太弱。后来虽然换装了 12.7 毫米机枪，但由于原来的炮塔太小，乘员操纵射击非常费劲。因为要同时满足快速生产、成本低廉的要求，"马蒂尔达 I"步兵坦克使用了不少其他坦克的库存配件。

"马蒂尔达 I"步兵坦克

原产国：英国

量产时间：1938 年

重量：11 吨

Mk III 巡航坦克

原产国：英国

量产时间：1938 年

重量：14.2 吨

Mk III 巡航坦克是英国在二战前研制的巡航坦克，采用了克里斯蒂悬挂，比英国以往巡航坦克的速度更快，越野能力也更好。该坦克的主要武器为 1 门 QF 2 磅炮，备弹 87 发。辅助武器为 1 挺 7.7 毫米机枪，备弹 3750 发。装甲厚度为 6～14 毫米，车内有 4 名乘员。动力装置为 1 台 250 千瓦汽油发动机，最大速度为 48 千米/时，最大行程为 140 千米。

Mk II 巡航坦克

原产国：英国

量产时间：1938 年

重量：14.3 吨

Mk II 巡航坦克是英国在二战前研制的巡航坦克，总共生产了 175 辆。该坦克的主要武器为 1 门 QF 2 磅炮，备弹 100 发。辅助武器为 1 挺"维克斯"机枪和 2 挺"贝莎"机枪，备弹 4050 发。装甲厚度为 6～30 毫米，车内有 5 名乘员。动力装置为 1 台汽油发动机，最高公路速度为 26 千米/时，最大行程为 160 千米。

Chapter 02 二战前后

Mk IV 巡航坦克

原产国：英国

量产时间：1940 年

重量：15 吨

Mk IV 巡航坦克是英国在二战期间研制的巡航坦克，接替了 Mk III 巡航坦克的位置。第一批 Mk IV 巡航坦克其实就是在 Mk III 巡航坦克的基础上加厚了炮塔装甲，晚些时候生产的 Mk IV 巡航坦克则加厚了所有部位的装甲。Mk IV 巡航坦克的主要武器为 1 门 QF 2 磅炮，备弹 87 发。辅助武器为 1 挺 7.7 毫米机枪，备弹 3750 发。装甲厚度为 6～30 毫米，车内有 4 名乘员。动力装置为 1 台 250 千瓦汽油发动机，最高速度为 48 千米/时，最大行程为 140 千米。

Mk V "盟约者" 巡航坦克

原产国：英国

量产时间：1940 年

重量：18 吨

Mk V "盟约者" 巡航坦克是英国在二战中研制的巡航坦克，总共生产了 1771 辆。其名称"盟约者"是清教徒革命时期英伦三岛的一个宗教派别，而"盟约者"巡航坦克也是英国第一款被命名的巡航坦克。该坦克的主要武器为 1 门 QF 2 磅炮，辅助武器为 1 挺 7.92 毫米机枪。装甲厚度为 7～40 毫米，车内有 4 名乘员。动力装置为 1 台 250 千瓦汽油发动机，最高速度为 48 千米/时，最大行程为 160 千米。

"丘吉尔"步兵坦克

原产国：英国

量产时间：1941年

重量：39.1吨

"丘吉尔"步兵坦克是英国在二战期间研制的步兵坦克，总共生产了5600辆以上。"丘吉尔"系列坦克型号十分繁杂，共有18种车型。其中主要的是Ⅰ～Ⅷ型，它们的战斗全重都接近40吨，乘员5人。依型号不同，车体的长度、宽度和高度也小有区别。Ⅰ型的主要武器为1门40毫米火炮，车体前部还装有1门76.2毫米的短身管榴弹炮。自Ⅱ型开始，均取消了车体前部的短身管榴弹炮，而代之以7.92毫米机枪。Ⅲ型采用焊接炮塔，主炮改为57毫米加农炮。Ⅳ型仍采用57毫米火炮，但又改为铸造炮塔。Ⅵ型和Ⅶ型都采用了75毫米火炮，Ⅴ型和Ⅷ型则采用了短身管的95毫米榴弹炮。

Mk Ⅵ "十字军"巡航坦克

原产国：英国

量产时间：1940年

重量：19.7吨

Mk Ⅵ "十字军"巡航坦克是英国在二战中研制的巡航坦克，总共生产了5300辆。Ⅰ型和Ⅱ型的主要武器是1门40毫米火炮，辅助武器为2挺7.92毫米机枪。此外，车内还有1挺对空射击用的"布伦"轻机枪，但不是固定武器。Ⅲ型换装了57毫米火炮，炮塔也作了重新设计。辅助武器是1挺7.92毫米"贝莎"同轴机枪，备弹5000发。

"白羊"巡航坦克

原产国：加拿大	
量产时间：1941年	
重量：29.5吨	

"白羊"巡航坦克是二战时期加拿大以美国M3"格兰特/李"中型坦克改进而成的巡航坦克。早期版本定名为"白羊"MkⅠ型，搭载1门QF 2磅炮（40毫米口径），备弹171发。1942年2月问世的改进型"白羊"MkⅡ型将主炮改为QF 6磅炮（57毫米口径），备弹92发。两种型号的辅助武器都是3挺7.62毫米机枪，MkⅠ型备弹4715发，MkⅡ型备弹4440发。

"瓦伦丁"步兵坦克

原产国：英国	
量产时间：1940年	
重量：16吨	

"瓦伦丁"坦克是英国在二战中生产的步兵坦克，总共生产了8000辆以上。该坦克的装甲厚度虽然比不上同时代的"玛蒂尔达Ⅱ"步兵坦克，车身前后左右为60毫米，炮塔四周也只有65毫米，但是这样的设计在同级别坦克里已算不错。"瓦伦丁"Ⅰ型～Ⅶ型的主要武器是1门与"玛蒂尔达Ⅱ"坦克相同的40毫米火炮、Ⅷ型～Ⅹ型是1门57毫米火炮，最后的Ⅺ型是1门75毫米反坦克炮。各型号的辅助武器都是1挺7.92毫米"贝莎"机枪。

Mk VIII "克伦威尔"巡航坦克

原产国：英国

量产时间：1944 年

重量：28 吨

"克伦威尔"巡航坦克是英国在二战期间研制的巡航坦克，以其优异且均衡的性能在地中海、法国战场获得了较高的评价。I 型、II 型和 III 型的主要武器是 1 门 57 毫米火炮，辅助武器有 1 挺 7.92 毫米同轴机枪和 1 挺 7.92 毫米前机枪。IV 型、V 型、VII 型换装了 75 毫米火炮，增装了炮口制退器，发射的弹种由以穿甲弹为主转向以榴弹为主。VI 型、VIII 型换装了 95 毫米榴弹炮。

"哨兵"巡航坦克

原产国：澳大利亚

量产时间：1942 年

重量：28.4 吨

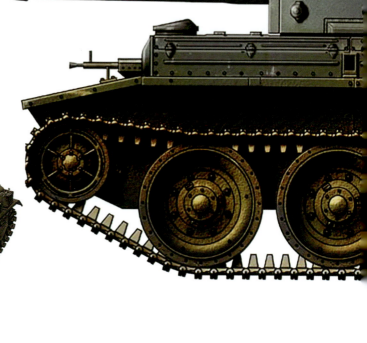

"哨兵"巡航坦克是二战期间澳大利亚研制的巡航坦克，总共生产了 65 辆。它是澳大利亚第一种使用铸造车体的坦克，也是其自建国以来唯一能够量产的坦克。由于日本最终没有入侵澳大利亚本土，加上澳大利亚获得了英、美援助的坦克，所以"哨兵"巡航坦克的产量很小。该坦克的主要武器为 1 门 QF 2 磅炮，备弹 130 发。辅助武器为 2 挺 7.7 毫米机枪，备弹 4250 发。

"彗星"巡航坦克

原产国：英国
量产时间：1944 年
重量：33 吨

"彗星"巡航坦克是英国研制的最后一款巡航坦克，由"克伦威尔"巡航坦克发展而来。该坦克性能优秀，但未能在二战中一显身手。"彗星"巡航坦克的战斗力与德国"豹"式坦克相当，主要武器为 1 门 77 毫米火炮，备弹 61 发。辅助武器为 2 挺 7.92 毫米"贝莎"机枪，备弹 5175 发。

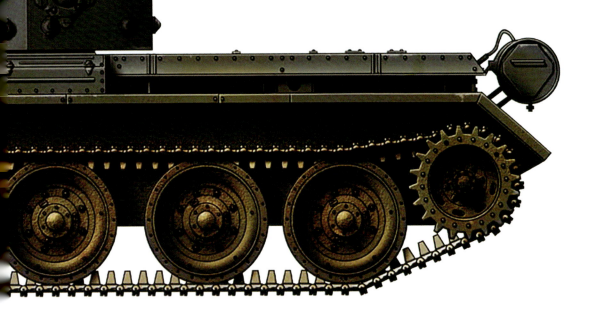

Mk VII"骑士"巡航坦克是英国在二战中研制的巡航坦克，总共生产了 500 辆。该坦克的主要武器为 1 门 QF 6 磅炮，备弹 64 发。辅助武器为 2 挺 7.92 毫米机枪，备弹 4950 发。装甲厚度为 20～76 毫米，车内有 5 名乘员。动力装置为 1 台 310 千瓦汽油发动机，最高速度为 39 千米/时，最大行程为 266 千米。

Mk VII"骑士"巡航坦克

原产国：英国
量产时间：1942 年
重量：27 吨

Mk VIII "挑战者"巡航坦克

原产国：英国

量产时间：1944 年

重量：32 吨

Mk VIII "挑战者"巡航坦克是英国在二战中研制的巡航坦克，总共生产了 200 辆。该坦克的主要武器为 1 门 QF 17 磅炮（76.2 毫米口径），备弹 42 发。辅助武器为 1 挺 7.62 毫米机枪。装甲厚度为 20～102 毫米，车内有 5 名乘员。动力装置为 1 台 450 千瓦汽油发动机，最高速度为 51 千米/时，最大行程为 169 千米。

2.5 术业有专攻的特种坦克

坦克作为"陆战之王"，拥有强大的越野能力，能够轻松克服各种各样的复杂地形。可一旦遇到河流水路、湖泊大海时，坦克就犯了难，此时的水成为阻挡它们推进的最大障碍。为此，欧洲国家在 20 世纪 20 年代就开始尝试研制水陆两用的两栖坦克。其中，苏联先后研发了 T-37、T-38 和 T-40 等两栖坦克，在苏德战争中发挥了一定作用。

除了两栖坦克，喷火坦克也是一种应用较广的特种坦克。二战期间，交战双方都在战场上使用了单兵火焰喷射器。虽然火焰喷射器的杀伤力很大，但是同样也非常容易引发敌人的仇恨，导致火焰喷射兵的伤亡率居高不下。为了降低火焰喷射兵的伤亡率，各国开始寻找更好的喷射火焰投送方式，喷火坦克就是其中的一种方式。

喷火坦克是装有喷火装置的特殊坦克，使用燃烧的喷射燃料来杀伤敌方有生力量和军事技术装备。1936 年，意大利军队在入侵埃塞俄比亚战役中首次在实战使用了由 CV-33 轻型坦克改进的喷火坦克。这对世界各国产生了重大影响，苏联、德国、英国和美国等国纷纷开始研发自己的喷火坦克。

20世纪30年代后期，德军在西班牙内战中使用了喷火坦克，他们在设计较为简单的一款轻型坦克装上单兵用的喷火装置，取代了原有的7.92毫米机枪。但这种临时改装的喷火坦克有效杀伤距离较短，仅能喷射30米左右，携带的燃料也非常有限。因此，这种型号的坦克很快被替换。1939年后，德军开始研究喷火坦克的相关理论，军事专家对这一坦克设计进行了深入研究。1939年6月，德国陆军车辆设计部的奥布里希（Olbrich）博士发表的一篇名为《喷火战斗车辆》的文章总结了德国早期的喷火坦克理论。

1941年6月，德军第18装甲师的第100喷火坦克营参与了进攻苏联的"巴巴罗萨"行动。此次行动共有42辆二号喷火坦克参战，但在战场中，第100喷火坦克营损失惨重。整场战役过后，只剩下11辆喷火坦克被迫撤退至温斯多夫进行修整。1942年，第100喷火坦克营合并于"大德意志装甲师"，此后不久，该营重返东线战场，参与了德军1942年的夏季攻势。由于自身的条件限制，喷火坦克仅适用于小型战役，德军的喷火坦克在整个二战期间起到的作用非常有限。

苏军装备的第一种具有实用意义的喷火坦克是OT-26喷火坦克。苏军对喷火坦克的评价很高，因为喷火坦克不仅在城市攻坚战中对各种隐蔽工事内的敌人能取得非常好的毁伤效果，同时也能够极大地挫伤敌人的士气，有效地鼓舞本方进攻人员的士气。

T-37两栖坦克是苏联在20世纪30年代研制的轻型两栖坦克，主要用于执行侦察任务。该坦克是一种小巧的双人坦克，在单炮塔上安装1挺7.62毫米DT机枪。T-37坦克只能依靠外壳上的浮囊泅渡内陆的水道，比如小溪和小河，并依靠装在车体后部的1个螺旋桨在水中行驶。

T-37 两栖坦克

原产国：苏联

量产时间：1933年

重量：3.2吨

OT-26 喷火坦克

原产国：苏联

量产时间：1934 年

重量：7 吨

OT-26 喷火坦克是苏联装备的第一款具有实用意义的喷火坦克，它是以 T-26 轻型坦克为基础改装而来，主要改进是将原来的左侧炮塔拆除，安装了喷枪，同时保留了右侧炮塔上的机枪。OT-26 喷火坦克携带了 1 个容积为 360 升的油箱，同时携带了 3 个高压气瓶。这 3 个高压气瓶可以让 OT-26 喷火坦克喷射 70 次火焰，每次的喷射距离为 35 米。由于喷射距离较短，所以 OT-26 喷火坦克没有大规模生产。

OT-130 喷火坦克是苏联继 OT-26 喷火坦克后装备的第二款喷火坦克，同样使用 T-26 轻型坦克的底盘。OT-130 喷火坦克强化了装甲防御能力，取消了机枪。最大的改进是油箱的容积提高到 400 升，压缩气瓶增加到了 4 个，同时增加了 1 个汽油箱。喷射次数下降到 40 次，但是单次喷射的油量上升，喷射距离增加到 50 米，杀伤力大幅增强。

OT-130 喷火坦克

原产国：苏联

量产时间：1936 年

重量：9.3 吨

T-38 两栖坦克

原产国：苏联

量产时间：1937 年

重量：3.3 吨

T-38 两栖坦克是 T-37 两栖坦克的改进型号，主要用于执行侦察任务。与 T-37 坦克相比，T-38 两栖坦克互换了机枪塔与驾驶舱的位置，加宽了车体，其改进型号 T-38RT 将武器更换为 20 毫米 ShVAK 加农炮，大大加强了火力。T-38 坦克的缺点是防护力差，连机枪弹都能击穿它的装甲。即便只用于隐蔽观察，这种坦克也显得十分脆弱。

OT-133 喷火坦克

原产国：苏联

量产时间：1939 年

重量：10.5 吨

1939 年苏芬战争爆发后，OT-130 喷火坦克也投入了战斗，实战表现较好。不过，OT-130 喷火坦克也暴露出了许多问题，比如自卫手段太少，很容易被敌人的反装甲火力摧毁。为了解决这个问题，苏联在 OT-130 喷火坦克的基础上研制了 OT-133 喷火坦克。除了改进喷火器，使火焰喷射距离提升到 100 米之外，还安装了 1 门 45 毫米火炮，用于辅助火焰喷射器进行作战。

T-40 两栖坦克

原产国：苏联

量产时间：1940 年

重量：5.9 吨

T-40 两栖坦克是苏联于 20 世纪 30 年代末研制的轻型两栖坦克，参加了苏德战争初期的战斗。该坦克的车体设计新颖，与船的形状相似，前部宽大而低矮，机枪塔装在左侧略靠后的地方。车体尾部有 1 部四叶片螺旋桨，水上行驶时靠它驱动，并由 2 个尾舵操纵航向。该坦克有 1 挺 12.7 毫米重机枪装在机枪塔上，由车长操纵。另有 1 挺 7.62 毫米前机枪，装在车体前部，由驾驶员操纵。

二号喷火坦克

原产国：德国

量产时间：1940 年

重量：12 吨

二号喷火坦克是德国在二战中研制的轻型坦克，由二号轻型坦克改装而来，在前端两侧各安装了 1 个喷火炮塔，这个炮塔可以 90°旋转，有效扩大了杀伤范围。整个坦克装备了 160 升的燃料罐，以及提供喷射力的压缩氮气罐，可以支撑 80 次 3 秒左右的喷射。二号喷火坦克有 3 名乘员，拥有 30 毫米的正面装甲，防护能力一般。

KV-8 喷火坦克

原产国：苏联

量产时间：1942 年

重量：46 吨

KV-8 喷火坦克是苏联在 KV-1 重型坦克的基础上改进而来的喷火坦克，设计师原本想用喷火器替换原来炮塔的同轴机枪，但炮塔空间难以同时容纳 76.2 毫米坦克炮和 ATO-41 型火焰喷射器。于是采取折中方案，把主炮换成了 45 毫米 M1932 反坦克炮。为了迷惑敌人，还在较细的 45 毫米炮管外加了特制套管，伪装成 76.2 毫米坦克炮的样子。

特二式两栖坦克

原产国：日本

量产时间：1942 年

重量：12.3 吨

特二式两栖坦克是日本在二战中研制的两栖坦克，总共生产了 183 辆，是日本二战期间唯一投入量产的两栖坦克。该坦克采用三段式结构，分为前浮箱、车体、后浮箱三部分，前浮箱外形近似船体，在陆上行驶时要将前浮箱和后浮箱拆除。其主要武器是 1 门 37 毫米坦克炮，辅助武器为 2 挺 7.7 毫米九七式机枪。该坦克的陆上速度为 37 千米/时，水上速度为 8.5 千米/时。在陆上的最大行程为 200 千米，在水上的最大行程为 140 千米。

KV-8S 喷火坦克

原产国：苏联

量产时间：1942 年

重量：43 吨

KV-8S 喷火坦克是一种专用于巷战的特种坦克，是 KV-8 喷火坦克的后续发展型。该坦克采用 KV-1S 重型坦克的底盘，更换了新的 ATO-42 型火焰喷射器。车内备有 45 毫米炮弹 114 发，混合燃料 600 升，可短喷射 60 次。KV-8S 喷火坦克的装甲弱于 KV-8 喷火坦克，防护水平与 KV-1S 重型坦克相同。

OT-34 喷火坦克

原产国：苏联

量产时间：1942 年

重量：27 吨

OT-34 喷火坦克是苏联以 T-34 中型坦克为基础改装而来，接受改装的 T-34 坦克既有 T-34/76，也有 T-34/85，但是前者的数量较多。与 KV-8 喷火坦克不同，OT-34 喷火坦克因为把火焰喷射口安装在车体机枪口上，因此 OT-34 喷火坦克得以继续保留其原装的 76 毫米或者 85 毫米坦克炮，仍然具备相当强大的装甲对战能力。OT-34 喷火坦克因为车内空间有限，只安装了 1 个 200 升的燃料箱，可以进行 20 次喷射。根据喷射燃油量的不同，其最大喷射距离在 60 米至 100 米之间波动。

"鳄鱼"喷火坦克

- 原产国：英国
- 量产时间：1944 年
- 重量：40 吨

"鳄鱼"喷火坦克是英国在二战中研制的喷火坦克，由"瓦伦丁"步兵坦克改装而来。它采用由坦克拖曳双轮燃料车的设计，拖车可以携带 1018 升燃料。由于拖车的影响，"鳄鱼"喷火坦克的最大速度下降到了 21 千米/时。为了避免全系统通过性降低太多，又专门设计了一整套复杂的连接装置。这种连接装置可以轻易解开，当燃料用尽或情况紧急时乘员可丢弃拖车，继续用坦克上的 75 毫米火炮作战，这时的坦克就变成普通步兵坦克了。遗留在战场上的拖车如果没有摧毁或被俘，还可由卡车拖走。"鳄鱼"喷火坦克的理论射程可达 110 米，战斗中理想的喷射距离则是在 75 米左右。

2.6 火力强大的坦克歼击车

1916年，第一批坦克投入战场之后，在各国军队中引起极大的震动，都开始研究自己的坦克和各种反坦克武器。此后不久，法国就制造出了世界上第一种反坦克炮。这种反坦克炮可视为加农炮的"同族兄弟"，其特点是炮管较长，炮膛压力较大，因为实心的穿甲弹发射之后，动量很大，具有足够穿透坦克装甲的能力。

一战之后，随着坦克的普遍使用，各国专用反坦克炮相继问世。最早的坦克装甲厚度仅有6～18毫米。到了二战时期，某些中型坦克和重型坦克的装甲厚度已达70～120毫米。同时，反坦克炮的口径也从37毫米大幅增加到76～122毫米，而次口径钨芯超速穿甲弹、钝头穿甲弹和空心装药破甲弹等破甲威力更强的弹种的诞生，也使反坦克炮的性能得到提升。苏联在二战中为粉碎德国的集群坦克曾装备使用了上万门反坦克炮。同时，由于在战争中期苏联的新式坦克在火力、防护力等方面达到了与德国坦克不相上下的状态，而德国一时难以研制和生产出在性能与数量上堪与苏军相抗衡的坦克，于是将一些大口径反坦克炮安装在坦克底盘上，变牵引式反坦克炮为自行反坦克炮，并加以较厚的防护装甲，坦克歼击车由此而生。它被称为"坦克杀手"，可以打击坦克等装甲目标，也可以像坦克一样以直射火力打击步兵、掩蔽部等地面目标。

坦克歼击车通常使用与坦克相同的底盘，牺牲装甲以加强火力，并保持机动力，使其可以跟随机械化部队执行机动作战。同时除火炮与炮塔部分外，车体诸多的繁杂零件与对应的坦克相同，简化了后勤的零件供应，驾驶相应坦克的车手也无须专门训练就能操作此类坦克歼击车并进行简单维修。为了承受后坐力以及加大战斗室，一些坦克歼击车采用无炮塔（或称固定露天炮塔）设计，所以生产更容易，成本也更低廉。实战中，坦克歼击车跟随坦克一同进攻，但位于战线较后位置，利用其威力更大的火炮为冲锋在前的坦克提供直接反坦克火力支援。

一号坦克歼击车
原产国：德国
量产时间：1940 年
重量：6.4 吨

一号坦克歼击车是德国在二战中研制的坦克歼击车，它在移除炮塔的一号轻型坦克 B 型的底盘上安装了 1 门捷克斯洛伐克生产的 Pak 38(t) 反坦克炮。同时安装了一个炮盾用于保护主炮和车内乘员。车内通常携带 74 发穿甲弹和 10 发高爆弹。在 1940 年 3 月到 1941 年 2 月，一共有 202 辆一号轻型坦克改装成一号坦克歼击车。它们曾经参与法国战役、北非战役，并在之后的东线战场服役。

"黄鼠狼 I" 坦克歼击车是德国在二战中研制的坦克歼击车，总共生产了 170 辆。该车以德军缴获的法国洛林 37L 履带运输车为基础，搭载 1 门 75 毫米 PaK 40 反坦克炮，辅助武器为 1 挺 7.92 毫米 MG 34 机枪。其车体长度为 5.38 米，宽度为 1.88 米，高度为 2 米。装甲厚度为 5～12 毫米，车内有 4～5 名乘员。该车最大速度为 38 千米/时，最大行程为 150 千米。

"黄鼠狼 I" 坦克歼击车
原产国：德国
量产时间：1942 年
重量：8.2 吨

"黄鼠狼 II"坦克歼击车

原产国：德国

量产时间：1942 年

重量：10.8 吨

"黄鼠狼 II"坦克歼击车是德国在二战中研制的坦克歼击车，总共生产了 860 辆左右。它以二号轻型坦克的底盘为基础，搭载 1 门 76.2 毫米（苏制）或者 75 毫米（德制）反坦克炮。其车体长度为 6.36 米，宽度为 2.28 米，高度为 2.2 米。装甲厚度为 14.5～35 毫米，车内有 4 名乘员。该车最大速度为 40 千米 / 时，最大行程为 190 千米。

M10 坦克歼击车是美军在二战期间所使用的履带式坦克歼击车。英国在《租借法案》下也装备了大量的 M10 坦克歼击车，被称为"狼獾"。它采用 M7 型 76.2 毫米火炮，备弹 54 发，主要用于攻击敌方坦克和坚固工事。炮塔后部安装了 1 挺 12.7 毫米 M2 机枪，备弹 300 发。此外，车内还准备了 M1 卡宾枪、手榴弹和烟幕弹供乘员使用。

M10"狼獾"坦克歼击车

原产国：美国

量产时间：1942 年

重量：29.6 吨

"黄鼠狼 III"坦克歼击车

原产国：德国

量产时间：1942 年

重量：10.67 吨

"黄鼠狼 III"坦克歼击车是德国在二战中研制的坦克歼击车，总共生产了 1700 辆左右。其车体长度为 4.65 米，宽度为 2.35 米，高度为 2.48 米。装甲厚度为 10～50 毫米，车内有 4 名乘员。主要武器为 1 门 76.2 毫米 PaK 36(r) 反坦克炮或 75 毫米 PaK 40 反坦克炮，辅助武器为 1 挺 7.92 毫米机枪。该车最高速度为 42 千米 / 时，最大行程为 210 千米。

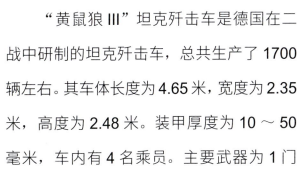

"犀牛"坦克歼击车

原产国：德国

量产时间：1942 年

重量：24 吨

"犀牛"坦克歼击车是德国在二战中研制的坦克歼击车，总共生产了 494 辆。该车采用三号/四号中型坦克混合车体，车体长度为 8.44 米（含主炮），宽度为 2.95 米，高度为 2.65 米。装甲厚度为 10～30 毫米，车内有 5 名乘员。主要武器为 1 门 88 毫米 Pak 43/1 反坦克炮，辅助武器为 1 挺 7.92 毫米机枪。该车最大速度为 42 千米 / 时，最大行程为 235 千米。

M18"地狱猫"坦克歼击车

原产国：美国

量产时间：1943年

重量：17.7吨

M18坦克歼击车是美军在二战中研发的履带式坦克歼击车，它是美军在二战时所有履带式装甲战斗车辆中行驶速度最快的一种，故有"地狱猫"的称号。M18坦克歼击车的主要武器为1门76毫米M1反坦克炮，车体和炮塔为钢装甲焊接、螺接混合结构，装甲板的厚度较薄，最厚的炮塔正面装甲也只有25.4毫米，其余部位的装甲厚度多数为12.7毫米，最薄的底装甲只有4.8毫米。

SU-85坦克歼击车采用T-34中型坦克的底盘，发动机、传动装置以及大量其他部件都与T-34中型坦克通用，便于苏军装甲兵迅速掌握新车使用方法。最初的SU-85坦克歼击车装有车长的装甲舱盖，后来改为一个标准的车长指挥塔。后期的型号还改进了观测装置，乘员可以全方位观测。SU-85坦克歼击车的主要武器为1门85毫米D-5T火炮，携带48发炮弹。此外，车内还有1500发供乘员使用的冲锋枪子弹、24枚F-1型手榴弹及5枚反坦克手榴弹。

SU-85坦克歼击车

原产国：苏联

量产时间：1943年

重量：29.6吨

"射手"坦克歼击车

原产国：英国

量产时间：1943年

重量：15吨

"射手"坦克歼击车是以"瓦伦丁"步兵坦克的底盘为基础安装QF 17磅炮而成的一种坦克歼击车。由于"瓦伦丁"步兵坦克的底盘较为细小，无法以旋转炮塔方式加装大型的QF 17磅炮，只能把主炮向后安装，再配备低矮的开顶式固定炮塔，成为一种绝佳的伏击武器，通常发射数发炮弹后就可快速转换位置，无须浪费时间原地旋转车体离开，不过细小的空间令主炮后膛刚好在驾驶座上，发射时驾驶员必须离开驾驶座，避免被后坐力所伤。

"象"式坦克歼击车

原产国：德国

量产时间：1943年

重量：65吨

"象"式坦克歼击车是德国在二战中后期研制的重型坦克歼击车，火力较强且防护性能出色，但产量极低。主要武器为1门克虏伯公司制造的Pak43型88毫米反坦克炮，发射穿甲弹和榴弹，弹药基数为55发（后期为50发），其中穿甲弹20发，榴弹35发（后期为30发）。发射被帽穿甲弹时，最大射程达5千米，在0.5～2千米的距离可击穿30°倾角的159～207毫米厚的钢装甲；在2.8千米的距离可击穿T-34中型坦克的主装甲，或在3千米的距离上击穿M4"谢尔曼"中型坦克的主装甲。

四号坦克歼击车

原产国：德国

量产时间：1943 年

重量：25.8 吨

　　四号坦克歼击车是德国在二战期间研制的坦克歼击车，总共生产了 2000 辆左右。该车采用四号中型坦克的底盘，上部结构采用倾斜装甲设计，可以较薄的装甲厚度提供较大的防御效果，同时前部装甲的厚度达到 80 毫米。主要武器为 1 门 75 毫米 Pak 42 L/70 反坦克炮，备弹 55 发。辅助武器为 1 挺或 2 挺 7.92 毫米机枪，备弹 600 发。

SU-100 坦克歼击车

原产国：苏联

量产时间：1944 年

重量：31.6 吨

　　SU-100 坦克歼击车的车体取自 SU-85 坦克歼击车，前装甲厚度从 45 毫米增加到 75 毫米。新的车长指挥塔安装在车顶，配装有 MK IV 观测仪，另外还安装了一对通风器，便于排出车内浑浊气体。SU-100 坦克歼击车的火力强大，机动性能良好，火炮射速为每分钟 5～6 发，它可以在很远的距离上击穿德军坦克的前装甲。它的穿甲弹可以在 2000 米的距离上垂直击穿 125 毫米的装甲，在 1000 米的距离它几乎可以将所有型号的德军坦克和装甲车辆摧毁。

M36 "杰克逊" 坦克歼击车

原产国：美国

量产时间：1944 年

重量：28.6 吨

M36 "杰克逊" 坦克歼击车是美国在二战时期研发并使用的坦克歼击车，是当时美军中为数不多的可以击穿德军重型坦克的装甲战斗车辆，1945 年在对德国的战争中发挥了重要作用。M36 "杰克逊" 坦克歼击车的主要武器为 1 门 90 毫米 M3 坦克炮，备弹 47 发。辅助武器为 1 挺 12.7 毫米高射机枪，备弹 1050 发。此外，车内还有 5 支卡宾枪（备弹 450 发）、12 枚手榴弹和 4 个发烟罐。

TACAM T-60 坦克歼击车

原产国：罗马尼亚

量产时间：1943 年

重量：9 吨

TACAM T-60 坦克歼击车是罗马尼亚在二战期间使用的坦克歼击车，以缴获的苏联 T-60 轻型坦克底盘与 76 毫米 M1936 野战炮结合而成，还有一个三面环绕的战斗舱保护主炮与乘员。TACAM T-60 坦克歼击车共有 34 辆于 1943 年生产完成，它们被投入到雅西—奇西瑙攻势与布达佩斯攻势中使用。

TACAM R-2 坦克歼击车

原产国：罗马尼亚

量产时间：1944 年

重量：12 吨

TACAM R-2 坦克歼击车的主要武器为 1 门 76.2 毫米 ZiS-3 加农炮，搭载在 R-2 轻型坦克（捷克斯洛伐克 LT-35 轻型坦克的衍生型）去除炮塔的底盘上。该炮由三面环绕的装甲所保护和固定，装甲钢板取自于罗马尼亚缴获的苏联 BT-7 和 T-26 轻型坦克。车内可搭载 30 发主炮弹药，包括 21 发高爆弹和 9 发穿甲弹。底盘部分基本上与 R-2 轻型坦克相同，并保留了原本搭载的 7.92 毫米 ZB-53 机枪。

"阿基里斯"坦克歼击车

原产国：英国

量产时间：1944 年

重量：29.6 吨

"阿基里斯"坦克歼击车是由美国 M10 坦克歼击车改装而来的坦克歼击车，英军将 2/3 的 M10 坦克歼击车改装成"阿基里斯"坦克歼击车，在二战后期的欧洲战场上广泛应用。"阿基里斯"坦克歼击车在 M10 坦克歼击车的基础上换装了英国制造的 QF 17 磅反坦克炮，尽管火炮口径仍为 76.2 毫米，但由于火炮身管加长，穿甲威力大增。更换主炮后的"阿基里斯"坦克歼击车与"谢尔曼萤火虫"中型坦克极为相似。

"追猎者"坦克歼击车

原产国：德国

量产时间：1944 年

重量：15.75 吨

"追猎者"坦克歼击车是德国在二战中利用捷克斯洛伐克 pat38(t) 式坦克的底盘改造而来的一种坦克歼击车，从 1944 年一直服役到战争结束。"追猎者"坦克歼击车的 75 毫米 Pak39 反坦克炮被设计师创造性地安装在车体正面的右侧，向右转动的角度为 11°，而向左转动只有 5°。这种奇特的火炮布局导致了该车右侧的行动系统要比左侧多承担 850 千克的负载，在很大程度上影响了车体的平衡性。

"猎豹"坦克歼击车

原产国：德国

量产时间：1944 年

重量：45.5 吨

"猎豹"坦克歼击车采用"豹"式中型坦克的底盘，保留了原车的动力装置和低矮车体，增加了一种新的上部结构。"猎豹"坦克歼击车在很多方面具有"豹"式中型坦克的特征，但它的火力比后者强，配备 1 门 Pak43L/71 式 88 毫米火炮，且身管长度和"虎王"重型坦克相差无几，可以在 2000 米距离击毁大部分盟军坦克。"猎豹"坦克歼击车正面装甲的厚度与"豹"式中型坦克一样，为 80 毫米厚、55°倾角的装甲，可以抵御绝大多数盟军坦克的正面攻击。

传奇武器鉴赏:"猎虎"坦克歼击车

基本参数	
长度	10.65 米
宽度	3.6 米
高度	2.8 米
重量	71.7 吨
最高速度	34 千米/时

"猎虎"坦克歼击车是基于"虎王"重型坦克的底盘以及部件改造而成,从 1944 年后期一直服役到战争结束。

研发历程

德国于 1943 年 2 月开始研制"猎虎"坦克歼击车,同年 10 月 20 日,便造出木质模型给希特勒审查。"猎虎"坦克歼击车设计的目的是远距离支援步兵和装甲战斗车辆。1944 年 2 月一共制造了两种原型车,一种采用保时捷悬挂装置(有 8 个负重轮),另一种采用亨舍尔悬挂装置(有 9 个负重轮)。该坦克歼击车最初命名为 Jagdpanzer VI(猎豹 VI),后来改为 Jagdtiger,其设计编号为 Sd.Kfz.186。原计划于 1943 年 12 月开始生产,之后改成 1944 年 7 月开始生产,但又由于需要优先生产"豹"式中型坦克而推迟。到 1945 年 1 月决定优先生产"猎虎"坦克歼击车的时候,德国恶劣的形势已经不可能进行大规模生产了。

整体构造

"猎虎"坦克歼击车的防护性能出色,战斗室正面的装甲厚度达到了 250 毫米,不仅超过了"虎王"重型坦克炮塔最厚部位的装甲厚度,也超过了"鼠"式超重型坦克的最厚部位的装甲厚度。从总体布局上看,"猎虎"坦克歼击车和"虎王"重型坦克相同,但是由于取消了旋转炮塔,侧装甲板延伸到车体顶部,再加上乘员增至 6 人,使得舱门位置有了相当大的变化,特别是在固定炮塔的后部开了一个较大的双扇舱门,便于乘员上下车和补充弹药,但对防护有一定影响。

作战性能

"猎虎"坦克歼击车安装了1门128毫米PaK 44 L/55型火炮(取自"鼠"式超重型坦克)以及2挺用于防空和自身保护的MG34/MG42机枪。其火炮是二战中威力较大的反坦克炮,能在盟军绝大多数火炮的射击范围以外击毁盟军的坦克。火炮可以左右各转动10°,俯仰角为-7°到+15°。使用的弹药有两种,即穿甲弹和破甲弹,均为分装式弹药。穿甲弹威力极大,在1000米的射击距离上,命中法线角为30°时,可击穿167毫米厚的钢装甲,在2000米的距离上,则可穿甲148毫米。

"猎虎"坦克歼击车需要6名乘员操纵,车体前部为驾驶员和机电员,战斗室中有车长、炮手和两名装填员,可见其弹药装填任务是相当繁重的。与"虎王"重型坦克一样,"猎虎"坦克歼击车的车体过重,耗油量也很大,种种原因导致"猎虎"坦克歼击车速度很慢。这些致命的问题始终没有解决,德军装甲兵经常抛弃整车或者将其炸毁以免落入盟军手中。

博物馆中的"猎虎"坦克歼击车

"猎虎"坦克歼击车右侧视角

"猎虎"坦克歼击车尾部视角

2.7 百花齐放的牵引式火炮

虽然坦克在二战中的地位大幅提升，实战表现也非常耀眼，但是传统的牵引式火炮依然是战场上的核心力量。榴弹炮、加农炮、迫击炮、步兵炮、山地炮、高射炮、火箭炮、反坦克炮，各类火炮在大大小小的战斗中大显身手，直接推动了战争进程并深深地影响了战争结果。

榴弹炮是身管较短、弹道较弯曲的火炮，适用于对水平目标射击，主要用于歼灭、压制敌人的有生力量和兵器，破坏敌人工程设施等。榴弹炮的身管长一般为口径的 20～30 倍；加农炮是身管较长、弹道低伸的火炮，适用于对装甲目标、垂直目标和远距离目标射击。加农炮的身管长一般为口径的 40 倍以上，通常带有炮口制退器。实际上，榴弹炮和加农炮没有本质的区别，所谓身管长和口径之比也并非一成不变，而是一直在变。以弹道的形状来区分，也有些牵强，因为弹道的形状是相对于射程而言的。加农炮在最远射程上，弹道并不低伸，榴弹炮在近距离上，弹道同样低伸，甚至可以直瞄射击。从完成压制任务的角度看，两种火炮几乎一致。因此，二战后不少国家不再区分二者，统一称为榴弹炮。

迫击炮使用座钣承受后坐力，射角大（一般为 45°～85°），弹道弯曲，落角大，破片杀伤效果优于其他火炮，主要用于压制遮蔽物后方目标、反斜面目标和水平目标。由于其结构简单，重量轻，体积小，通常作为随伴火炮使用。迫击炮分为滑膛式（前装）和线膛式（后装）两种。

火箭炮是发射火箭弹的火炮，也称为火箭弹发射装置。通常为多发联装，有多轨式、多管式和框架式。火箭炮射速快、火力猛、突袭性好、但精度差、散布大，主要用于对面积目标射击。

反坦克炮是一种弹道低伸，主要用于毁伤坦克和其他装甲目标的火炮。它初速高、直射距离远、射速快、射角范围小、火线高度低，是重要的地面直瞄反坦克武器。但是，牵引式反坦克炮机动性太差，不具备先进的火控系统，和坦克对战时一旦首发未中，等待的就是被坦克击毁。二战期间，各参战国装备了口径为 50～100 毫米的反坦克炮。

B-4 榴弹炮

原产国：	苏联
量产时间：	1931 年
重量：	17.7 吨

B-4 榴弹炮是苏联在 20 世纪 30 年代初研制的 203 毫米牵引式榴弹炮，又称为 M1931 式 203 毫米榴弹炮。虽然这种火炮笨重无比，但在对付混凝土加固的重型碉堡时能发挥至关重要的作用，所以在哈尔科夫、柴科斯基、柯尼斯堡以及进攻柏林的途中，苏军一直都装备着这种火炮。该炮采用弹丸和药包分离的方式，炮架左侧装有 1 个小型起重机用于调运弹药。1 门 B-4 榴弹炮需要 15 名士兵操纵，在运输时，能够拆卸成两部分（炮架和炮管），方便装卸。该炮一般采用拖拉机牵引，牵引速度大约为 15 千米 / 时。

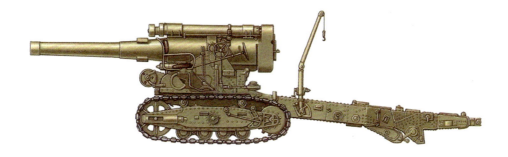

博福斯 40 毫米高射炮

原产国：	瑞典
量产时间：	1932 年
重量：	1.981 吨

博福斯 40 毫米高射炮是瑞典博福斯公司研制的 40 毫米高射炮，是二战时期主要的中型地面防空武器之一，无论是同盟国或轴心国皆有直接采购或技术转让，甚至掳获使用。博福斯公司在二战结束后仍继续改良，使其成为 20 世纪中口径高射炮的代名词。该炮炮管内有 16 条不等齐右旋膛线，击发机构为撞击式，可发射榴弹、破甲弹、练习弹、曳光弹等多种炮弹，最大射程为 7160 米。

sFH 18 榴弹炮

原产国：德国

量产时间：1933 年

重量：5.53 吨

sFH 18 榴弹炮是德国在二战前研制的 150 毫米重型榴弹炮，其名称中的"s"是德语中"远程"的开头字母，"FH"则是"野战榴弹炮"的意思。虽然 sFH 18 榴弹炮是为了"闪电战"的需求而设计制造，但是一方面德国自身机械化力量不足，不可能让火炮全部使用半履带车拖曳，因此实战中不少 sFH 18 榴弹炮还是使用马匹拖曳，因此推进速度无法追上真正的机械化部队。

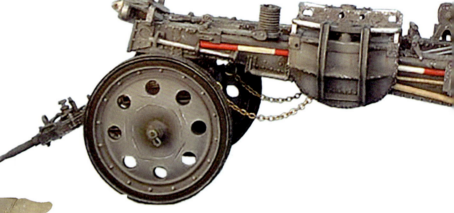

PaK 36 反坦克炮

原产国：德国

量产时间：1933 年

重量：0.45 吨

PaK 36 反坦克炮是德国在 20 世纪 30 年代初研制的 37 毫米牵引式反坦克炮，总共生产了 20000 门左右。其炮管长度为 1.66 米，俯仰角度为 -5°至 +25°，最高射速为 13 发 / 分，炮口初速为 762 米 / 秒，最大射程为 5484 米。

Flak 18 高射炮

原产国：德国

量产时间：1933 年

重量：4.98 吨

Flak 18 高射炮是二战时期德国 88 毫米系列高射炮中的早期型号，它被安装在一个十字形四角底座上面，底座中部安装火炮立柱，便于全方位旋转。炮管分为两段，一段炮管受损后无须更换整个炮管。该炮采用水平滑楔式炮闩，当火炮发射并产生后坐力时，内部的弹簧就会被压缩产生作用力从而实现火炮的半自动。再加上便于装填的定装弹药，该炮的标准射速为 15 发 / 分。其发射的 10.4 千克高爆弹最大射高为 9900 米，有效射高为 8000 米。

九一式榴弹炮

原产国：日本

量产时间：1933 年

重量：1.5 吨

九一式榴弹炮是日本于 20 世纪 30 年代初列装的 105 毫米牵引式榴弹炮，在二战期间被广泛使用。九一式榴弹炮的前车是当时同类火炮中最轻的，但因为全盘引进法国设计，未做任何修改，对于日本人的体格而言，这种火炮的人机功效比较差。九一式榴弹炮的高低射界为 -5°至 +45°，方向射界左右各 20°，射速为 6～8 发/分，持续射速每小时超过 60 发。

GrW 34 迫击炮

原产国：德国

量产时间：1934 年

重量：0.062 吨

GrW 34 迫击炮是德国于 20 世纪 30 年代初研制的 81 毫米迫击炮，广泛应用于二战中。GrW 34 迫击炮的主要配用弹种是 Wurfgranate 34，其生产一直持续到战争结束。该弹长 329 毫米，重 3.5 千克，弹径 81.4 毫米，内装炸药 0.55 千克。另外，GrW 34 迫击炮也可发射 Wurfgranate 38 和 Wurfgranate 39，这两种炮弹都装有长杆引信，使用这种引信，弹体可在距离地面一定高度的地方爆炸，造成空炸效果。另外还有一种 Wurfgranate 40 弹，被称作 lange Wurfgranate（长弹），全长 564 毫米，全重 7.5 千克，装药量则高达 5 千克。但由于弹丸自重大，该弹的最大射程仅为 950 米。

F-22 榴弹炮

原产国：苏联

量产时间：1936 年

重量：1.62 吨

F-22 榴弹炮是苏联在二战前研制的 76 毫米牵引式榴弹炮，又称为 M1936 年式 76 毫米榴弹炮。炮口初速达到了 706 米 / 秒，发射普通榴弹时，射程可达 13600 米，是当时苏联红军同口径榴弹炮中射程最远的一种。同样装备苏联红军炮兵师的 1927 年式 76 毫米榴弹炮由于是以 1902 年式榴弹炮为基础研制，性能远不及 F-22 榴弹炮。

leFH 18 榴弹炮

原产国：德国

量产时间：1935 年

重量：1.985 吨

leFH 18 榴弹炮是德国在二战前研制的 105 毫米轻型榴弹炮，其名称中的 "le" 是德语中 "近程" 的开头字母，"FH" 则是 "野战榴弹炮" 的意思。leFH 18 榴弹炮的炮膛机构简单但沉重，配备有液气压缓冲系统。轮毂为木质或钢质，木质型号只能用马匹牵引。leFH 18 榴弹炮的曲射弹道不但可以进行远距离曲射压制射击，而且还能灵活调整火炮弹道，在近距离具有反坦克炮的直射弹道特性，能进行有效的直瞄射击。

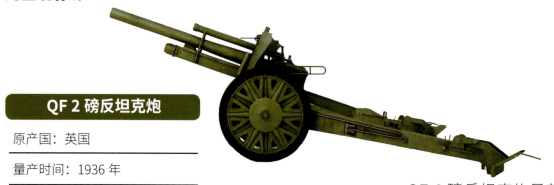

QF 2 磅反坦克炮

原产国：英国

量产时间：1936 年

重量：0.814 吨

QF 2 磅反坦克炮是英国在二战前研制的 40 毫米牵引式反坦克炮，也安装在一些战车上，总共生产了 12000 门。其炮管长度为 2.08 米，俯仰角度为 -13°至 +15°，最大射速为 22 发 / 分，炮口初速为 792 米 / 秒，有效射程为 914 米，最大射程为 1000 米。

A-19 榴弹炮

原产国：苏联

量产时间：1935 年

重量：7.1 吨

A-19 榴弹炮是苏联在 20 世纪 30 年代初研制的牵引式重型野战榴弹炮，又称为 M1931 年式 122 毫米榴弹炮。在苏芬战争中，苏军曾使用 A-19 榴弹炮成功地摧毁敌方的炮兵连与野战防御，并瓦解了指挥部和补给线，阻止对方动员援兵至前线支持。苏德战争初期，A-19 榴弹炮以其优秀的反坦克能力而知名。1943 年，苏军没有任何可以击退德军新式重型坦克的反坦克炮。威力强大的反坦克炮需要时间生产，所以 A-19 榴弹炮成为唯一可以立即用来对抗德军新型坦克的武器。

sIG 33 步兵炮

原产国：德国

量产时间：1936 年

重量：1.8 吨

sIG 33 步兵炮是德国在 20 世纪 30 年代研制的 150 毫米重型牵引式步兵炮，其总长度为 4.42 米，炮管长度为 1.65 米，俯仰角度为 -4°至 +75°，最大射速为 3 发 / 分，炮口初速为 240 米 / 秒，有效射程为 4700 米。

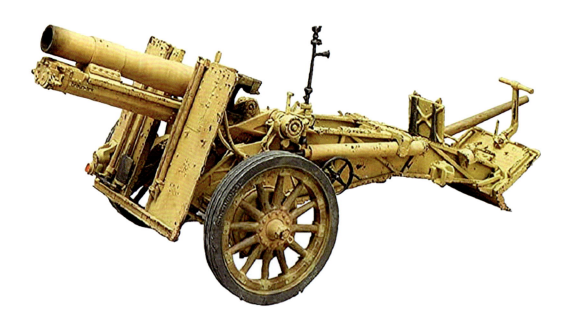

Flak 36 高射炮是二战时期德国 88 毫米系列高射炮中的重要型号，与早期型号相比，Flak 36 高射炮拥有重新设计的拖车，可以使其快速由移动状态改为射击状态，也可以在移动状态攻击地面目标。该炮总长度为 5.79 米，炮管长度为 4.94 米，俯仰角度为 -3°至 +85°，最大射速为 20 发 / 分，炮口初速为 840 米 / 秒，最大射程为 9900 米（对空射击）。

Flak 36 高射炮

原产国：德国

量产时间：1936 年

重量：7.41 吨

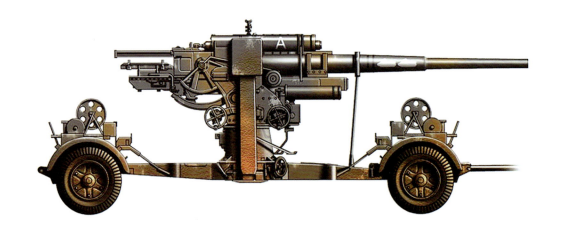

九四式反坦克炮

原产国：日本

量产时间：1936 年

重量：0.324 吨

九四式反坦克炮是日本在二战前研制的 37 毫米牵引式反坦克炮，其总长度为 2.9 米，炮管长度为 1.765 米，俯仰角度为 -10°至 +25°，最大射速为 30 发/分，炮口初速为 700 米/秒，有效射程为 2870 米，最大射程为 4500 米。

九七式迫击炮

原产国：日本

量产时间：1937 年

重量：0.067 吨

九七式迫击炮是日本于 20 世纪 30 年代后期研制的 81 毫米迫击炮，由大阪兵工厂制造，日本将其称为"曲射步兵炮"。九七式迫击炮在服役后纳入步兵大队直辖大队炮兵小队，编制 2～4 门，一个甲种师团的步兵单位理论上至少会配发 24 门迫击炮。由于九七式迫击炮发射时的硝烟，以及炮声比九二式步兵炮小，重量也比九四式迫击炮轻，前线士兵对这种迫击炮的评价良好。

53-K 反坦克炮

原产国：苏联

量产时间：1937 年

重量：0.56 吨

53-K 反坦克炮是苏联在二战前研制的轻型半自动反坦克炮，又称为 M1937 年式 45 毫米反坦克炮。这种反坦克炮被部署在步兵营的反坦克排（2 门）或步兵师的反坦克营（12 门），同时也被分散部署在反坦克团中。苏德战争初期，苏军曾广泛使用 53-K 反坦克炮。不过，它的火力决定它只能对付早期型号的德军三号、四号坦克，而且必须近距离使用，而这样炮兵也会陷入危险。之后，53-K 反坦克炮逐渐被其他新式反坦克炮所取代。

M1931/37 式 122 毫米榴弹炮

原产国：苏联

量产时间：1937 年

重量：7.117 吨

M1931/37 式 122 毫米榴弹炮是苏联在二战前研制的牵引式榴弹炮，这种火炮其实是一种拼凑出来的临时产品，采用 M1931 年式 122 毫米榴弹炮的炮管和 M1937 年式 152 毫米榴弹炮的炮架，但这种火炮的生命力却出奇的长，二战期间，各个战场都可以发现这种火炮的身影，也是第一款击毁德军坦克的苏联火炮。

ML-20 榴弹炮

原产国：苏联	
量产时间：1937 年	
重量：7.27 吨	

ML-20 榴弹炮是苏联在二战前研制的 152 毫米牵引式榴弹炮，又称为 M1937 年式 152 毫米榴弹炮。为了降低开火时的后坐力，ML-20 榴弹炮在炮口附近加装了独特的制退装置，侧面众多的开口可以保证尾焰由两侧顺利排出，这也成了 ML-20 榴弹炮标志性的外观。ML-20 榴弹炮结合了榴弹炮与加农炮的特色，即在短距离内为加农炮特殊的平直弹道，用来完成近距离直射火力，而较大的距离上又有榴弹炮的抛物线。

M-10 榴弹炮

原产国：苏联	
量产时间：1938 年	
重量：4.15 吨	

M-10 榴弹炮是苏联在二战前研制的牵引式榴弹炮，又称为 M1938 年式 152 毫米榴弹炮。虽然 M-10 榴弹炮具有较远的射程，但是重量过大，牵引速度低于 35 千米/时，所以生产数量不是很多，仅有 1522 门。这种火炮在苏军撤退时成为遗弃的重点目标，所以德军装备了大量的 1938 年式 152 毫米榴弹炮，编号为 sHF443(r)。

M-30 榴弹炮

原产国：苏联

量产时间：1938 年

重量：2.45 吨

M-30 榴弹炮是苏联在二战前研制的 122 毫米榴弹炮，又称为 M1938 年式 122 毫米榴弹炮。该炮主要使用杀伤爆破榴弹，以及燃烧弹、发烟弹、宣传弹、照明弹等特种弹。另外，在二战中由于苏军面对德军坦克部队巨大的压力，在战争后期极端重视反坦克作战，甚至要求所有野战火炮都有反坦克作战的能力，M-30 榴弹炮也不例外。由于榴弹炮的身管较短，不适合发射初速较高的穿甲弹，因此苏军专门生产了一种 122 毫米空心装药反坦克弹，供 M-30 榴弹炮使用。

M1938 迫击炮

原产国：苏联

量产时间：1938 年

重量：0.28 吨

M1938 迫击炮是苏联于 20 世纪 30 年代后期研制的 120 毫米重型迫击炮，在二战期间被苏军广泛采用。该炮创新性地使用了三个主要部件来减轻重量，其底座的设计尤为精巧，其重量正好是步兵人力可能接受的范围内。高射速和攻击隐藏目标的能力，使其成为对付敌方人员的利器。由于性能出色，德军在缴获 M1938 迫击炮后不通过任何改造便直接采用。

M1938 年式 76 毫米山地炮

原产国：苏联

量产时间：1938 年

重量：0.785 吨

M1938 年式 76 毫米山地炮是苏联在二战前研制的牵引式山地炮，是苏联在二战时期使用的主要山地炮之一。与 M1909 年式 76 毫米山地炮一样，M1938 年式 76 毫米山地炮也可以很方便地拆卸成几个部分，可以使用驴、马驮运到交通不发达的山岭地区作战。

M1 高射炮

原产国：美国

量产时间：1938 年

重量：8.618 吨

M1 高射炮是美国在二战中研制的 90 毫米牵引式高射炮，也是美军在战争期间主要的地面防空武器。除作为防空武器使用外，该炮还可以用于反坦克。其总长度为 9 米，炮管长度为 5.08 米，俯仰角度为 -10°至 +90°，最大射速为 32 发 / 分，炮口初速为 810 米 / 秒，最大射程为 13300 米（对空射击）。

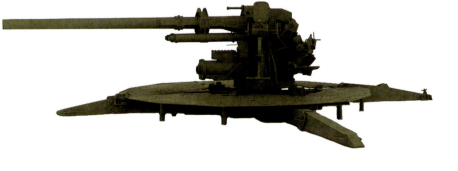

F-22 USV 榴弹炮

原产国：苏联

量产时间：1939 年

重量：1.47 吨

F-22 USV 榴弹炮是苏联在 F-22 榴弹炮基础上改进而来的牵引式榴弹炮，又称为 M1939 年式 76 毫米榴弹炮。为了加快研制进度，该炮采用 F-22 榴弹炮上 50% 的零部件，针对后者炮架过重，严重影响机动性的缺点，F-22 USV 榴弹炮对炮架进行了简化，随后重量大大减轻，同时还增强了行军过程中对不良地形的适应性。但从一线部队使用的情况来看，苏军士兵还是嫌这种火炮过于笨重，操作过于复杂，而且成本高，不能大规模生产。

GebH 36 山地炮

原产国：德国

量产时间：1938 年

重量：0.75 吨

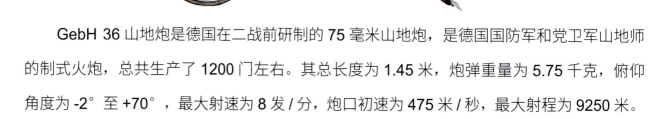

GebH 36 山地炮是德国在二战前研制的 75 毫米山地炮，是德国国防军和党卫军山地师的制式火炮，总共生产了 1200 门左右。其总长度为 1.45 米，炮弹重量为 5.75 千克，俯仰角度为 -2°至 +70°，最大射速为 8 发 / 分，炮口初速为 475 米 / 秒，最大射程为 9250 米。

BR-5 迫击炮

原产国：苏联

量产时间：1939 年

重量：18.4 吨

BR-5 迫击炮是苏联研制的牵引式迫击炮，又称为 M1939 年式 280 毫米迫击炮。该炮是二战时期苏军的大威力火炮之一，虽然射程只有 10650 米，但是它发射的炮弹重达 246 千克，威力惊人。该炮的水平射界为左右 8°，高低射界为 0°到 60°，在运输时能够拆卸成三个部分。

BR-17 加农炮

原产国：苏联

量产时间：1939 年

重量：43.22 吨

BR-17 加农炮是苏联在二战中研制的重型加农炮，又称为 M1939 年式 210 毫米加农炮。它采用了与 B-4 榴弹炮同样的炮架和履带，射程达到了 29400 米，其炮弹重达 133 千克，威力相当可观，炮口初速 800 米/秒，最大牵引速度 25～30 千米/时。BR-17 加农炮采用组合式炮管，在必要时能够将内部炮管拆卸。

52-K 高射炮

原产国：苏联

量产时间：1939 年

重量：4.5 吨

52-K 高射炮是苏联在二战中研制的牵引式高射炮，又称为 M1939 年式 85 毫米高射炮。该炮采用半自动立楔式炮闩和多侧孔炮口制退器，身管为单筒。52-K 高射炮在二战前装备苏联红军，主要用于射击空中目标，以后还被选作 SU-85 坦克歼击车和 T-34 中型坦克的主炮。二战后，52-K 高射炮还在多场局部战争中出现。

BR-18 榴弹炮

原产国：苏联

量产时间：1939 年

重量：45.7 吨

BR-18 榴弹炮是苏联在二战中研制的重型榴弹炮，又称为 M1939 年式 305 毫米榴弹炮。该炮的炮弹重达 330 千克，能在 1000 米距离以 60°角穿透 2～2.5 米厚的混凝土。BR-18 榴弹炮运输时可拆卸成三个部分，即炮管、炮架上部分和炮架下部分。该炮采用组合式炮管，由于极其笨重，所以从行军状态转至战斗状态需要将近 3 小时的时间。

M3 反坦克炮

原产国：美国

量产时间：1940 年

重量：0.41 吨

M3 反坦克炮是美国在二战中研制的 37 毫米牵引式反坦克炮，分为基本型的 M3 和加上炮口制退器的 M3A1，总共生产了 19000 门左右，主要服役于太平洋战场。其总长度为 3.92 米，炮管长度为 2.1 米，俯仰角度为 -10°至 +15°，最大射速为 25 发/分，炮口初速为 884 米/秒，最大射程为 6900 米。

M2 迫击炮

原产国：美国

量产时间：1939 年

重量：0.019 吨

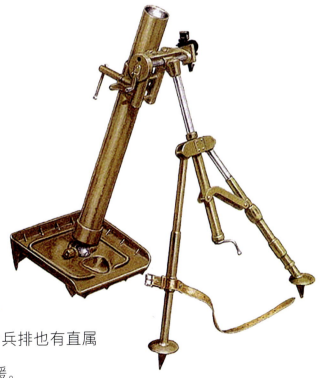

M2 迫击炮是美国于 20 世纪 30 年代研制的 60 毫米前装式迫击炮，二战期间被美军广泛使用。M2 迫击炮由炮身、炮架、座板、瞄具组成，炮架为两脚架，座板为方形，采用滑膛、炮口装填、撞击发射的设计。二战中，美军标准编制一个步兵团下辖 27 门 M2 迫击炮，使用单位除了团直属迫击炮连外，各步兵排也有直属迫击炮班，配发 3 门 M2 迫击炮提供火力支援。

M59 加农炮

原产国：美国

量产时间：1940 年

重量：13.88 吨

M59 加农炮是美国在二战中研制的 155 毫米牵引式加农炮，绰号"长脚汤姆"。其总长度为 11 米，炮管长度为 6.97 米，俯仰角度为 -2°至 +65°，最大射速为 40 发 / 时，炮口初速为 853 米 / 秒，最大射程为 23700 米。

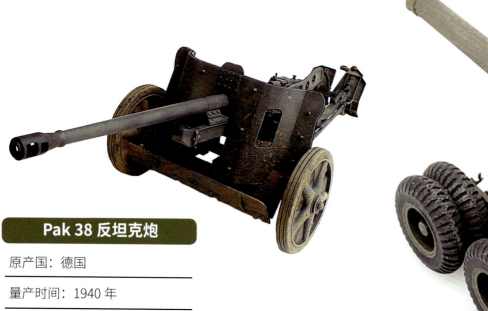

Pak 38 反坦克炮

原产国：德国

量产时间：1940 年

重量：1.062 吨

Pak 38 反坦克炮是德国在二战期间研制的 50 毫米牵引式反坦克炮，总共生产了 9500 门左右。其总长度为 4.75 米，炮管长度为 3 米，俯仰角度为 -8°至 +27°，最大射速为 13 发 / 分，炮口初速为 550～1130 米 / 秒，最大射程为 2700 米。

M2 榴弹炮

原产国：美国

量产时间：1941 年

重量：2.26 吨

M2 榴弹炮是美国在二战期间研制的 105 毫米榴弹炮，也是二战期间美军的制式榴弹炮之一，二战后重新命名为 M101 榴弹炮。M2 榴弹炮采用纵向分离双炮尾拖架和木质车轮，依靠卡车牵引。该炮可发射 M1 高爆弹、M67 反装甲高爆弹、M84 彩烟弹、M84 烟幕弹、M60 烟幕弹、M60 生化弹、M1 训练弹和 M14 训练弹等弹药，最大射程可达 11270 米。

8英寸M1榴弹炮

原产国：美国

量产时间：1941年

重量：14.52吨

8英寸M1榴弹炮是美国在二战期间研制的203毫米牵引式榴弹炮，二战后重新命名为M115榴弹炮。其总长度为10.97米，炮管长度为5.1米，俯仰角度为-2°至+65°，持续射速为每两分钟1发，炮口初速为587米/秒，有效射程为16800米。

QF 6磅反坦克炮

原产国：英国

量产时间：1941年

重量：1.215吨

QF 6磅反坦克炮是英国在二战期间研制的57毫米牵引式反坦克炮，研制目的是为了取代反坦克能力不足的QF 2磅反坦克炮，恢复步兵单位的反甲能力，也让原本应作为支援曲射火炮却因前线反甲能力太弱而被滥用的QF 25磅榴弹炮恢复原先定位功能。QF 6磅反坦克炮的炮管长度为2.82米，俯仰角度为-5°至+15°，最大射速为15发/分，炮口初速为1219米/秒，有效射程为1510米，最大射程为4600米。

GrW 42 迫击炮

原产国：德国

量产时间：1941 年

重量：0.026 吨

GrW 42 迫击炮是德国于 20 世纪 30 年代后期研制的 81 毫米迫击炮，由 GrW 34 迫击炮改进而来。该迫击炮是一种前装式滑膛迫击炮，身管长仅为 747 毫米，炮口初速 110 米/秒，最大射程约 1100 米。GrW 42 迫击炮原本仅供空降使用，然而由于德军另一种 50 毫米口径的 LeGrW 36 迫击炮射程太近，GrW 42 迫击炮也常被用来替换 LeGrW 36 迫击炮。

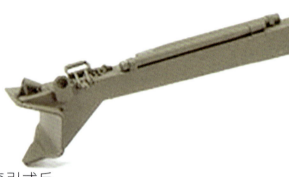

M5 反坦克炮是美国在二战中研制的 76.2 毫米牵引式反坦克炮，总共生产了 2500 门左右，仅装备美国陆军坦克歼击营。其总长度为 7.1 米，炮管长度为 3.4 米，俯仰角度为 -5°至 +30°，最大射速为 12 发/分，炮口初速为 792 米/秒，最大射程为 14700 米。虽然 M5 反坦克炮在火力上优于先前服役的反坦克炮，但其重量较重及弹药问题阻碍了作战效能。

M5 反坦克炮

原产国：美国

量产时间：1942 年

重量：2.21 吨

Nebelwerfer 41 火箭炮

原产国：德国

量产时间：1941 年

重量：1.13 吨

Nebelwerfer 41 火箭炮是德国在二战中研制的 150 毫米多管火箭炮，在二战中广泛使用。Nebelwerfer 41 火箭炮的 6 根炮管的编号为：左上为 1，左侧为 2，左下为 3，右下为 4，右侧为 5，右上为 6。发射顺序为 1-4-6-3-5-2，这样做的好处是发射受力比较均衡。该炮采用有线电点火装置，导线长度 18 米，也就是说，士兵可在 18 米以外给火箭弹点火，避免了火箭弹后喷火焰的伤害。火箭弹发射间隔为 2 秒，装 6 枚弹的时间为 90 秒。

ZiS-3 加农炮

原产国：苏联

量产时间：1942 年

重量：1.2 吨

ZiS-3 加农炮是苏联在二战中期研制的牵引式野战加农炮，又称为 M1942 年式 76.2 毫米师级火炮。该炮安装了炮口制退器以减轻后坐力，采用半自动立楔式炮闩，使用液压驻退机进行制退。Zis-3 加农炮射速快、精确而可靠，受到苏联炮兵的欢迎。由于重量相对较轻，苏联红军的各式卡车乃至吉普车都可以用来牵引，紧急情况下也可由牲畜和炮兵拖曳前进。

PaK 40 反坦克炮

原产国：德国	
量产时间：1942 年	
重量：1.425 吨	

PaK 40 反坦克炮是德国在二战中研制的 75 毫米牵引式反坦克炮，总共生产了 23500 门左右。其总长度为 6.2 米，炮管长度为 3.45 米，俯仰角度为 -5°至 +22°，最大射速为 14 发/分，炮口初速为 792 米/秒，有效射程为 1800 米，最高射程为 7678 米。

QF 17 磅反坦克炮

原产国：英国	
量产时间：1942 年	
重量：3.05 吨	

QF 17 磅反坦克炮是英国在二战中研制的 76.2 毫米牵引式反坦克炮，被誉为当时盟军最优秀的反坦克炮。同时，它还被安装到多种战车上。这种火炮在北非战场首次亮相，之后一直活跃到二战结束，在最后一年甚至成为英军的标准反坦克武器。QF 17 磅反坦克炮的炮管长度为 4.191 米，俯仰角度为 -6°至 +16.5°，最高射速为 20 发/分，炮口初速为 1200 米/秒，有效射程为 1500 米，最大射程为 10500 米。

FlaK 40 高射炮

原产国：德国	
量产时间：1942 年	
重量：17 吨	

FlaK 40 高射炮是德国在二战中研制的 128 毫米高射炮，总共生产了 1125 门左右。其总长度为 7.835 米，炮管长度为 7.8 米，俯仰角度为 -3°至 +88°，炮座可以 360°旋转，炮口初速为 880 米/秒，最大射程为 14800 米。

D-1 榴弹炮

原产国：苏联

量产时间：1943 年

重量：3.6 吨

D-1 榴弹炮是苏联研制的牵引式榴弹炮，又称为 M1943 年式 152 毫米榴弹炮。该炮是苏军从二战后期至 20 世纪 70 年代中期以前的师级支援火炮，主要装备摩托化步兵师炮兵团的重型榴弹炮营，每营 18 门。

OB-25 步兵炮

原产国：苏联

量产时间：1943 年

重量：0.6 吨

OB-25 步兵炮是苏联在二战中研制的牵引式步兵炮，又称为 M1943 年式 76 毫米步兵炮。该炮在 1943 年至 1945 年期间生产，总产量超过 5000 门，被用来取代 1927 年式 76 毫米步兵炮。

Pak 43 反坦克炮

原产国：德国
量产时间：1943 年
重量：3.65 吨

Pak 43 反坦克炮是德国在二战后期研制的 88 毫米牵引式反坦克炮，总共生产了 2100 门左右。其总长度为 9.2 米，炮管长度为 6.28 米，俯仰角度为 -8°至 +40°，最大射速为 10 发 / 分，炮口初速为 1030 米 / 秒，最大射程为 15150 米。

BS-3 反坦克炮是苏联在二战中研制的牵引式反坦克炮，又称为 M1944 年式 100 毫米反坦克炮。BS-3 反坦克炮发射的穿甲弹可以在 2000 米距离垂直击穿 125 毫米的装甲，1000 米距离它几乎可以将所有型号的德军坦克和装甲车辆摧毁，这种火炮的射速为 10 发 / 分，著名的 SU-100 坦克歼击车就是以它作为主炮。

BS-3 反坦克炮

原产国：苏联
量产时间：1944 年
重量：3.65 吨

传奇武器鉴赏：QF 25 磅榴弹炮

基本参数	
长度	4.6 米
宽度	2.13 米
高度	1.16 米
重量	1.633 吨
最大射速	8 发/分

QF 25 磅榴弹炮是英国在 20 世纪 30 年代研制的中小口径榴弹炮，采用传统的以炮弹重量命名的方式命名。该炮被英联邦国家广泛装备和使用，在二战期间的多场战役中发挥了重要作用，包括著名的阿拉曼战役。

QF 25 磅榴弹炮前方视角

研发历程

20 世纪 20 年代，英国陆军认为现役的 18 磅野战炮发展潜力不足，无法应对未来战争的威胁，因此希望研制一种能发射 20～25 磅重的炮弹、最大射程为 13000 米左右的野战炮，作为师属炮兵的主要压制武器。1933 年，英军试验了 18 磅、22 磅、25 磅三种火炮。1935 年，QF 25 磅榴弹炮 MK1 型问世，虽然火炮身管设计完全可以承受强装药，但 18 磅火炮炮架却难以承受强装药的冲击。使用 3 号装药时，最大射程只能达到 10500 米。英军总参谋部决定继续研制 25 磅炮。但由于经费不足，而英军又有大量库存的 MK4 型 18 磅火炮的炮架，所以新型 25 磅火炮最初采用了 MK4 型 18 磅火炮的炮架。

1936 年英军开始设计 MK2 型，采用更坚固的全新炮架。由于研制工作的拖延，1939 年二战爆发时英军装备的还是 MK1 型。1940 年，MK2 型最先装备了挪威战场上的英军。为了发射穿甲弹，MK2 型在 1942 年安装了炮口制退器，称为 MK3 型。为提高 QF 25 磅榴弹炮的机动性，英联邦军队还尝试将其改造为自行火炮。

整体构造

QF 25 磅榴弹炮采用液体气压式反后坐力装置、立楔式炮闩、分装式炮弹（弹丸和发射药筒分开）。由于需要改变装药量而采用分装式炮弹，会导致该炮射速较慢，不能充分发挥立楔式炮闩的优点。但立楔式炮闩适合在空间狭窄的自行火炮上使用。该炮的液体气压式反后坐装置位于身管下方，这样不便于维修，而且抬高了火线，作用反坦克时容易暴露，对火炮生存不利。QF 25 磅榴弹炮主要由 4 吨的"贝德福德"卡车牵引。该炮采用充气橡胶轮胎，可见其最初设计主要是考虑汽车牵引的。但是该炮也保留了前车，也就是保留了在特殊条件下使用骡马拖曳的功能。

博物馆中的 QF 25 磅榴弹炮

作战性能

QF 25 磅榴弹炮是英国军队中第一款具有加农炮和榴弹炮两种弹道特点的火炮。它既可以用低初速、高弹道射击遮蔽物后方的目标，也可以用高初速、低伸弹道直射目标。所以有些装备 QF 25 磅榴弹炮的国家也将其称为加农榴弹炮。该炮不用座盘时方向角只有 8°，这时射击精度很差，通常只在紧急时刻使用。圆形座盘着地是 QF 25 磅榴弹炮的主要射击方式。圆形座盘和弓形箱式炮架配合可以进行 360°环射，这样可以迅速对付周围的目标。这个特点在山地战中很有用，因为山地很难形成连续的战线，四面八方都可能遭到攻击，所以火力能迅速机动是很重要的。

英军为QF 25磅榴弹炮研制了9千克重的同口径实心穿甲弹。这种炮弹精度无法和长身管的加农炮发射的次口径穿甲弹相比，但实心弹动能很大，足以摧毁德军的三号坦克。由于后坐力增大，原有的反后坐装置难以承受，经常损坏，因此安装了双室炮口制退器。改装后的QF 25磅榴弹炮可以在1200米内对坦克进行直瞄射击，威力足以对付德军三号坦克和早期的四号坦克。诺曼底登陆后的欧洲战场上，这种安装制退器的QF 25磅榴弹炮最为常见。

QF 25磅榴弹炮后方视角

知名兵工厂探秘：莱茵金属公司

莱茵金属公司是德国一家战斗车辆武器配件及防卫产品制造商，在二战期间曾是德军各式火炮的主要供应者。该公司成立于1889年，总部位于德国北莱茵威斯特法伦州。

早在一战时期，莱茵金属公司就是德国最大的军火制造商。一战结束后，在凡尔赛体系的制约下，莱茵金属公司逐渐过渡到民用工业的行列。然而没过多久，莱茵金属公司便在1933年与博尔西克公司合并，开始大量生产武器和弹药，主要包括机枪、反坦克火炮、迫击炮、野战炮、防空炮和轨道炮等。1937年，莱茵金属公司成立了阿尔凯特附属公司专门制造坦克火炮。

二战时期，莱茵金属公司完全国有化，按照军方的意志制造武器，著名的"豹"式中型坦克的主炮（KwK 42 坦克炮）即为莱茵金属公司制造。另外，莱茵金属公司还协助克虏伯公司生产了著名的 88 毫米高射炮。战争期间，莱茵金属公司的工厂里有大量的劳动工人，其中包括 5000 名外国工人（主要是战俘和匈牙利犹太人）。作为二战时期典型的德国军工企业，莱茵金属公司的历史也反映了当时德国对待工人的残酷压迫政策。

二战结束后，尽管德国军事工业遭到了巨大的削弱，然而从军事工业中保留下来的传统促使德国迅速实现了战后经济的腾飞。莱茵金属公司虽然在战后被迫关闭，但经历过改革重组之后，如今已是德国国内最大的军工企业集团，主要业务为车辆、电子和防务三部分。

目前，莱茵金属公司的火炮技术堪称世界一流，美国 M1"艾布拉姆斯"、德国"豹 2"、以色列"梅卡瓦 IV"、日本 90 式、意大利"公羊 II"等世界著名主战坦克都采用了莱茵金属公司的滑膛坦克炮。

搭载莱茵金属 KwK 42 坦克炮的"豹"式中型坦克

搭载莱茵金属 Rh-120 滑膛坦克炮的 M1"艾布拉姆斯"主战坦克

搭载莱茵金属 Rh-120 滑膛坦克炮的"豹 2"主战坦克

2.8 苏德对决中的突击炮

突击炮是一种活跃于二战的装甲战斗车辆,由德国首先研发,其他国家(主要是苏联)受其影响也积极发展。大部分突击炮外观和坦克相似但没有炮塔,车身相对低矮且射角受限。不同于集中进行机动打击的坦克,以及主要负责反坦克任务的坦克歼击车,突击炮是一种直射火力,主要用于支援步兵扫荡和摧毁敌人的坚固阵地。

突击炮在德军中受炮兵指挥。德军突击炮最初是搭载短炮身的加农炮,但在德军坦克数量不足时开始搭载长炮管的反坦克炮,肩负反坦克的任务。生产突击炮比生产坦克便宜,因此德国大量生产突击炮以填补坦克产量的不足。德国在战争中生产的突击炮主要是三号突击炮,总产量超过 10000 辆。德军的突击炮原本应该装备反坦克大队,但是二战后期各装甲团也装备了大量突击炮,作为填补坦克数目不足的权宜之计。

苏军方面,受到三号突击炮成功的影响,也先后研发出 SU-76、SU-122、SU-152 等突击炮。二战后期,苏军每个坦克军及机械化军均配备 1 个轻型突击炮团(SU-76)、1 个中型突击炮团(SU-122)和 1 个重型突击炮团(SU-152 或 ISU-152 等)。

虽然英、美两国对突击炮并不热衷,但英国的 AVRE 版丘吉尔坦克,以及部分装备 105 毫米榴弹炮的 M4"谢尔曼"中型坦克,也可视为突击炮(两者均保留炮塔)。

三号突击炮

原产国:德国

量产时间:1940 年

重量:23.9 吨

三号突击炮是德国在二战中研制的突击炮,有 A 型、B 型、C 型、D 型、E 型、F 型、F/8 型和 G 型等型号,总共生产了 10000 辆以上,是德国在二战中生产数量最多的装甲战斗车辆。它采用三号中型坦克的底盘,早期型号安装 1 门 75 毫米 StuK 40 L/43 低速炮或 75 毫米 L/48 反坦克炮作为主力武器,后期型号还安装了 7.92 毫米 MG34 机枪。动力装置为 1 台 221 千瓦的迈巴赫 HL120 TRM 汽油发动机,最高速度为 40 千米/时,最大行程为 155 千米。

SU-76 突击炮

原产国：苏联

量产时间：1942 年

重量：10.6 吨

SU-76 突击炮采用 T-70 轻型坦克的底盘，加长了车体和履带，每侧负重轮由 5 个改为 6 个，其火炮口径由早期的 45 毫米增大至 76.2 毫米，用固定炮塔取代了旋转炮塔。SU-76 突击炮的优点是轮廓低，机动性强，能够在沼泽及森林等不良地形中行驶，与步兵协同作战时，可以直接用火力摧毁敌军碉堡或其他加固的建筑物。战争后期，SU-76 突击炮也被大量使用在巷战中，但是它开放的上部结构导致防护能力较弱，往往一枚手榴弹就可以杀死所有的乘员。

SU-122 突击炮

原产国：苏联

量产时间：1942 年

重量：30.9 吨

SU-122 突击炮采用 T-34 中型坦克的底盘，主要武器为 1 门 122 毫米榴弹炮。强大的 122 毫米榴弹炮在攻击堡垒、步兵阵地和轻装甲目标时有良好效果。此外，SU-122 突击炮也曾用于反坦克作战。该炮采用 1943 年装备部队的 BP-460A 高爆反坦克弹时，理论上可以击穿 200 毫米装甲。SU-122 突击炮的不足之处在于 122 毫米榴弹装填时间较长，且装甲不算太厚，前线部队损失较大。而全车只有 1 个可供乘员进出的舱门，给乘员逃生带来不便。针对 SU-122 突击炮实际应用中遇到的问题，后来苏联又设计制造了 SU-85 坦克歼击车。

StuH 42 突击炮

原产国：德国

量产时间：1942 年

重量：23.9 吨

StuH 42 突击炮是德国在二战中研制的突击炮，它是以三号突击炮的各个型号为基础，改造车体以搭载口径更大的 LeFH 18 榴弹炮。初期的量产型是以 F/8 型的底盘为基础，后来则改用 G 型的底盘来进行生产。在德国投降前，StuH 42 突击炮一共生产了 1300 辆左右。

StuIG 33B 突击炮

原产国：德国

量产时间：1942 年

重量：21 吨

StuIG 33B 突击炮是德国在二战中研制的突击炮，总共生产了 24 辆。StuIG 33B 突击炮在三号突击炮的底盘上安装了 1 个重装甲密封式战斗室，并安装了 1 门改良型的 150 毫米 sIG 33 步兵炮。主炮的位置在车体的中轴线右侧，备弹 30 发。在战斗室的左侧安装了 1 挺 7.92 毫米 MG 34 机枪，备弹 600 发。StuIG 33B 突击炮的最高行驶速度为 20 千米/时，最大行程为 110 千米。

四号突击炮

原产国：德国

量产时间：1943 年

重量：23 吨

四号突击炮是德国在二战中研制的突击炮，总共生产了 1100 辆左右。它采用四号中型坦克的底盘，德国最初打算以此作为向步兵和坦克提供近距离火力支援的武器，后被作为自行反坦克炮使用。其主要武器为 1 门 75 毫米 StuK 40 L/48 火炮，备弹 63 发。辅助武器为 1 挺 7.92 毫米 MG34 机枪，备弹 600 发。动力装置为 1 台 220 千瓦汽油发动机，最高速度为 40 千米/时，最大行程为 210 千米。

SU-152 突击炮

原产国：苏联

量产时间：1943 年

重量：45.5 吨

SU-152 突击炮主要用于提供直接火力支援或远程炮兵支援，它采用与其他苏联自行火炮相似的设计，乘员作战舱被装甲板包覆，前装甲倾斜以增强防护。SU-152 突击炮配备的 152 毫米 ML-20 榴弹炮可以发射穿甲弹、高爆弹及高爆反坦克弹，在攻击堡垒、步兵阵地和装甲目标时有良好效果。虽然原本并非用作反坦克作战，但后期也活跃于反坦克作战中，通常采取埋伏战术，以免遭受德军精准炮火射击。

Chapter 02 二战前后

ISU-122 突击炮

原产国：苏联

量产时间：1943 年

重量：45.5 吨

ISU-122 突击炮是苏联在 ISU-152 突击炮基础上换装了主炮改进而成的突击炮，具有出色的作战能力。相比起 ISU-152 突击炮来说，ISU-122 突击炮的反坦克能力要好得多，这使它成为苏军中一款很受欢迎的武器。ISU-152 突击炮安装的 152 毫米 ML-20 火炮因为炮弹太重，造成炮口初速低，使其反坦克能力不如 ISU-122 突击炮所安装的 122 毫米长身管型火炮。ML-20 火炮可以在 1000 米的距离外击穿 120 毫米的装甲，而 122 毫米长身管型火炮则可以在同样的距离外击穿 160 毫米的装甲。

ISU-152 突击炮

原产国：苏联

量产时间：1943 年

重量：47.3 吨

ISU-152 突击炮是苏联在 IS 系列重型坦克基础上改进而来的重型突击炮，由 5 名乘员操作，但是减少 1 名装填手后，也能正常工作。相比 SU-152 突击炮来说，ISU-152 突击炮的悬挂装置更低，前装甲更厚，并且加装了 1 个重型双片炮盾。虽然其主炮射速较低，但是可以在较远距离摧毁德军的"虎"式重型坦克。苏军通常会将 ISU-152 突击炮分配给独立自行火炮团使用，其任务是攻击德军的重火力点和装甲车辆为第一梯队提供火力支援。另外，ISU-152 突击炮还能为步兵提供火力支援和反坦克支援。

"灰熊"突击炮

原产国：德国

量产时间：1943 年

重量：28.2 吨

"灰熊"突击炮是德国在二战中研制的突击炮，总共生产了 306 辆。它是以步兵支援为目的，以四号中型坦克的底盘为基础所制造的突击炮，搭载 1 门 150 毫米 StuH 43 L/12 火炮，辅助武器为 1 挺 7.92 毫米 MG34 机枪。"灰熊"突击炮是极为优秀的火力支援车辆，配备"灰熊"突击炮的德军部队在二战后期均被当作"救火队"，服役于盟军攻击最激烈的战场中。

"虎"式突击炮是德国在二战中研制的突击炮，它是以"虎"式重型坦克的底盘为基础，搭载 1 门 380 毫米 RW61 L/5.4 火箭推进迫击炮，辅助武器为 1 具 100 毫米榴弹发射器和 1 挺 7.92 毫米 MG34 机枪。"虎"式突击炮原计划在城市作战中为步兵提供重火力的支援，但在整场战争间却只生产了 18 辆，全由受损的"虎"式重型坦克改造而成。

"虎"式突击炮

原产国：德国

量产时间：1943 年

重量：68 吨

2.9 稳步发展的自行火炮

早在一战时期，火炮机械化就已经受到重视，但限于技术条件，当时的机械化是强调运用卡车、坦克等拖曳。这一时期法军装备的"圣沙蒙"重型坦克倒是阴差阳错地成为最早的自行火炮，它在车首装备1门75毫米火炮，可以发挥自行火炮的效果，不过这只是设计上的一个巧合。

20世纪20年代，各国开始探索以坦克底盘为基础发展真正意义上的自行火炮，不过因为没有实战需求，这些自行火炮基本都没有大量服役，算是一种技术探索。第一款实战运用比较成功的自行火炮是德国的一号B型自行火炮，这款将150毫米重型步兵炮安装在一号轻型坦克车体上的武器，在实战中展现出的作战效率远高于牵引式火炮，虽然数量不多，却在二战初期跟随德军一路辗转于多个战场，是装甲部队重要的火力支援，往往几发炮弹就能把战斗意志薄弱的敌军士兵吓跑，在法国战役期间尤为突出。

二战初期真正实现全面机械化的只有英军，而英军的机械化水平也不高，大量依靠通用运载车这样的轻型装备拖曳中小口径火炮，交战双方在切实感受了自行火炮相较于牵引式火炮的优势后，都积极地展开了相关的技术研究。

坦克的发展为火炮机械化提供了一定的保障，因为坦克升级造成许多型号过时，这些过时的底盘正好用来承载火炮，既满足火炮需求又不浪费资源。在各个战场上，自行火炮都被认为是一种高度机动灵活的武器，尤其是在伴随装甲部队快速进攻的时候，自行火炮能够及时地展开部署输出火力支援。随着战事不断的发展，到二战后期火炮的机动几乎全部由汽车牵引或者改为自行火炮，而自行火炮的口径一再加大，几乎完全摒弃了中小口径。

"卡尔"臼炮

原产国：德国

量产时间：1940 年

重量：124 吨

"卡尔"臼炮是德国在二战中研制的超重型履带式自行迫击炮，总共生产了 7 辆。其车体长度为 11.15 米，车体宽度为 4.2 米，车体高度为 4.38 米。主炮是 1 门 600 毫米迫击炮，俯仰角度为 +55°至 +70°。"卡尔"臼炮可借由自身履带进行短距离移动、炮位与射角回旋调整，但车体仅能达到 10 千米/时的速度，如需长距离移动必须依赖火车运输。"卡尔"臼炮唯一的优势就是运输时不需要先进行分解，可以于目的地直接投入战事。

"古斯塔夫"列车炮

原产国：德国

量产时间：1941 年

重量：1350 吨

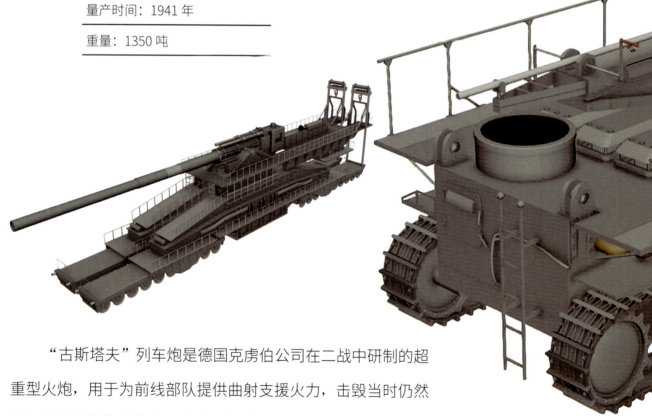

"古斯塔夫"列车炮是德国克虏伯公司在二战中研制的超重型火炮，用于为前线部队提供曲射支援火力，击毁当时仍然被各国陆军视为防御主干的大型要塞与巨型碉堡。德国一共制造了 2 座相同的列车炮，第二座被命名为"多拉"。

为了追求强大的破坏力，"古斯塔夫"列车炮的火炮口径高达 800 毫米，可将重达 7 吨的炮弹投射到 47 千米以外的目标。由于"古斯塔夫"列车炮体积巨大，必须由 250 人花费 3 天时间组装起来，另外需要 2500 人负责铺设铁轨，才能开始射击。1942 年 5 月，"古斯塔夫"列车炮与"卡尔"臼炮联手攻克了塞瓦斯托波尔要塞。

一号 B 型自行火炮

原产国：德国

量产时间：1940 年

重量：8.5 吨

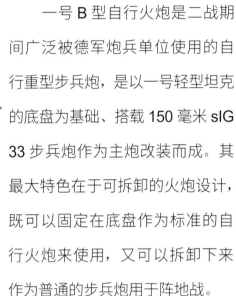

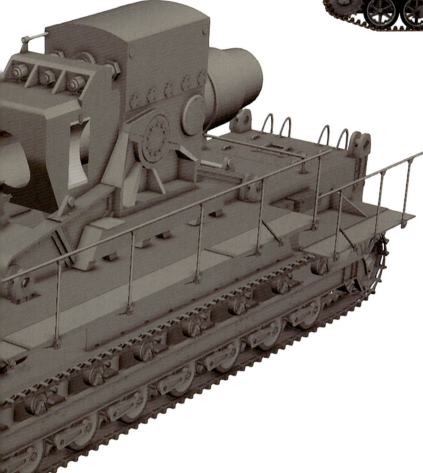

一号 B 型自行火炮是二战期间广泛被德军炮兵单位使用的自行重型步兵炮，是以一号轻型坦克的底盘为基础、搭载 150 毫米 sIG 33 步兵炮作为主炮改装而成。其最大特色在于可拆卸的火炮设计，既可以固定在底盘作为标准的自行火炮来使用，又可以拆卸下来作为普通的步兵炮用于阵地战。

SU-5 自行火炮

原产国：苏联

量产时间：1934 年

重量：9 吨

SU-5 自行火炮是苏联于 20 世纪 30 年代研制的自行火炮，仅生产了 30 余辆，在二战中起到的作用非常有限。SU-5-1 型安装 1 门 M1903 型 76.2 毫米火炮（师级火炮），SU-5-2 型安装 1 门 122 毫米榴弹炮，SU-5-3 型则安装 1 门 152 毫米迫击炮。SU-5 自行火炮的防护能力较弱，车体前方和两侧的装甲厚度为 15 毫米，而车体后方只有 13 毫米。

二号自行火炮

原产国：德国	
量产时间：1941 年	
重量：11.2 吨	

二号自行火炮是德国在二战中研制的履带式自行火炮，它是以二号轻型坦克的底盘为基础，搭载 1 门 150 毫米 sIG 33 步兵炮。与一号 B 型自行火炮的可拆卸设计不同，二号自行火炮采用的是火炮固定在底盘的设计，使其可以充分吸收 sIG 33 步兵炮的后坐力。

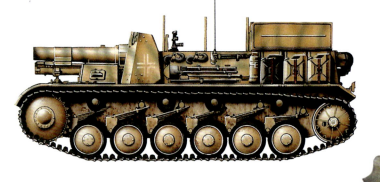

T-90 自行防空炮

原产国：苏联	
设计时间：1942 年	
重量：9.2 吨	

二战初期，苏联缺少自行防空炮，到 1942 年才采用 T-60 轻型坦克的底盘、配备双联装 12.7 毫米 DshK 重机枪和光学瞄准装置，设计了一种简易的自行防空武器，即 T-90 自行防空炮。T-70 轻型坦克投产后，T-90 自行防空炮换装了 T-70 轻型坦克的底盘。不过，T-90 自行防空炮计划在 1943 年被取消。

一号自行防空炮

原产国：德国	
量产时间：1941 年	
重量：5.5 吨	

一号自行防空炮是德国在二战中研制的履带式自行防空系统，采用一号轻型坦克的底盘，所以也被称为一号防空坦克。其车体长度为 4.38 米，车体宽度为 2.06 米，车体高度为 2.08 米。主要武器为 1 门 20 毫米 Flak 38 高射炮，动力装置为 1 台 44 千瓦汽油发动机，最高速度为 37 千米/时，最大行程为 145 千米。

ZiS-30 自行反坦克炮

原产国：苏联

量产时间：1941 年

重量：4.5 吨

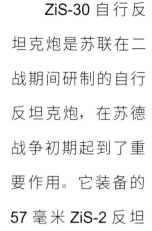

ZiS-30 自行反坦克炮是苏联在二战期间研制的自行反坦克炮，在苏德战争初期起到了重要作用。它装备的 57 毫米 ZiS-2 反坦克炮是强力而有效的反坦克炮，测试中可在 500 米的距离击穿 90 毫米至 140 毫米的垂直装甲。不过由于 ZiS-30 自行反坦克炮的装甲不全面且非常薄弱，难以在前线的炮火中幸存。绝大部分 ZiS-30 自行反坦克炮被击毁，只有少数幸存下来。

M7 自行火炮

原产国：美国

量产时间：1942 年

重量：22.97 吨

M7 自行火炮是美国在二战中研制的履带式自行火炮。当它通过《租借法案》进入英军服役时，英国人给它起了"牧师"的称号。M7 自行火炮最初采用 M3 中型坦克的底盘，后来改用 M4 中型坦克的底盘，称为 M7B1 自行火炮。其战斗全重近 23 吨，乘员 7 人，主要武器是 1 门 105 毫米 M2 榴弹炮，最大射程约 11 千米。辅助武器是 1 挺 12.7 毫米机枪。车辆最高速度为 39 千米/时，越野速度为 24 千米/时。M7 自行火炮的顶部为敞开式结构，防护力较差。

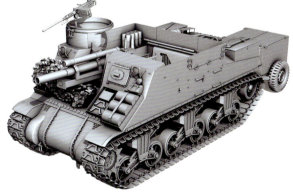

"主祭"自行火炮

原产国：英国

量产时间：1942 年

重量：12.2 吨

"主祭"自行火炮是英国在二战期间研制的轮式自行反坦克炮，总共生产了 175 辆。其车体长度为 6.39 米，车体宽度为 2.36 米，车体高度为 2.82 米。车体中央搭载 1 门 QF 6 磅反坦克炮，可以 360°旋转，其他性能都与牵引式的 QF 6 磅炮相同。"主祭"自行火炮仅在北非战役中服役，主要用于对抗德军（尤其是三号坦克）和意大利的装甲战斗车辆。战役结束后，剩余的"主祭"自行火炮被运到中东，后来卖给了土耳其。

"主教"自行火炮

原产国：英国

量产时间：1942 年

重量：17.5 吨

"主教"自行火炮是英国在二战中研制的履带式自行火炮，总共生产了 149 辆。该自行火炮采用"瓦伦丁"步兵坦克的底盘，但是炮塔被更换为 1 个方正的固定战斗室。这个战斗室拥有 1 个很大的后门，战斗室前方安装了 1 门 QF 25 磅炮。这种设计导致"主教"自行火炮的整体高度达到了 3 米，给沙漠作战带来了一些麻烦。同时，火炮的最大仰角只有 15°，最大射程只有 5900 米。

"蟋蟀"自行火炮

| 原产国：德国 |
| 量产时间：1943年 |
| 重量：11.5吨 |

"蟋蟀"自行火炮是德国在二战中研制的履带式自行火炮，它是以捷克斯洛伐克制造的Panzer 38(t)坦克的底盘作为基础，再加装150毫米sIG 33步兵炮而成。其车体长度为4.95米，车体宽度为2.15米，车体高度为2.47米。最高速度为35千米/时，最大行程为190千米。"蟋蟀"自行火炮主要供德军装甲师及装甲掷弹兵师使用，大大提高了火力。

T34自行火箭炮

| 原产国：美国 |
| 量产时间：1943年 |
| 重量：32吨 |

T34自行火箭炮是二战时期美国陆军装备的多管火箭炮，绰号"风琴"，也音译为"卡利俄佩"。一般认为，T34自行火箭炮是一种权宜之作。它是以M4"谢尔曼"中型坦克为底盘，有趣的是，并不是将"谢尔曼"坦克的炮塔去掉，而是在炮塔顶部再加上4排60具火箭发射管，如此一来，整车显得特别高大。T34自行火箭炮发射M8型火箭弹时的最大射程为3840米，到了二战后期改用旋转稳定式的M16火箭弹，最大射程达到4800米。

42型自行火箭炮

原产国：德国

量产时间：1943年

重量：7.1吨

42型自行火箭炮是德国在二战中研制的半履带车多管火箭炮，整个发射系统包括10具火箭发射管和20枚火箭，可以进行两轮10管火箭齐射。车组人员有3名，即指挥官兼车长、无线电报员、操作员。42型自行火箭炮开火后会留下显眼的烟幕，这使得它在战场上变得非常显眼。有些42型自行火箭炮会在车顶装设1挺MG 34或MG 42通用机枪。

"黄蜂"自行火炮

原产国：德国

量产时间：1943年

重量：11吨

"黄蜂"自行火炮是德国在二战中研制的履带式自行火炮，采用二号轻型坦克的底盘，改造过程比较简单，只需将二号坦克的炮塔换成105毫米leFH 18M榴弹炮与防御装甲。"黄蜂"自行火炮的装甲厚度为5～30毫米，最高速度为40千米/时。1943年，"黄蜂"自行火炮第一次在东线作战，被证明是一款成功的自行火炮。它的速度与火力能适应德国的"闪电战"计划。

"野蜂"自行火炮

| 原产国：德国 |
| 量产时间：1943 年 |
| 重量：24 吨 |

"野蜂"自行火炮是德国在二战中研制的履带式自行火炮，总共生产了 700 辆左右。其车体长度为 7.17 米，车体宽度为 2.97 米，车体高度为 2.81 米。该自行火炮搭载 1 门 150 毫米 sFH 18/1 榴弹炮，备弹 18 发。辅助武器为 1 挺 7.92 毫米机枪，备弹 600 发。动力装置为 1 台 221 千瓦汽油发动机，最高速度为 42 千米/时，最大行程为 215 千米。

"司事"自行火炮

| 原产国：加拿大 |
| 量产时间：1943 年 |
| 重量：25 吨 |

"司事"自行火炮是二战期间加拿大以美国 M4 "谢尔曼"中型坦克为基础改进而来的履带式自行火炮，总共生产了 2000 辆。从 1943 年开始，它取代了美国 M7 自行火炮，也取代了因设计匆忙而不太成功的英国"主教"自行火炮。"司事"自行火炮的车体长度为 6.12 米，车体宽度为 2.72 米，装甲厚度为 15～32 毫米。主炮为 1 门 QF 25 磅炮（87 毫米口径），备弹 105 发。辅助武器为 2 挺 7.7 毫米"布伦"轻机枪。

ZSU-37 自行防空炮是苏联在二战后期研制的自行防空炮，战争期间的生产数量较少，因此也没有突出的战果。ZSU-37 自行防空炮配备了一体化光学瞄准镜，能够自动测距并实现半自动装填，理论射速 120～130 发 / 分，实际战斗射速只有 50～60 发 / 分，最大射高 6500 米。

ZSU-37 自行防空炮

原产国：苏联

量产时间：1944 年

重量：11.5 吨

四号自行防空炮

原产国：德国

量产时间：1944 年

重量：24 吨

四号自行防空炮是德国在二战后期生产的一系列过渡性自行防空炮，包括"家具车"式、"旋风"式、"东风"式、"闪电球"式等，它们均采用四号中型坦克的底盘。"家具车"式和"东风"式的主要武器均为 1 门 37 毫米 FlaK 43 L/89 高射炮，"旋风"式的主要武器是 4 门 20 毫米 Flak 38 高射炮，"闪电球"式的主要武器则是 2 门 30 毫米 MK 103 高射炮。各个型号的辅助武器均为 1～2 挺 7.92 毫米 MG34 机枪。

传奇武器鉴赏：BM-13 自行火箭炮

基本参数	
长度	7.5 米
宽度	2.3 米
高度	3.19 米
重量	5.73 吨
最高速度	50 千米/时

  BM-13 自行火箭炮是苏联于 20 世纪 30 年代研制的自行多管火箭炮，昵称"喀秋莎"。

研发历程

  1933 年，苏联成立火箭研究所，研制陆军和空军使用的火箭弹。1938 年，苏军的歼击机、强击机、轰炸机装备了 82 毫米和 132 毫米航空火箭弹。1938 年，火箭研究所改为苏联弹药人民委员会第 3 研究所，除航空火箭弹和多管火箭炮外，也研制喷气发动机、海军火箭、防空火箭等。但一直到苏德战争爆发，由于技术队伍有限，试验和生产基础薄弱，仅仅成功研制了航空火箭，其余武器项目均未取得结果。

  1937—1938 年，第 3 研究所多位领导因故入狱，苏军高层对火箭武器也缺乏长远规划。1938 年，BM-13 火箭炮在第 3 研究所的劳动竞赛背景下，由科技人员提出方案并研制成功。1939 年 12 月，BM-13 火箭炮通过了靶场实弹试验，但由于苏军高层的意见分歧，BM-13 火箭炮未能服役。直到苏德战争爆发后，BM-13 火箭炮才逐渐被苏军采用。由于当时火箭炮这种新型武器是严格保密的，苏军士兵也不知道它的正式名称，就根据发射架上的出厂标记"K"将其称为"喀秋莎"（苏联女性的爱称），德军则称为"斯大林的管风琴"。

整体构造

  BM-13 火箭炮是一种多轨道的自行火箭炮，由汽车部分和发射部分组成。发射部分由滑轨床、炮架、回转盘、底架、瞄准装置、发射装置等组成。滑轨床共有 8 条发射滑轨，每条滑轨上下各悬挂 1 枚火箭弹，共可装载 16 发 132 毫米口径的火箭弹。

作战性能

BM-13 火箭炮装载的火箭弹既可单射，也可部分连射，或者一次齐射。火箭弹的战斗部分的弹体内是 TNT 炸药，由于在发射时所承受的过载和应力远低于身管火炮，所以火箭弹的炸药装填系数高于普通炮弹，因而 1 枚 132 毫米火箭弹的爆炸威力和 1 枚 152 毫米榴弹相当。

相较于其他的火炮，BM-13 火箭炮能迅速地将大量的炸药倾泻于目标地，但其精度较低且装弹时间较长。装填一次齐射的弹药约需 5～10 分钟，一次齐射仅需 7～10 秒。BM-13 火箭炮射击火力凶猛，杀伤范围大，是一种大面积消灭敌人密集部队、压制敌火力配系和摧毁敌防御工事的有效武器。此外，BM-13 火箭炮价格低廉、易于生产，也是它被广泛使用的重要原因。

保存至今的 BM-13 自行火箭炮

BM-13 自行火箭炮侧后方视角

博物馆中的 BM-13 自行火箭炮

知名兵工厂探秘：克虏伯公司

克虏伯是19世纪到20世纪德国工业界的一个显赫家族，其家族企业克虏伯公司是德国最大的以钢铁业为主的重工业公司。在二战以前，克虏伯兵工厂是全世界最重要的军火生产商之一二战后以机械生产为主。

位于德国埃森的克虏伯公司最初不过是个小小的铁匠铺。19世纪40年代，老克虏伯开始制造加农炮，这种加农炮使俾斯麦在19世纪中叶先后战胜了奥地利和法国。之后，克虏伯公司慢慢成为欧洲最大的公司，并与德皇过从甚密。

1906年，老克虏伯的儿子阿尔弗雷德·克虏伯出生在其家族的摇篮埃森市。1914年一战爆发后，克虏伯公司制造了大量火炮提供给德国陆军，包括1914年的420毫米大贝莎榴弹炮，以及1917年的巴黎炮。除此之外，克虏伯公司还在基尔制造战舰和潜艇。战争期间，年幼的阿尔弗雷德经历了一连串打击：德皇告别埃森；协约国拆除克虏伯工厂；父亲老克虏伯被宣布为战犯（未遭监禁）；工人起义并占领埃森；法国人占领鲁尔区；等等。

克虏伯公司生产的"古斯塔夫"列车炮

一战后，克虏伯家族仍然一心发展家业。他们设立新公司，建立新工厂，买进新煤矿。产品主要销往苏联。不久，在德国参谋部的要求下，克虏伯家族秘密参加了德国的装备重整计划，1926年制造出第一批装甲车，两年后恢复生产大炮。这时，阿尔弗雷德已经成年，作为长子，他拥有家族继承人的一切权利。

1930年，阿尔弗雷德加入德国纳粹党，第二年成为党卫军成员。1936年10月1日，29岁的阿尔弗雷德被正式任命为负责重整军备的副经理。1939年，他接替父亲执掌克虏伯公司的大权。随后5年中，他尽心尽力地扮演着第三帝国军械师的角色。到1943年，克虏伯公司直接或间接雇佣的人员已达20万人。战争期间，克虏伯公司为德国军队提供火炮、钢材、弹药和其他装备。同时，克虏伯公司还参加了"豹"式中型坦克、"虎"式重型坦克、"虎王"重型坦克等重要战车的研究工作，并取得了坦克火炮的生产权。

克虏伯公司还研发了一种巨无霸列车炮——"古斯塔夫"列车炮，这是世界战争史上出现过的规模最大的火炮，可将7吨重的炮弹投射到47千米以外。另外，88毫米高射炮也是克虏伯公司生产的极具杀伤力的武器。

克虏伯公司生产的88毫米高射炮

战争开始后，克虏伯公司的德国工人上了前线，代替他们的是来自欧洲各国的战俘，其中苏军战俘达1.5万人。从1943年起，克虏伯公司又开始大量使用遭流放的犹太人，在集中营附近建造工厂，战争结束时，"克虏伯奴隶"多达10万人。

二战结束后，阿尔弗雷德于1948年被判处12年监禁，罪名是"反人道、掠夺被占领地区和阴谋反对和平"，他的工厂则交由英军接管。冷战开始后，美国和英国想重新武装德国,"使之成为新的利剑",克虏伯公司因此迎来转机。1951年1月31日,阿尔弗雷德和60名囚犯一起被释放。

阿尔弗雷德一回到埃森就重整家业。1952年10月,他跟占领当局签订协议,解决了克虏伯公司的命运问题。他将所有重工业、矿山和钢铁生产企业都转让给一个公司,克虏伯公司则保留在造船、卡车制造和机车制造部门的股权;作为对其出让产权的补偿,克虏伯获得2.5亿法郎补偿金。

不出十年,克虏伯帝国重新崛起。到20世纪60年代初,克虏伯公司的雇员已达11万人,年营业额达到15亿美元,跻身欧洲十大企业之列,经营范围包括造船、成套设备、桥梁建筑、化工、纺织、塑料、水处理、炼油和核反应堆。

然而,克虏伯帝国的复兴终究只是昙花一现。战后,欧洲涌现出一大批受美国经济思想影响的新型企业家,克虏伯的套路已经大大落伍。到20世纪60年代中期,克虏伯集团欠263家银行共计10亿美元的债务,它陷入了无力偿债的境地。1967年,公司重新改组为克虏伯股份有限公司。1999年3月,克虏伯股份有限公司与蒂森股份公司合并为蒂森克虏伯股份公司。蒂森股份公司成立于1891年,一直为各国的汽车工业提供零部件和其他技术。

目前,蒂森克虏伯已成为德国工业巨头,产品范围涉及钢铁、汽车技术、机器制造、工程设计及贸易等领域,基本脱离了军工行业。集团下属的蒂森克虏伯电梯集团是全球三大电梯和自动扶梯生产商之一,经营业务遍及世界各地。

蒂森克虏伯股份公司埃森总部

2.10 大量应用的轮式装甲车

二战中,各国使用的履带车辆主要是坦克及部分自行火炮,而伴随坦克作战和输送步兵的则绝大多数是轮式装甲车。虽然轮式装甲车属于辅助作战装备,但其应用的数量和范围却相当广泛,各国在整个战争期间使用的轮式装甲车超过 25 万辆。这一时期的轮式装甲车以轻型为主,主要用于战场侦察和追击、奔袭等作战任务,相当于"装甲骑兵"的作用。但是,也有的轮式装甲车制成坦克歼击车型,成为"轮式坦克"的鼻祖。

在参战各国中,美国在轮式装甲车方面的发展尤其迅猛。经济发达的美国已是当时世界上第一汽车大国,且美国本土远离战火纷飞的欧亚非大陆。这种得天独厚的优越条件,使得美国迅速成为坦克大国和装甲车大国。战争期间,美国生产了数万辆装甲车,为二战中轮式装甲车的发展作出了特殊的贡献。

二战中的苏德战场,是地面战斗规模最大的战场,也是坦克和坦克、装甲车和装甲车激烈搏杀的战场。战争期间,苏军使用的轮式装甲车数量相当可观。而德军使用的装甲车尽管数量上不太多,但 4×4、6×6、8×8 车型一应俱全,装甲车的火力较强大,显示出在装甲车技术上的较高水平和应用能力。

SdKfz 231 装甲侦察车

原产国:德国

量产时间:1930 年

重量:8.3 吨

SdKfz 231 装甲侦察车是德国在 20 世纪 30 年代研制的重型轮式装甲侦察车,有六轮和八轮两种版本。六轮版本在 1930—1936 年生产了 928 辆,八轮版本在 1937～1942 年生产了 1235 辆。该车有 4 名乘员,车体装甲厚度为 8～15 毫米。主要武器为 1 门 20 毫米 KwK 30 L/55 火炮,辅助武器为 1 挺 7.92 毫米 MG34 机枪。动力装置为 1 台 114 千瓦汽油发动机,最大速度为 85 千米/时,最大行程为 300 千米。

D-8 装甲车

原产国：苏联

量产时间：1932 年

重量：1.58 吨

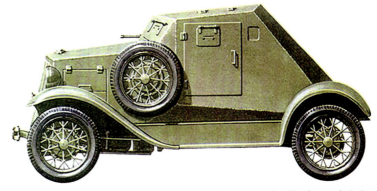

D-8 装甲车是苏联早期颇具代表性的轻型轮式装甲车，在 20 世纪 30 年代应用广泛，并衍生出二战时的 BA 系列装甲车。该车重量较轻，没有炮塔。2 挺机枪装在车体侧面，火力覆盖面较窄。1932 年，升级成小炮塔并安装 DT 机枪，弥补了原有的缺点。二战爆发后，D-8 装甲车在更好的装甲车问世后很快就被淘汰。

D-12 装甲车

原产国：苏联

量产时间：1932 年

重量：1.7 吨

D-12 装甲车是 D-8 装甲车的一种后继车型，比 D-8 装甲车略重，其他性能参数相差无几。D-12 装甲车产量很小，但在 20 世纪 30 年代初期多次参加红场阅兵，苏德战争爆发时部分在 5-21 装甲车远东服役，甚至参加了 1945 年胜利阅兵。D-12 装甲车的顶部为可敞开式，可加装 1 挺全向射击的机枪或者防空机枪。

BA-I 装甲车

原产国：苏联

量产时间：1932 年

重量：5 吨

BA-I 装甲车是苏联于 20 世纪 30 年代研制的一种重型轮式装甲车。乘员的出入舱口位于车体的两侧和尾部。圆柱形焊接炮塔装有 1 门标准的 37 毫米坦克炮（备弹 34 发）和 1 挺 DT 机枪，另一挺 DT 机枪被安置在车体前部。车体两侧安装了 1 对可升降的车轮，公路行驶时升起，越野行驶时降下，它可以防止汽车陷入壕沟并帮助汽车通过战壕和沟渠。

FAI 装甲车

原产国：苏联

量产时间：1933 年

重量：2 吨

FAI 装甲车是苏联历史上产量较高的装甲车之一。车体后部的旋转炮塔可以手动旋转，上面安装有 1 挺 7.62 毫米 DT 机枪，在炮塔静止的情况下，机枪的球形装置可以水平±10°旋转。在苏德战争爆发前，FAI 装甲车是苏军中使用最广泛的装甲车，参加了从 1933 年至 1943 年几乎所有的军事冲突。

Kfz 13 装甲侦察车

原产国：德国

量产时间：1932 年

重量：2.1 吨

Kfz 13 装甲侦察车是德国在 20 世纪 30 年代初研制的轮式装甲侦察车，基于民用车阿德勒"标准 6 型"设计，底盘部分增加了 5 毫米厚的装甲，车体结构则以 8 毫米装甲板焊接而成。该车的标准武器是 1 挺具有小型防盾的 7.92 毫米 MG 34 机枪，另外配有作为辅助武器的埃尔马 EMP 冲锋枪或 MP38 冲锋枪。尽管军用化过程中配备了四轮驱动，但由于该车的底盘来自仅有后轮驱动的民用车架构，所以越野能力相对较差。

BA-3 装甲车

原产国：苏联	
量产时间：1933 年	
重量：5.82 吨	

BA-3 装甲车是苏联研制的重型轮式装甲车，由 BA-I 装甲车改进而来，主要改进了炮塔和武器。BA-3 装甲车安装了来自 T-26 轻型坦克的炮塔，炮塔装甲被减至 8 毫米，装有 1 门 45 毫米火炮（备弹 60 发）和 1 挺 DT 机枪。部分弹药放置在炮塔，其余弹药被放置在车体内部。

BA-20 装甲车

原产国：苏联	
量产时间：1935 年	
重量：2.5 吨	

BA-20 装甲车是苏联研制的轻型装甲车，它在 FAI-M 装甲车的基础上重新设计了炮塔，火力虽弱但配有烟雾发射器，足够侦察之用。该车标准装备清单中还有地雷，侦察任务完成后还可以布雷。BA-20 装甲车的乘员为 2～3 人，装甲厚度为 4～6 毫米，装有 1 挺 7.62 毫米 TD TMG 机枪。

SdKfz 221 装甲侦察车

原产国：德国

量产时间：1935 年

重量：4 吨

SdKfz 221 装甲车侦察车是德国在二战前研制的轮式装甲侦察车，总共生产了 2400 辆左右。其车体长度为 4.8 米，宽度为 1.95 米，高度为 1.7 米。车体装甲厚度为 5～14.5 毫米，车内有 3 名乘员。该车的主要武器为 1 挺 7.92 毫米 MG34 机枪，动力装置为 1 台 66 千瓦汽油发动机，最高速度为 80 千米/时，最大行程为 300 千米。

SdKfz 247 装甲指挥车

原产国：德国

量产时间：1937 年

重量：4.46 吨

SdKfz 247 装甲指挥车是德国在二战前研制的轮式装甲指挥车，主要供摩托化侦察部队的指挥官使用。该车有两种型号，设计完全不同。A 型采用克虏伯 L2H143 六轮卡车底盘，越野能力有限，没有安装无线电，也没有自卫武器；B 型采用戴姆勒-奔驰四轮重型全地形车底盘，车体上部有 8 个观察口，部分车辆在侧面附加了装甲，加装了电台和机枪支架。

Chapter 02 二战前后

BA-6 装甲车

原产国：苏联

量产时间：1936 年

重量：5.1 吨

BA-6 装甲车是苏联研制的重型轮式装甲车，外形接近 BA-3 装甲车，但是 BA-6 装甲车取消了右后方的 1 扇车门。BA-3 装甲车的装甲过于笨重，而 BA-6 装甲车的装甲较薄（10 毫米）且性能更好。BA-6 装甲车参加了二战前期东线的战斗，但由于其装甲不足以应付德军火力，所以其侦察角色被 T-60 轻型坦克及 T-70 轻型坦克取代。

BA-10 装甲车

原产国：苏联

量产时间：1938 年

重量：5.14 吨

BA-10 装甲车是苏联研制的重型轮式装甲车，由 BA-6 装甲车改进而来，堪称苏联 20 世纪 30 年代技术最完善、性能最出众的重型装甲车，

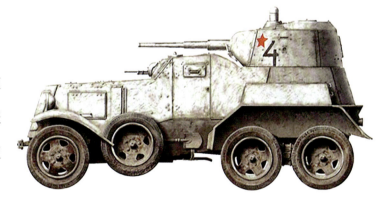

一问世就成为苏军的主力装备。该车采用实心防弹橡胶轮胎，两对后轮可以加装履带，履带平时就固定在车身后部的挡泥板上。在诺门坎战役中，BA-10 装甲车首次投入实战。二战期间，BA-10 装甲车参加了东线的部分战斗。

M3 装甲侦察车

原产国：美国

量产时间：1939 年

重量：5.67 吨

M3 装甲侦察车是美国怀特汽车公司在二战中研制的轮式装甲侦察车，主要用于巡逻、侦察、指挥、救护和火炮牵引等。M3 装甲侦察车可搭载 8 人，即 1 名驾驶员和 7 名乘员。该车通常装有 1 挺 12.7 毫米 M2 重机枪，以及 2 挺 7.62 毫米 M1919 机枪。改进型 M3A1E3 加装了 37 毫米 M3 火炮，但没有量产。

"盖伊"装甲车

原产国：英国

量产时间：1939 年

重量：5.3 吨

"盖伊"装甲车是英国在二战前研制的轮式装甲车，总共生产了 101 辆。车体长度为 4.12 米，宽度为 2.06 米，高度为 2.29 米。车体装甲厚度为 15 毫米，车内有 3 名乘员。该车的主要武器为 1 挺 12.7 毫米重机枪，辅助武器为 1 挺 7.7 毫米机枪。动力装置为 1 台 41 千瓦汽油发动机，最高速度为 64 千米/时，最大行程为 340 千米。

莫里斯 CS9 装甲车

原产国：英国

量产时间：1938 年

重量：4.5 吨

莫里斯 CS9 装甲车是英国在二战前研制的轮式装甲车，其车体长度为 4.77 米，宽度为 2.05 米，高度为 2.13 米。车体装甲厚度为 7 毫米，车内有 4 名乘员。该车的主要武器为 1 挺 13.9 毫米"博斯"反坦克步枪，辅助武器为 1 挺 7.7 毫米机枪。动力装置为 1 台 72 千瓦汽油发动机，最高速度为 73 千米 / 时，最大行程为 385 千米。

"戴姆勒 - 澳洲野犬"装甲侦察车

原产国：英国

量产时间：1940 年

重量：3 吨

"戴姆勒 - 澳洲野犬"装甲侦察车是英国在二战中研制的轮式装甲侦察车，总共生产了 6626 辆。车体长度为 3.18 米，宽度为 1.715 米，高度为 1.5 米。车体装甲厚度为 12～30 毫米，车内有 2 名乘员。该车的主要武器为 1 挺 7.7 毫米"布伦"轻机枪或 1 挺 13.9 毫米"博斯"反坦克步枪。动力装置为 1 台 41 千瓦汽油发动机，最高速度为 89 千米 / 时，最大行程为 320 千米。

T17 装甲车

原产国：美国

量产时间：1942 年

重量：14 吨

T17 装甲车是美国福特汽车公司在二战期间研制的轮式装甲车，虽然没有被美军运用于前线战场，但其改进型 T17E1 被英联邦国家广泛采用，并被命名为"猎鹿犬"。T17 和 T17E1 装甲车在转动炮塔上安装有 1 门 37 毫米主炮，电动炮塔转向系统使主炮更稳定，辅助武器为 1 挺 7.62 毫米同轴机枪和 1 挺 7.62 毫米车头机枪。T17E1 指挥型移除炮塔，改为加装无线通信装置。防空型 T17E2 在 T17E1 的基础上加装了双联装 12.7 毫米 M2 重机枪炮塔。T17E3 型装有 75 毫米 M2/M3 榴弹炮。

"戴姆勒"装甲车

原产国：英国

量产时间：1941 年

重量：7.6 吨

"戴姆勒"装甲车是英国在二战中研制的小型轮式装甲车，用于侦察和通信。二战后，也在一些国家作为维安车辆。该车的原型车在 1939 年制成，但由于车辆的重量问题，使车辆的量产延误到 1941 年。之后由戴姆勒公司（德国发明家戈特利布·戴姆勒授权在英国销售的厂牌）生产了 2694 辆。"戴姆勒"装甲车有完全独立的悬架和四轮驱动的系统。其坚固的车体和良好的可靠性使其成为侦察和护送工作的理想选择。

AEC 装甲车

原产国：英国	
量产时间：1941 年	
重量：12.7 吨	

AEC 装甲车是英国在二战中研制的轮式装甲车，总共生产了 629 辆。Mk I 型配装 1 门 QF 2 磅炮和 1 挺 7.92 毫米同轴机枪，沿用"瓦伦丁"步兵坦克的炮塔，但首批订单 120 辆交付后，军方提出修改要求，认为火力不足。改进后的 Mk II 型改用 3 人炮塔，配装 1 门 QF 6 磅火炮（57 毫米口径），但前线传来的反馈是火力仍然不足，于是 Mk III 型换装英国生产的美式 M3 型 75 毫米坦克炮，这使得 Mk III 型成为一种攻击力很强的装甲车，可为装甲车部队提供近距离火力支援。Mk III 型一直使用到战争结束，主要用于意大利战场。

T18 装甲车

原产国：美国	
量产时间：1942 年	
重量：26.8 吨	

T18 装甲车是美国在二战期间研制的重型装甲车，主要提供给英军使用，被英军称为"猎猪犬"。英军原本订购了 2500 辆，但由于单位造价高昂，而且作战表现不如预期，仅仅运送了 30 辆到北非后订单便被取消。该车的主要武器为 1 门 57 毫米 M1 火炮，辅助武器为 2 挺 7.7 毫米机枪。动力装置为 2 台 92 千瓦汽油发动机，最高速度为 80 千米/时，最大行程为 400 千米。

DUKW 两栖装甲车

原产国：美国

量产时间：1942 年

重量：6.2 吨

DUKW 两栖装甲车是美国在二战中研制的轮式两栖装甲车，用于运载物资和部队穿越水陆及登陆作战。DUKW 可以在驾驶室内改变轮胎气压，轮胎可完全充气以应付硬地路面，也可降低轮胎气压以应付如沙滩的软陆。由于要降低在水上航行时的重量及提高稳定性，DUKW 的车身只装有较薄的钢板，所以防护能力较弱。不过，DUKW 配备了高力量船底水泵，以防车体在水中穿孔后沉没。

GPA 两栖吉普车

原产国：美国

量产时间：1942 年

重量：1.11 吨

GPA 两栖吉普车是美国在二战中研制的轮式两栖车辆，主要使用国为美国和苏联。GPA 两栖吉普车在威利吉普车的基本结构上加上了一个船形车身和防水设备，因此它和吉普车一样在陆上是四轮驱动，要下水时则把发动机输出动力改为推动在车身后方的螺旋桨。由于干舷低，抗浪性、抗沉性不足，GPA 两栖吉普车只适合在河流上行驶而不适合在海上行驶。此外，该车需要较大精力进行维护保养，从而降低了实际使用效能。

"亨伯"装甲侦察车

原产国：英国	
量产时间：1942 年	
重量：2.4 吨	

"亨伯"装甲侦察车是英国在二战中研制的轻型轮式装甲侦察车，其车体长度为 3.83 米，宽度为 1.87 米，高度为 2.13 米。车体装甲厚度为 14 毫米，车内有 2 名乘员。该车的主要武器为 1 挺或 2 挺 7.7 毫米机枪，动力装置为 1 台 65 千瓦汽油发动机，最高速度为 100 千米/时，最大行程为 320 千米。

BA-64 装甲车

原产国：苏联	
量产时间：1942 年	
重量：2.36 吨	

BA-64 装甲车是苏联第一款采用四轮驱动的装甲车，主要作为部队的轻型侦察车使用。该车能攀爬 30°的斜坡，涉水深达 0.9 米，能在沙石路面上行驶，在冬季行驶时还可以安装上滑雪橇。与苏联此前的装甲车相比，BA-64 装甲车最重要的改进是发动机，经过改进的发动机在极端情况下即便使用低标号的燃油仍旧可以发动。基于车上 DT 机枪的高仰角优势，在车辆高速度和出色操纵性的配合下，BA-64 装甲车可以在巷战中有效打击躲藏在高大建筑物中的敌方步兵。此外，BA-64 装甲车也可以攻击敌人的飞机。

"澳洲野犬"装甲侦察车

原产国：	澳大利亚
量产时间：	1942年
重量：	4.5吨

"澳洲野犬"装甲侦察车是澳大利亚在二战中研制的轻型轮式装甲侦察车，总共生产了245辆。车体长度为4.6米，宽度为2.1米，高度为1.9米。车体装甲厚度为10～30毫米，车内有2名乘员。该车的主要武器为1挺7.7毫米机枪，动力装置为1台71千瓦汽油发动机，最高速度为90千米/时。

M8装甲车

原产国：	美国
量产时间：	1943年
重量：	7.8吨

M8装甲车是美国福特汽车公司在二战中研制的轻型轮式装甲车，主要装备欧洲和远东地区的美军及英军，后者将其命名为"灰狗"。M8装甲车有4名乘员，包括车长、炮手兼装填手、无线电通信员（有时兼作驾驶员）及驾驶员。该车的主要武器为1门37毫米M6火炮（配M70D望远式瞄准镜）。辅助武器为1挺7.62毫米M1919同轴机枪和1挺安装在开放式炮塔上的12.7毫米M2防空机枪。

M20 通用装甲车是以 M8 装甲车为基础改进而来，拆除了炮塔，改用开放式 12.7 毫米勃朗宁 M2 防空机枪塔，车体高度大幅降低。与 M8 装甲车相比，M20 通用装甲车的机动性更高和速度更快，能有效对抗小口径武器及炮弹碎片，车内备有"巴祖卡"火箭筒以提高车组成员的反装甲能力。

M20 通用装甲车

原产国：美国

量产时间：1943 年

重量：4.8 吨

"水龟"两栖装甲运兵车是英国在二战中研制的轮式两栖装甲车，总共生产了 500 辆。车体长度为 7.01 米，宽度为 2.67 米，高度为 2.92 米。该车没有安装自卫武器，动力装置为 1 台 140 千瓦汽油发动机，陆地最高速度为 24 千米/时，水上最高速度为 8 千米/时，最大行程为 240 千米。

"水龟"两栖装甲运兵车

原产国：英国

量产时间：1943 年

重量：7 吨

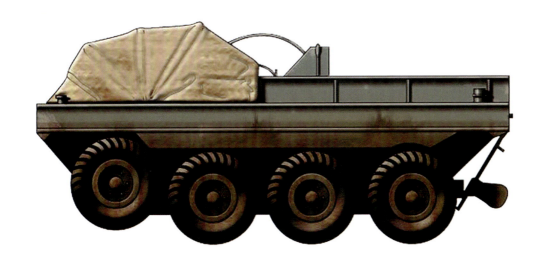

"考文垂"装甲车

原产国：英国

量产时间：1944 年

重量：10.35 吨

"考文垂"装甲车是英国在二战期间研制的轮式装甲车，总共生产了 220 辆。车体长度为 4.71 米，宽度为 2.64 米，高度为 2.35 米。车体装甲厚度为 14 毫米，车内有 4 名（Mk I 型）或 3 名（Mk II 型）乘员。该车的主要武器为 1 门 QF 2 磅炮（Mk I 型）或 1 门 QF 75 毫米坦克炮（Mk II 型），辅助武器为 1 挺 7.7 毫米机枪。动力装置为 1 台 130 千瓦汽油发动机，最高速度为 68 千米/时，最大行程为 400 千米。

SdKfz 234 装甲侦察车

原产国：德国

量产时间：1943 年

重量：10.5 吨

SdKfz 234 装甲侦察车是德国在二战期间研制的重型轮式装甲侦察车，总共生产了 478 辆。其车体长度为 6.02 米，宽度为 2.36 米，高度为 2.1 米。车体装甲厚度为 9～30 毫米，车内有 4 名乘员。各个型号搭载不同的武器，SdKfz 234/1 型搭载 1 门 20 毫米机炮，SdKfz 234/2 型搭载 1 门 50 毫米 L/60 KwK 39/1 坦克炮，SdKfz 234/3 型搭载 1 门 75 毫米 L/24 K 51 榴弹炮，SdKfz 234/4 型搭载 1 门 75 毫米 L/46 PaK 40 反坦克炮。各个型号的辅助武器都是 1 挺 7.92 毫米机枪。

M38 装甲车

原产国：美国

量产时间：1944 年

重量：6.9 吨

M38 装甲车是美国在二战后期研制的 6×6 轮式装甲车，绰号"猎狼犬"。该车可搭载 4 名士兵，开放式炮塔装有 1 门 37 毫米 M6 火炮，备弹 93 发。辅助武器为 2 挺机枪，一挺为 7.62 毫米同轴机枪，另 1 挺为 12.7 毫米防空机枪。车头前面装有提高防护能力的倾斜装甲板，无线电通信器发射针装于车头倾斜安装甲板的右边。

2.11 不受重视的履带式装甲车

二战期间，对履带式装甲车的发展最为重视的国家当属英国。代表车型为通用运载车，其产量高达 11.3 万辆，是历史上制造数量最多的装甲战斗车辆。用途极为广泛又十分轻便的通用运载车广泛服役于英联邦等军队，受到前线部队的好评。比起功能相似、大小相近的轮式吉普车，使用履带的通用运载车有较高的负载，以负荷薄装甲片和更多的物资。而且履带车辆的越野性能更加优秀，使其在担当任务时拥有特殊优势。不过通用运载车比吉普重，速度也比吉普车慢。

除英国外，美国、法国和日本等国也制造了履带式装甲输送车。不过，多数国家对履带式装甲车的发展不够重视，除通用运载车外，实战中用得最多的当属由坦克改装的"袋鼠"装甲输送车，但这种车辆只是一种应急的措施而已。

雷诺 UE 装甲车

原产国：法国

量产时间：1932 年

重量：2.64 吨

雷诺 UE 装甲车是法国在 20 世纪 30 年代初研制的履带式装甲车，总共生产了 5300 辆左右。其车体长度为 2.8 米，宽度为 1.74 米，高度为 1.25 米。车体装甲厚度为 9 毫米，车内有 2 名乘员。该车的自卫武器为 1 挺 7.5 毫米机枪，动力装置为 1 台 28 千瓦汽油发动机，最高速度为 30 千米/时，最大行程为 100 千米。

通用运载车

原产国：	英国
量产时间：	1934 年
重量：	3.75 吨

通用运载车是英国维克斯公司于 1934—1960 年生产的一款履带式装甲车，也被称为"布伦"机枪运输车。该车可以根据步兵作战环境的不同，随意搭载不同种类的中型或重型武器，包括"布伦"轻机枪、"博伊斯"反坦克步枪、"维克斯"重机枪、M2 重机枪以及步兵用反坦克发射器等。

T-20 装甲牵引车

原产国：	苏联
量产时间：	1937 年
重量：	3.5 吨

T-20 装甲牵引车是苏联在二战前研制的履带式牵引车，设计用于牵引轻型火炮。车首的车厢有全装甲保护，还有 1 个搭载 7.62 毫米 DT 机枪的球形枪架，并为驾驶员与车长提供乘坐空间。车体中后部有两排背对背长椅，供炮班成员乘坐，可以加装帆布帐篷以应对严寒天气。尽管 T-20 装甲牵引车的设计目的是为机械化部队提供机动力，但部分 T-20 装甲牵引车仍然被投入 1941 年的作战中，担当轻型坦克的角色。

洛林 37L 履带运输车

原产国：法国

量产时间：1937 年

重量：6.05 吨

洛林 37L 履带运输车是法国在二战前研制的履带式装甲车，法国陆军计划用它取代已经过时的雷诺 UE 装甲车。车体前部为车组人员配备了装甲驾驶室，车体中部是发动机，动力通过传动轴传递到车头的变速箱，最终驱动两个主动轮。尾部有敞开式的半装甲货舱，运载能力为 1.2 吨，加上拖车之后运载能力达到 1.9 吨。德军占领法国后，洛林 37L 履带运输车因为底盘坚固可靠，被德军广泛使用。

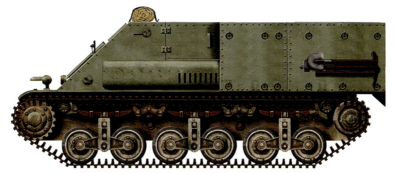

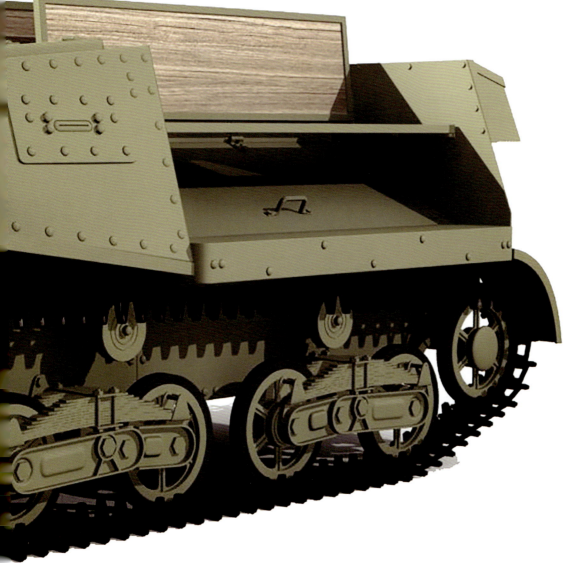

一式装甲运兵车

原产国：日本

量产时间：1942 年

重量：5.5 吨

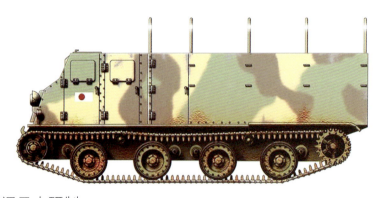

一式装甲运兵车是二战期间日本研制的履带式装甲运兵车，生产数量较少，主要集中配备给日本陆军第 1 战车团作为本土决战使用。日本试图将少量一式装甲运兵车运输到菲律宾增强当地军队战斗力，但是因运输舰大量被击沉，最后是否运到菲律宾，目前尚无资料佐证。

"劳埃德"装甲运兵车

原产国：英国

量产时间：1939 年

重量：4.5 吨

"劳埃德"装甲运兵车是英国在二战中研制的履带式装甲运兵车，总共生产了 26000 辆。车体长度为 4.24 米，宽度为 2.06 米，高度为 1.42 米。车体装甲厚度为 7 毫米，车上没有安装自卫武器，动力装置为 1 台 63 千瓦汽油发动机，最高速度为 48 千米/时，最大行程为 220 千米。

RSO 牵引车

原产国：奥地利、德国

量产时间：1942 年

重量：3 吨

RSO 牵引车是德国在二战中委托奥地利斯泰尔公司研制的履带式牵引车，总共生产了 28000 辆左右，主要在东线战场担任物资搬运、火炮牵引任务。其车体长度为 4.425 米，宽度为 1.99 米，高度为 2.53 米。车上没有安装自卫武器，车内有 2 名乘员。动力装置为 1 台 63 千瓦汽油发动机，最高速度为 30 千米/时，最大行程为 300 千米。

"袋鼠"装甲运兵车

原产国：加拿大

量产时间：1944 年

重量：29 吨

"袋鼠"装甲运兵车是二战时期加拿大研制的履带式装甲运兵车，主要用途是运送英国及加拿大步兵伴随装甲部队作战。该装甲运兵车是以当时服役的坦克和自行火炮改装而成，包括"白羊"巡航坦克、"丘吉尔"步兵坦克和 M7"牧师"自行火炮等。这些装甲运兵车通常有 2 名乘员，可以搭载 8～10 名步兵。

2.12 昙花一现的半履带车辆

早期的履带式车辆在动力系统、转向系统、载重能力等方面并不完善，而且结构复杂，造价高昂；而轮式车辆虽然成熟可靠，但越野性能和行走系统抗损性有一定局限。在此基础上，出现了半履带车辆。半履带车辆基本是以轮式车辆为基础，把后轮改为履带式。改装之后，轮式车辆的发动机、变速箱可以继续沿用，使用尽可能多的通用部件可以降低成本，利于批量生产。德国还研发了摩托车形态的半履带车辆。这些半履带车辆的驾驶方式与一般大卡车接近，很容易找到驾驶人员。

二战时，半履带车辆主要是作为履带式车辆的辅助，越野能力强于轮式车辆。虽然设计本意是取两家之长，但也不可避免地继承了两种系统的缺点，公路速度不如轮式车辆，越野能力不如履带式车辆，结构复杂、保养困难，就连维修也要准备两套工具。因此，尽管二战期间美、德等国都生产了数量众多的半履带车辆担任运输或者作战任务，但战争结束后都迅速放弃了此类车辆。以色列是少数在二战之后还持续大量使用半履带车辆的国家，其他国家除了接受生产国家的军事援助以外，半履带车辆大多都退出了现役状态。

BA-30 半履带装甲车

原产国：苏联

量产时间：1937 年

重量：4.6 吨

BA-30 半履带装甲车是苏联在 1937 年研制的一种半履带装甲车，生产数量不多，多用于试验，也有少数车辆参加了苏芬冬季战争。BA-30 半履带装甲车是基于 NATI-3 半履带运输车的底盘改装而成，与以前的 BA 系列装甲车相比，BA-30 半履带装甲车的越野性能有所改善，外部装甲类似 BA-20 装甲车。

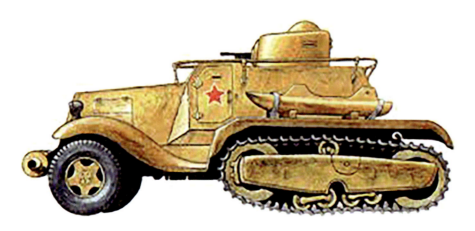

SdKfz 11 半履带车

原产国：德国

量产时间：1938 年

重量：7.2 吨

SdKfz 11 半履带车是德国在二战前研制的轻型半履带车，总共生产了 9000 辆左右。其车体长度为 5.55 米，宽度为 2 米，高度为 2.15 米。车内有 2 名车组人员，并可搭载 6 名士兵。该车的动力装置为 1 台 75 千瓦汽油发动机，最高速度为 52.5 千米/时，最大行程为 240 千米。

SdKfz 2 半履带摩托车最初专为山地猎兵和空降猎兵开发，后因车体小巧、越野性强得到德军各兵种的青睐，广泛应用于拖曳火炮、运输给养至牵引飞机等多种用途。从 1939 年起，这种小型的半履带车共生产了 8000 辆以上，其中大部分由巴登州北部内卡苏尔姆的纳苏工厂制造。不同于其他德国军车，该车在战后继续生产了 550 辆，直至 1948 年才停产。

SdKfz 2 半履带摩托车

原产国：德国

量产时间：1939 年

重量：1.56 吨

SdKfz 6 半履带车

原产国：德国
量产时间：1939 年
重量：8.5 吨

SdKfz 6 半履带车是德国在二战中研制的半履带车，主要用途是牵引 LeFH 18 榴弹炮或其他重型设备。该车有三种型号，总共生产了 3500 辆左右。SdKfz 6/1 型为标准半履带车，用于牵引火炮，可容纳 15 名乘员；SdKfz 6/2 型在车身后半部分安装了 1 门 37 毫米 Flak 36 高射炮，有 7 名乘员；SdKfz 6/3 型安装了 1 门缴获的苏军 76 毫米 M1936 师属野战炮，并有装甲防护。

SdKfz 9 半履带车

原产国：德国
量产时间：1939 年
重量：18 吨

SdKfz 9 半履带车是德国在二战中研制的重型半履带车，也是德国在战争期间所量产的半履带车中最重的一种，主要用途是牵引重型火炮或作为坦克维修车，总共生产了 2500 辆左右。其车身前部是乘员位，安装有两条长椅，一条供驾驶员和副驾驶员使用，另一条供其他乘员使用。车身后部的配置则视具体用途而定。运输型除了车身后部原有的载货空间之外，其前方的两侧还各有一个储物箱；炮兵型则有额外的两条长椅供炮组人员使用，并有放置弹药的空间。风挡可向前折叠或是卸下，可折叠帆布安装在车尾上部，展开时则系在风挡上。

SdKfz 251 半履带装甲车

原产国：德国

量产时间：1939 年

重量：7.81 吨

SdKfz 251 半履带装甲车是德军在二战中使用的核心步兵战斗载具，几乎参加了二战期间德军所有重大战斗。该车采用了当时不多见的半履带传送运动方式，以增加在恶劣地形下的越野能力，并能运载 12 名步兵。SdKfz 251 半履带装甲车的前方装甲厚 14.5 毫米，侧面厚 8 毫米，底盘厚 6 毫米。该车的半履带结构使维修和保养比较复杂，也大大增加了非战斗损耗，公路上的行进效果比不上轮式车辆，泥泞等复杂地形又不如坦克，而且其前轮不具备动力，也没有刹车功能，只负责转向导向。

SdKfz 252 半履带装甲车

原产国：德国

量产时间：1940 年

重量：5.73 吨

SdKfz 252 半履带装甲车是德国在二战中研制的轻型半履带装甲运输车，总共生产了 400 辆左右。该车的设计基于 SdKfz 250 半履带装甲车，并使用同款底盘。SdKfz 252 半履带装甲车的主要用途是为突击炮部队运输弹药，在东西线皆有使用。为了增加弹药运载能力，可以加挂拖车，额外运载 36 枚 75 毫米炮弹。该车最高速度为 65 千米/时，最大行程为 320 千米。

M3 半履带装甲车

原产国：美国

量产时间：1941 年

重量：9.3 吨

M3 半履带装甲车是美国在二战及冷战时期使用的半履带装甲车辆，有着较高的机动性、载重量和防护装甲。M3 半履带装甲车是以 M3 装甲侦察车和 M2 半履带装甲车为基础改进而来，有着比 M2 半履带装甲车更长的车体，车尾有 1 个进出口，并设有可承载 13 人步枪班的座位。早期型的 M3 半履带装甲车在前座后方设有枢轴，安装有 1 挺 12.7 毫米 M2 重机枪。之后 M3 进一步升级为 M3A1，为机枪设置了有装甲保护的射击平台，而乘员座旁架设了 2 挺 7.62 毫米机枪。

SdKfz 253 半履带装甲车

原产国：德国

量产时间：1940 年

重量：5.7 吨

SdKfz 253 半履带装甲车是德国在二战中研制的轻型半履带装甲观察车，总共生产了 285 辆。该车属于 SdKfz 250 半履带装甲车家族，其外观与 SdKfz 250 半履带装甲车相似，但 SdKfz 253 半履带装甲车是全封闭式的。该车的主要功能是搭载德军的炮兵观察员，以便跟随己方的坦克和摩托化步兵单位。

M2 半履带装甲车

原产国：	美国
量产时间：	1940 年
重量：	9 吨

M2 半履带装甲车是以 M3 装甲侦察车的车体加上雪铁龙汽车公司生产的半履带车部件组装而成，有多种不同用途的型号，包括侦察型、自行火炮型和防空型等。第一辆正式版本的 M2 半履带装甲车在 1941 年投入战场，主要装备在菲律宾、北非和欧洲作战的美国陆军以及太平洋沿岸战场的美国海军陆战队。M2 半履带装甲车因为通用性高，在二战及战后被不断升级和改良以延长服役寿命。

SdKfz 250 半履带装甲车

原产国：	德国
量产时间：	1941 年
重量：	5.8 吨

SdKfz 250 半履带装甲车是利用德马格公司的 D7 半履带输送车底盘研制的，行动部分的前部是轮式，后部为履带式。履带部分占车辆全长的 3/4，车体每侧有 4 个负重轮，比 D7 半履带输送车少 1 个，从而缩短了底盘的长度。与当时德国其他的半履带车辆一样，SdKfz 250 装甲车采用一种新的转向方法，即在公路上行驶时，只需操纵方向盘，利用前轮来转向；在需要作小半径转向或在越野行驶时，则用科莱特拉克转向机构来转向，最小转向半径为 5 米。

SdKfz 4 半履带装甲车

原产国：德国

量产时间：1941 年

重量：7.1 吨

SdKfz 4 半履带车是德国在二战中研制的半履带装甲车，总共生产了 22500 辆左右。其车体长度为 6 米，宽度为 2.2 米，高度为 2.5 米。车体装甲厚度为 8 毫米，车内有 4 名车组人员。该车的主要武器为 1 挺 7.92 毫米机枪，备弹 2000 发。该车最高速度为 40 千米 / 时，最大行程为 130 千米。战争后期，一部分 SdKfz 4 半履带车在车顶上安装了 150 毫米 Panzerwerfer 42 火箭发射器，并命名为 SdKfz 4/1。

M5 半履带装甲车

原产国：美国

量产时间：1942 年

重量：9.8 吨

M5 半履带装甲车是美国在二战中研制的半履带装甲人员输送车，总共生产了 7484 辆。车体长度为 6.3 米，宽度为 2.23 米，高度为 2.74 米。车体装甲厚度为 7.9 ～ 15.8 毫米，车内有 3 名车组人员，并可搭载 10 名士兵。该车的主要武器为 1 挺 12.7 毫米重机枪，辅助武器为 2 挺 7.62 毫米机枪。动力装置为 1 台 106 千瓦汽油发动机，最大速度为 68 千米 / 时，最高行程为 201 千米。

M9 半履带装甲车

原产国：美国

量产时间：1942 年

重量：8.4 吨

M9 半履带装甲车是美国在二战中研制的半履带装甲车，总共生产了 3500 辆。车体长度为 6.28 米，宽度为 2.22 米，高度为 2.26 米。车体装甲厚度为 8 ～ 16 毫米，车内有 3 名车组人员，并可搭载 10 名士兵。该车的主要武器为 1 挺 12.7 毫米机枪，辅助武器为 2 挺 7.62 毫米机枪。动力装置为 1 台 105 千瓦汽油发动机，最高速度为 68 千米 / 时。

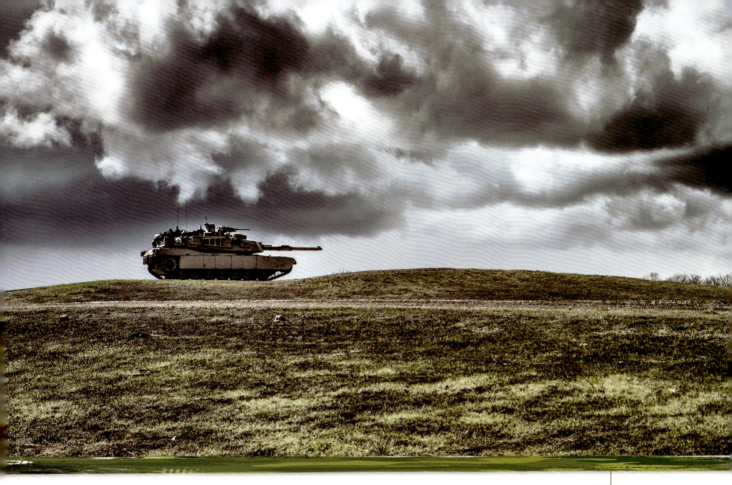

Chapter 03
冷战前后

　　冷战是指1947年至1991年，以美国、北大西洋公约组织为主的资本主义阵营，与苏联、华沙条约组织为主的社会主义阵营之间的政治、经济、军事斗争。1946年3月5日，英国前首相温斯顿·丘吉尔在美国富尔顿发表"铁幕演说"，正式拉开了冷战序幕。1947年3月12日，美国杜鲁门主义的出台，标志着冷战开始。1955年华沙条约组织成立标志着两极格局的形成。1991年华约解散，之后苏联解体，标志着冷战结束，同时也标志着两极格局结束，前后共44年。美国成为世界上唯一的超级大国，世界格局变为世界多极化进程中的"一超多强"。

1946—1999年

1957年　苏联成功试射世界上第一枚洲际弹道导弹

1959年　美国陆军开始装备M60"巴顿"主战坦克，这是美国第一种主战坦克

1961年　苏联开始生产T-62主战坦克，其115毫米滑膛炮是世界上第一种实用的滑膛坦克炮

1962年　美国开始部署"民兵"洲际弹道导弹

1967年　美国陆军开始装备AH-1"眼镜蛇"武装直升机，这是世界上第一种专门设计的武装直升机

1975年　苏联开始生产T-80主战坦克，这是世界上第一种使用燃气轮机的主战坦克，最大公路时速高达70千米

1980年　美国军队开始装备M1"艾布拉姆斯"主战坦克，同样使用燃气轮机作为动力来源

1983年　美国总统罗纳德·里根发表著名的"星球大战"演说

1990年　美军"爱国者"导弹系统成功拦截了伊拉克军队发射的"飞毛腿"导弹，这是历史上首次在实战中成功拦截弹道导弹

1972年　美苏两国签署了《反弹道导弹条约》，限制发展战略反弹道导弹

3.1 独占鳌头的主战坦克

二战后至20世纪50年代，苏、美、英、法等国借鉴大战使用坦克的经验，设计制造了新一代坦克。与此同时，坦克的编组与运用又有两种不同的方向，一派认为坦克需要步兵的协助，因此步兵需要增加机动力，这促使机械化步兵或者摩托化步兵单位的兴起。另一派认为如果步兵赶不上，那么只要坦克就可以独揽大局。后一派的意见在1973年第四次中东战争中被证实是错误的，坦克仍旧需要和步兵相互配合才能够发挥最大的作用。

20世纪60年代，坦克的发展出现了一次飞跃。当时出现的一批坦克，火力和综合防护能力达到或超过以往重型坦克的水平，同时克服了重型坦克机动性能差的弱点，从而停止了传统意义的重型坦克的发展，形成一种具有现代特征的战斗坦克，即主战坦克。

主战坦克可以理解为具有现代坦克技术特征、在战斗中担负主要作战任务的战斗坦克。主战坦克是现代装甲部队的基本装备和地面作战的主要突击兵器，同时也是最主要的反坦克武器之一，也是在核战争条件下生存能力最强的武器。

20世纪70年代后，现代光学、电子计算机、自动控制、新材料、新工艺等方面的技术成就，日益广泛地应用于坦克的设计和制造，使坦克的总体性能有了显著提高，更加适应现代战争要求。这些坦克仍优先增强火力，同时较均衡地提高机动和防护性能。

到了20世纪80年代，主战坦克已经发展到第三代。它们具有以下特点：一是战斗威力强，配有120毫米以上口径的坦克炮；二是技术装备先进，大多数装有先进的火控系统，并大量配备自动传感设备，实现了高度自动化、电子化，具有全天候作战能力；三是机动灵活，坦克上装有大功率发动机，速度快，还配有高度自动化的指挥、通信系统，能大幅度提高坦克的机动性与作战效率；四是防护能力强，配备了新一代复合装甲。

"百夫长"主战坦克

原产国：英国

量产时间：1945年

重量：52吨

"百夫长"主战坦克是英国在二战末期开始研制的主战坦克，但未能参与实战。二战结束后，"百夫长"坦克持续生产并在英国陆军服役。"百夫长"MK 1和MK 2型装有1门77毫米火炮，MK 3型和MK 4型改为1门带抽气装置的83.4毫米火炮，携弹65发。从MK5型开始换装了105毫米L-7线膛炮，发射碎甲弹时的有效射程为4千米，训练有素的炮长和装填手可使射速达到10发/分。该坦克的辅助武器为1挺7.62毫米机枪，后期型号增加了1挺12.7毫米机枪。

T-54/55主战坦克是苏联于20世纪40年代后期开始生产的主战坦克，也是全球有史以来产量最大的坦克，总产量约10万辆。T-54/55坦克的主炮是1门100毫米D-10型线膛炮，平均射速为4发/分。辅助武器为2挺7.62毫米机枪和1挺12.7毫米防空机枪，弹药基数分别为3000发和500发。该坦克的机械结构简单可靠，与西方坦克相比更易操作，对乘员操作水平的要求也更低。不过，T-54/55坦克也有一些致命的弱点，如较小的体型牺牲了内部空间以及成员的舒适性。炮塔太矮，使炮塔最大俯角仅为5°（西方坦克多为10°），对于山地作战常无能为力。

T-54/55主战坦克

原产国：苏联

量产时间：1946年

重量：39.7吨

T-62 主战坦克

原产国：苏联

量产时间：1961 年

重量：40 吨

T-62 主战坦克是苏联继 T-54/55 主战坦克后于 20 世纪 50 年代末研发的主战坦克，其 115 毫米滑膛炮是世界上第一种实用的滑膛坦克炮。T-62 坦克的车体装甲厚度与 T-55 坦克基本相同，但为了减轻车重，车体顶后、底中和尾下等部位的装甲厚度有所减薄，同时采取特殊的冲压筋或加强筋等措施提高刚度。该坦克的主炮是 1 门 2A20 式 115 毫米滑膛坦克炮，备弹 40 发。辅助武器是 1 挺 TM-485 式 7.62 毫米同轴机枪，供弹方式为 250 发弹箱。后期生产的 T-62 坦克还装有 1 挺 12.7 毫米防空机枪，安装在装填手舱外由装填手在车外操作。

M60"巴顿"主战坦克

原产国：美国

量产时间：1959 年

重量：46 吨

M60"巴顿"主战坦克是美国陆军第四代也是最后一代"巴顿"坦克，同时也是美国第一种严格意义上的主战坦克。M60 主战坦克安装的 105 毫米线膛炮采用液压操纵，并配有炮管抽气装置，最大射速可达 6～8 发/分。该炮可使用脱壳穿甲弹、榴弹、破甲弹、碎甲弹和发烟弹在内的多重弹药，全车载弹 63 发。M60 主战坦克的辅助武器为 1 挺 12.7 毫米防空机枪和 1 挺 7.62 毫米同轴机枪，分别备弹 900 发和 5950 发。此外，炮塔两侧各装有 1 组六联装烟幕弹/榴弹发射器。

61式主战坦克

原产国：日本

量产时间：1961年

重量：35吨

61式主战坦克是日本在二战后生产的第一代主战坦克，车体由防弹钢板焊接而成，炮塔采用整体铸造结构，呈对称椭圆形，但右侧的突出稍大，侧面的轮廓也稍有不同，后半部向后突出。主要武器是1门90毫米52倍径加农炮，最大射速为15发/分，可发射榴弹、黄磷烟幕弹、被帽穿甲弹等，备弹50发。辅助武器为1挺7.62毫米同轴机枪和1挺12.7毫米高平两用机枪。

T-64主战坦克

原产国：苏联

量产时间：1963年

重量：38吨

T-64主战坦克是苏联在20世纪60年代研发的主战坦克，总产量约1.3万辆。尽管T-64坦克不像T-72坦克那样被多个国家装备和发展，但却是苏联日后的现代化坦克的基础。T-64坦克装备1门使用分体炮弹和自动供弹的115毫米2A21滑膛炮（后升级为125毫米2A26型），让坦克不再需要专职装填手（副炮手），使乘员从4名减少到3名，有利于减少坦克体积和重量。125毫米2A26火炮可发射尾翼稳定脱壳穿甲弹、尾翼稳定榴弹和空心装药破甲弹，还可以发射9M112型炮射导弹。该坦克的辅助武器包括1挺安装在火炮右侧的7.62毫米同轴机枪和1挺装在车长指挥塔外的12.7毫米防空机枪，分别备弹2000发和300发。

"酋长"主战坦克

原产国：英国

量产时间：1963 年

重量：55 吨

"酋长"主战坦克是英国于 20 世纪 50 年代末研制的主战坦克，曾被英国、伊朗、伊拉克和约旦等国使用，目前仍有一部分在服役。该坦克的主要武器是 1 门 L11A5 式 120 毫米线膛炮，这也是英国主战坦克的特色（其他国家通常都采用法国地面武器系统公司或德国莱茵金属公司的滑膛炮）。该炮采用垂直滑动炮闩，炮管上装有抽气装置和热护套，炮口上装有校正装置。火炮借助炮耳轴弹性地装在炮塔耳轴孔内，这种安装方式可减少由于射击撞击而使坦克损坏的可能性。该炮射速较高，第一分钟可发射 8～10 发，以后射速为 6 发/分。

"豹 1"主战坦克

原产国：德国

量产时间：1965 年

重量：42.5 吨

"豹 1"主战坦克是德国于 20 世纪 60 年代研制的主战坦克，也是德国在二战后研制的第一种坦克。该坦克的主炮为英国 105 毫米 L7 线膛炮，炮塔两侧各有一个突出的光学测距仪，炮塔后方有个杂物篮，车顶有 1 挺由装填手操作的 MG3 防空机枪，而其同轴机枪也是 MG3 机枪。"豹 1"坦克的射击控制由炮手全权负责，车长则专心搜索目标。车长除了有 360 度观测窗之外还有和炮手一样的操作设备，必要时也可以操作主炮进行瞄准开火。

"维克斯"主战坦克
原产国：英国
量产时间：1963年
重量：54.64吨

"维克斯"主战坦克是英国维克斯公司于20世纪50年代末专为出口而设计的坦克，由于利用了现成部件和成熟技术，所以研制周期短，研制费用和造价都相对低廉。与其他英制现代坦克相比，"维克斯"坦克装甲薄、重量轻、行驶速度快、储备行程大，还能借助尼龙围帐浮渡江河。该坦克的主要武器是1门105毫米L7A1线膛炮，辅助武器为2挺7.62毫米同轴机枪（各备弹1300发），以及1挺12.7毫米防空机枪（备弹700发）。

"胜利"主战坦克
原产国：印度
量产时间：1965年
重量：39吨

"胜利"主战坦克是英国授权印度生产的"维克斯"主战坦克，车体由轧制钢板焊接而成，分为3个舱，驾驶舱在前部，战斗舱在中部，动力舱在后部。主要武器是1门105毫米L7A1火炮，可发射L52A1脱壳穿甲弹、L64尾翼稳定脱壳穿甲弹、L45A1脱壳教练弹、L37破甲弹和L39发烟弹。辅助武器方面，配有1挺12.7毫米防空机枪、1挺12.7毫米航向机枪和1挺7.62毫米同轴机枪。

Pz61 主战坦克

原产国：瑞士

量产时间：1965 年

重量：38 吨

Pz61 主战坦克是瑞士于 20 世纪 60 年代自行研制的第一代坦克，总产量为 150 辆。该坦克的炮塔是一个铸造的近似半圆球体，内里右侧是车长和炮手，左侧是装填手，车长的瞭望塔有 8 个观测窗，但由于高度比装填手的瞭望塔略低，故而视野也略为受阻，炮塔正面的主炮是英制 105 毫米 L7 线膛炮，而炮弹由以色列军事工业公司供应，火控系统由法国地面武器工业集团供应。Pz61 坦克的同轴机枪是 7.5 毫米 MG 51 机枪，在车顶的防空机枪也是 MG 51 机枪。

AMX-30 主战坦克

原产国：法国

量产时间：1966 年

重量：36 吨

AMX-30 主战坦克是法国地面武器工业集团于 20 世纪 60 年代研制的主战坦克，除了法国陆军装备 1200 余辆外，还外销给近十个国家。该坦克的主要武器是 1 门 CN-105-F1 式 105 毫米火炮，可发射法国弹药，也可以发射北约制式 105 毫米弹药，最大射速为 8 发/分。该坦克的辅助武器包括 1 门装在火炮左侧的 F2 式 20 毫米并列机炮（备弹 1050 发）和 1 挺装在车长指挥塔右边的 F1C1 型 7.62 毫米防空机枪（备弹 2050 发）。

Strv 103 主战坦克

原产国：瑞典

量产时间：1967 年

重量：42 吨

Strv 103 主战坦克是瑞典研制的主战坦克，20 世纪 60 年代开始进入瑞典陆军服役并持续到 20 世纪 90 年代。主炮是 1 门博福斯公司生产的 105 毫米 L74 式加农炮，可以发射穿甲弹、榴弹和烟幕弹，根据需要也可发射碎甲弹。辅助武器为 3 挺比利时 KSP58 式 7.62 毫米多用途机枪，其中 2 挺同轴机枪固定安装在车体左侧平台上，与主炮交替使用，并可遥控，还有 1 挺防空机枪安装在车长指挥塔左侧，由车长操纵，也能在车内瞄准射击。

Pz68 主战坦克

原产国：瑞士

量产时间：1971 年

重量：40.8 吨

Pz68 主战坦克是 Pz61 主战坦克的改进型，主要改进即安装了火炮双向稳定器、模拟式弹道计算机和红外探照灯等，使坦克具备了行进间射击和夜战能力。另外，Pz68 主战坦克更换了功率更大的发动机，但是重量也增加了，所以其机动性并没有提高。Pz68 主战坦克和 Pz61 主战坦克在外形上的区别很小，主要是 Pz68 主战坦克在炮塔左侧有弹药补充舱口，前灯也有所不同。

T-72 主战坦克

原产国：苏联

量产时间：1973 年

重量：46.5 吨

T-72 主战坦克是苏联在 T-64 主战坦克的基础上研制而成的，是一款产量极大、使用国家众多的主战坦克，总产量超过 2.5 万辆。该坦克的主炮是 1 门 125 毫米 2A46 滑膛炮，可发射包括尾翼稳定脱壳穿甲弹、破甲弹以及反坦克导弹在内的多种弹药。辅助武器为 1 挺 7.62 毫米同轴机枪和 1 挺 12.7 毫米防空机枪，在坦克炮塔两边还装有多联装烟幕弹发射器。T-72 主战坦克的火控系统较差，在远距离的命中精度不太理想，特别是发射反坦克导弹时，需要在停车状态才能进行导引。

74 式主战坦克

原产国：日本

量产时间：1975 年

重量：38 吨

74 式主战坦克采用钢板焊接的车身以及铸造式龟壳形炮塔，车身装甲厚度在 50～130 毫米，炮塔则在 75～130 毫米。该坦克配备当时西方坦克广泛采用的英制 105 毫米 L-7A3 线膛炮的改良型，使用北约标准炮弹。由于炮塔极为低矮，74 式主战坦克的主炮俯仰范围相当有限，只有 -6°至 +9°。辅助武器为 1 挺安装在车顶的 12.7 毫米防空机枪以及 1 挺 7.62 毫米同轴机枪，炮塔两侧各有 1 台三联装 73 式烟幕弹发射器。

T-80 主战坦克

原产国：苏联

量产时间：1975 年

重量：46 吨

T-80 主战坦克是苏联在 T-64 主战坦克基础上研制的，它是历史上第一款量产的全燃气涡轮动力主战坦克，外号"飞行坦克"。该坦克的主炮是 1 门 125 毫米 2A46 滑膛炮，既可发射普通炮弹，也可发射反坦克导弹。主炮右边安装有 1 挺 7.62 毫米同轴机枪，在车长指挥塔上安装有 1 挺 HCBT 式 12.7 毫米防空机枪。

"梅卡瓦"主战坦克

原产国：以色列

量产时间：1978 年

重量：65 吨

"梅卡瓦"主战坦克是以色列于 20 世纪 70 年代研制的主战坦克，1978 年开始服役。在服役过程中，以色列不断对其进行改进，至今已经发展了四代。第一代"梅卡瓦"主战坦克使用的主炮为 105 毫米线膛炮，但从第三代开始换装了火力更强的 120 毫米滑膛炮。辅助武器为 2 挺 7.62 毫米机枪、1 挺 12.7 毫米机枪和 1 门 60 毫米迫击炮，迫击炮主要用于攻击隐藏在建筑物后面的敌方人员。

"挑战者1"主战坦克

原产国：英国

量产时间：1983年

重量：62吨

"挑战者1"主战坦克是英国研制的主战坦克，其体积庞大，是20世纪70年代以来重量较大的主战坦克之一。该坦克的总体布置与"酋长"主战坦克相似，但由于车体和炮塔均采用"乔巴姆"装甲，所以两者的外形差异很大。"挑战者1"主战坦克的主炮沿用"酋长"主战坦克的L11A5式120毫米线膛炮，备弹64发。辅助武器为1挺7.62毫米L8A2同轴机枪和1挺7.62毫米L37A2防空机枪。

"豹2"主战坦克

原产国：德国

量产时间：1979年

重量：62吨

"豹2"主战坦克是德国于20世纪70年代研制的主战坦克，其性能出色，在西方主战坦克中拥有突出的外销成绩。"豹2"主战坦克使用1门莱茵金属公司的120毫米滑膛炮，炮管进行了镀铬硬化处理，具有较强的抗疲劳性和抗磨损性，发射标准动能弹的寿命为650发。辅助武器为1挺7.62毫米同轴机枪和1挺7.62毫米防空机枪，共备弹4754发。炮塔后部还安装有八联装烟幕发射器，两侧各有一组。

TAM 主战坦克

原产国：德国、阿根廷	
量产时间：1979 年	
重量：30.5 吨	

TAM 主战坦克是德国蒂森·亨舍尔公司（2000 年与莱茵金属公司合并）受阿根廷政府委托，为阿根廷陆军研制的主战坦克，用以替换阿根廷陆军原来装备的美制"谢尔曼"坦克。TAM 主战坦克的车体与"黄鼠狼"步兵战车相似，前上装甲明显倾斜。主要武器为1 门 105 毫米 L7A2 坦克炮，可以使用所有北约标准弹药，车内共携带 50 发炮弹（20 发在炮塔内）。辅助武器为 1 挺 7.62 毫米同轴机枪。

OF-40 主战坦克

原产国：意大利	
量产时间：1980 年	
重量：45.5 吨	

OF-40 主战坦克是意大利在二战后研制的第一款坦克，主要武器是 1 门 105 毫米 52 倍径线膛炮，炮管上安装有抽气装置和热护套，可发射北约组织的所有制式 105 毫米弹药，包括脱壳穿甲弹、榴霰弹、破甲弹、碎甲弹、烟幕弹和尾翼稳定脱壳穿甲弹，训练有素的乘员可达到 9 发 / 分的射速。辅助武器为 2 挺 7.62 毫米机枪，即安装在主炮左边的同轴机枪和安装在炮塔上的防空机枪。

M-84 主战坦克

原产国：南斯拉夫

量产时间：1984 年

重量：41.5 吨

M-84 主战坦克实际上是南斯拉夫获准生产的苏联 T-72 主战坦克，并装备了一系列自行制造的子系统（如火控系统）。M-84 主战坦克采用半球形炮塔，凸起的舱盖右侧装有 1 挺 12.7 毫米机枪，储物箱位于车体后部右侧，125 毫米 2A46 滑膛炮安装有热护套和抽气装置，火炮右侧安装有红外线探照灯。必要时，车尾可携带自救木和附加燃料桶。

TR-85 主战坦克

原产国：罗马尼亚

量产时间：1986 年

重量：50 吨

TR-85 主战坦克是罗马尼亚在苏联 T-54/55 主战坦克的基础上换装新式炮塔及升级内部零件而成，主炮的口径仍为 100 毫米，炮塔侧面前部设有附加装甲，炮塔后部两侧则备有多个防空机枪用的弹箱。火炮加装了激光测距仪，并且改善了火控系统。此外，TR-85 主战坦克还装备了热能及激光探测系统，当被敌方坦克激光瞄准时会向车内人员发出警告。

K1 主战坦克

原产国：韩国

量产时间：1985 年

重量：51.1 吨

K1 主战坦克由美国通用动力公司和韩国现代汽车公司联合研制，1987 年开始服役。在服役过程中，韩国不断对其进行改进，先后诞生了 K1A1（2001 年）、K1A2（2013 年）和 K1E1（2014 年）等改进型。该坦克装备 1 门 105 毫米主炮，备弹 47 发。改进型 K1A1 使用了 1 门德国莱茵金属公司生产的 120 毫米滑膛炮，且升级了火控系统。该坦克的辅助武器为 2 挺 7.62 毫米同轴机枪和 1 挺 12.7 毫米防空机枪，并在炮塔前部两侧各装有 1 组六联装烟幕弹发射器。

AMX-56 "勒克莱尔" 主战坦克

原产国：法国

量产时间：1990 年

重量：56.5 吨

AMX-56 "勒克莱尔" 主战坦克是法国地面武器工业集团研制的主战坦克，用以取代 AMX-30 主战坦克，主要服役于法国和阿拉伯联合酋长国。该坦克使用 1 门法国地面武器工业集团制造的 120 毫米 CN120-26 滑膛炮，并且能够与美国 M1 "艾布拉姆斯" 主战坦克和德国 "豹 2" 主战坦克通用弹药。该坦克的火控系统比较先进，使其具备在 50 千米/时的行驶速度下命中 4000 米外目标的能力。AMX-56 "勒克莱尔" 主战坦克的辅助武器为 1 挺 7.62 毫米防空机枪和 1 挺 12.7 毫米同轴机枪。

90式主战坦克

原产国：日本

量产时间：1990年

重量：50.2吨

90式主战坦克是二战后日本继61式主战坦克和74式主战坦克后研制的第三代主战坦克，1990年进入日本陆上自卫队服役。该坦克的主炮为德国莱茵金属公司授权生产的120毫米滑膛炮，配有日本自制的自动装弹机。火控系统由激光测距仪、热成像仪、车长观测装置、炮长观测装置和火控电脑等部件组成，具备较高的行进间射击精度。90式主战坦克的辅助武器为1挺74式7.62毫米同轴机枪和1挺12.7毫米防空机枪。

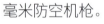

T-90主战坦克

原产国：俄罗斯

量产时间：1992年

重量：46.5吨

T-90主战坦克是俄罗斯于20世纪90年代研制的主战坦克，主要装备俄罗斯军队和印度军队，阿尔及利亚、沙特阿拉伯、塞浦路斯和土库曼斯坦等国也有采用。该坦克装有1门125毫米2A46M滑膛炮，配有自动装填机，可以发射多种弹药，包括AT-11反坦克导弹。辅助武器为1挺7.62毫米同轴机枪和1挺12.7毫米防空机枪，其中7.62毫米同轴机枪一次可装弹250发，备弹7000发；12.7毫米防空机枪备弹300发。

"挑战者 2" 主战坦克

原产国：英国	
量产时间：1993 年	
重量：62.5 吨	

"挑战者 2" 主战坦克是英国研制的主战坦克，由"挑战者 1" 主战坦克衍生而来，主要用户为英国陆军和阿曼陆军。该坦克继承了"挑战者 1" 主战坦克的基本设计，不过炮塔引进隐身技术，取消了炮塔外部杂物箱等装备，而位于炮塔尾端的先进核生化防护系统与环境控制系统的通风口也被装甲保护，故整个炮塔外观极为简洁。主炮是 1 门 120 毫米 L30A1 线膛炮，备弹 50 发。辅助武器为 1 挺 7.62 毫米同轴机枪和 1 挺 7.62 毫米防空机枪。

T-84 主战坦克

原产国：乌克兰	
量产时间：1994 年	
重量：46 吨	

T-84 主战坦克是苏联解体后乌克兰在 T-80UD 主战坦克（乌克兰研发的 T-80 主战坦克柴油发动机版本）基础上研发的改进型，最大特征是采用焊接炮塔取代 T-80UD 主战坦克的铸造炮塔。炮塔正面内藏有复合材料夹层，炮塔周围配置了爆炸反应装甲。T-84 主战坦克配备 1 门 48 倍径的 125 毫米 KBA-3 滑膛坦克炮，能够发射尾翼稳定脱壳穿甲弹、破甲弹、破片弹与激光制导导弹。辅助武器为 1 挺 7.62 毫米同轴机枪，另外有 1 挺可从车内操纵的 12.7 毫米防空机枪供车长使用。

C1"公羊"主战坦克

原产国：意大利

量产时间：1995年

重量：54吨

C1"公羊"主战坦克是意大利研制的主战坦克，车体和炮塔用轧制钢板焊接而成，重点部位采用新型复合装甲。主炮是1门奥托·梅莱拉公司生产的120毫米滑膛炮，为德国RH120坦克炮的仿制品，弹药也可与RH120坦克炮通用。辅助武器包括1挺与主炮并列安装的7.62毫米机枪和1挺安装在车长指挥塔盖上的7.62毫米防空机枪，防空机枪可由车长在车内遥控射击。

PT-91主战坦克

原产国：波兰

量产时间：1995年

重量：45.9吨

PT-91主战坦克是波兰利用西方技术，在苏联T-72主战坦克的基础上改进而来的主战坦克。该坦克安装有1门125毫米2A46滑膛坦克炮，并配备了自动装弹机，这使得其射速可以达到每分钟8～10发。辅助武器为1挺7.62毫米PKT同轴机枪和1挺12.7毫米NSVT防空机枪。PT-91主战坦克还有1套可以由燃料发出烟幕的发烟设备，以及榴弹发射器（可发射烟幕弹或破片榴弹）。

"佐勒菲卡尔"主战坦克

原产国：伊朗

量产时间：1996年

重量：52吨

"佐勒菲卡尔"主战坦克是伊朗于20世纪90年代研制的主战坦克，主要武器为1门125毫米滑膛炮，炮塔两侧前部各安装6台烟幕弹发射器，分为上下两排布置。125毫米滑膛炮配备自动装弹机，最大射速可达15发/分，配用的弹种包括多用途杀伤爆破榴弹和破甲弹等，且可发射防空/反坦克两用导弹。辅助武器为1挺7.62毫米机枪和1挺12.7毫米机枪，可用于对付空中和近距离目标。

传奇武器鉴赏：M1"艾布拉姆斯"主战坦克

基 本 参 数	
长度	9.78 米
宽度	3.64 米
高度	2.43 米
重量	63 吨
最高速度	72 千米/时

M1"艾布拉姆斯"主战坦克是美国陆军和海军陆战队的现役主战坦克，其名称来源于美国陆军前参谋长、第 37 装甲团指挥官和驻越美军司令克雷顿·艾布拉姆斯陆军上将。

研发历程

M1"艾布拉姆斯"主战坦克源于 20 世纪 60 年代美国和德国的 MBT-70 坦克研制计划，MBT-70 计划夭折后，美国便以 MBT-70 计划积累的技术继续研发。原型车于 1976 年制造完成，经过 3 年的测试后开始批量生产，1980 年开始装备部队，之后继续进行改进，诞生了 M1A1、M1A2、M1A2 SEP、M1A2 TUSK 等改进型号。除美国外，澳大利亚、伊拉克、科威特、埃及和沙特阿拉伯等国也有采用。

M1 主战坦克攀爬缓坡

整体构造

M1"艾布拉姆斯"主战坦克的炮塔为钢板焊接制造，构型低矮而庞大。该坦克的人员编制为典型的 4 名乘员，包括车长、驾驶、炮手与装填手。炮塔内容纳 3 名乘员，其中车长与炮手位于主炮右侧，装填手在主炮左侧，炮手席位于车长席的前下方。车长席设有 1 个低矮的观测塔，可 360°旋转，上有 6 具潜望镜，前方设有 1 个机枪架。装填手顶部的舱盖上装有1台可旋转的潜望镜，舱口安装有1个环形枪架。车内通信电台安装在左侧炮塔内壁，由装填手操作，两支电台天线以及横风传感器都安装在炮塔后段上方。

M1主战坦克主炮开火

作战性能

M1主战坦克的炮塔装甲厚度从12.5毫米到125毫米不等，正面与侧面都设有倾斜角度来增加防护能力，故避弹能力大为增加。全车除了3个铸造部件外，其余部位都采用钢板焊接而成。此外，车头与炮塔正面加装了陶瓷复合装甲。

M1主战坦克的初期型号使用1门105毫米线膛炮，从M1A1开始改用了德国莱茵金属公司生产的120毫米M256滑膛炮。辅助武器为1挺12.7毫米机枪和2挺7.62毫米同轴机枪，炮塔两侧还装有八联装L8A1烟幕榴弹发射器。

M1主战坦克编队

知名兵工厂探秘：通用动力公司

GENERAL DYNAMICS

通用动力公司 Logo

通用动力公司（General Dynamics）是一家美国的国防企业集团，其前身是1899年成立的电力船舶公司（Electric Boat），总部位于美国弗吉尼亚州福尔斯彻奇市郊。

1952年，公司更名为通用动力。1953年，收购康维尔公司。1982年，收购克莱斯勒战斗系统，组建为通用动力战斗系统。1985年，收购赛斯纳公司。1992年，将战术导弹部门出售给休斯电气，将赛斯纳出售给德事隆。1993年，将固定翼军用飞行器部门（含F-16战斗机生产线）出售给洛克希德公司，将太空系统部门出售给马丁·玛丽埃塔公司。1994年，将康维尔飞机结构部门出售给麦克唐纳·道格拉斯公司。1995年，收购创建于1890年的巴斯钢铁厂。1996年，关闭康维尔公司。1998年，收购国家钢铁与造船公司。1999年，收购湾流宇航公司。2001年，收购摩托罗拉集成信息系统后组建通用动力决策系统。

2008年，通用动力公司成为世界第五大国防工业承包商。2010年，在《福布斯》杂志评选的全球2000大企业中，通用动力公司由2009年的第204位，上升至第181位，超过欧洲宇航防务集团（EADS）和英国宇航系统公司（BAE），成为全球第三大航空与国防类企业，仅次于波音公司和洛克希德·马丁公司。

目前，通用动力公司的产业分为四大领域：一是航海设备，主要是制造军舰和核潜艇；二是航空领域，包括商用飞机和战斗机；三是信息系统和技术部门；四是攻击性武器的制造，包括为美国及其盟国的军队提供主战坦克、步兵战车和轮式装甲车，以及弹药和爆炸物等。此外，还有被动/主动反应装甲、核生化探测系统等。

通用动力公司生产的M1"艾布拉姆斯"主战坦克

通用动力公司生产的"斯特赖克"装甲车

3.2 默默耕耘的非主战坦克

主战坦克集以往的中型坦克和重型坦克的任务于一身，是坦克发展史上的一大里程碑。它的出现改变了传统的坦克分类方法，从此坦克的分类开始按用途分为主战坦克和具有其他用途的特殊坦克。不过，在主战坦克的概念于 20 世纪 60 年代正式出现以前，美国、英国和苏联等国也设计和制造了部分中型和重型坦克。而在主战坦克占据统治地位后，世界各国也没有完全放弃轻型坦克。虽然轻型坦克在火力和防护力方面远不及主战坦克，但是凭借相对较小的尺寸和重量，以及出色的机动力，它们仍然在现代化战争中拥有一席之地。

M46 "巴顿" 中型坦克

原产国：	美国
量产时间：	1949 年
重量：	44 吨

M46 "巴顿" 中型坦克是二战后美国研制的第一款坦克，也是第一代 "巴顿" 坦克。该坦克的主要武器是 1 门 90 毫米 M3A1 型加农炮，带有引射排烟装置，但取消了火炮稳定器。M46 坦克的辅助武器包括 1 挺 12.7 毫米 M2 机枪，2 挺 7.62 毫米 M1919A4 机枪。M46 坦克的发动机为大陆 AV-1790-5 型汽油发动机，功率为 595 千瓦。发动机采用了两套独立的点火与供给系统，保证了可靠性。

M47 "巴顿" 中型坦克
原产国：美国
量产时间：1951 年
重量：44.1 吨

M47"巴顿"中型坦克是美国陆军第二代"巴顿"系列坦克，它是根据 M46"巴顿"中型坦克在一些局部战争当中的实战经验而研制的改良型。该坦克的主要武器是 1 门 M36 式 90 毫米火炮，炮口装有 T 形或圆筒形消焰器，有炮管抽气装置。炮塔可 360°旋转，火炮俯仰范围是 -5°到 +19°，有效反坦克射程是 2000 米，能发射穿甲弹、榴弹、教练弹和烟幕弹等多种炮弹，炮管寿命是 700 发。该坦克的辅助武器为 2 挺 12.7 毫米 M2 机枪，1 挺 7.62 毫米 M1919A4 机枪。

M41 "华克猛犬" 轻型坦克
原产国：美国
量产时间：1951 年
重量：23.5 吨

M41"华克猛犬"坦克是美国通用汽车公司于 20 世纪 50 年代研制的轻型坦克，得名于美国陆军名将沃尔顿·华克。除美国外，奥地利、比利时、巴西、日本等国也有采用。该坦克安装有 1 门 76 毫米 M32 火炮，可发射榴弹、破甲弹、穿甲弹、榴霰弹、黄磷发烟弹等多种弹药，弹药基数 57 发。火炮左侧配有 1 挺 7.62 毫米 M1919A4E1 同轴机枪，炮塔顶的机枪架上还安装有 1 挺 12.7 毫米 M2HB 防空机枪。

M103 重型坦克

原产国：美国

量产时间：1951 年

重量：59 吨

M103 重型坦克是美国在二战后研制的重型坦克，在冷战期间服役于美国陆军和海军陆战队。在 M1"艾布拉姆斯"主战坦克出现之前，M103 重型坦克一直是美军吨位最重，装甲最厚的坦克。该坦克的主炮是 1 门 120 毫米 M58 线膛炮，备弹 38 发。辅助武器配有 2 挺 7.62 毫米同轴机枪和 1 挺 12.7 毫米防空机枪（可在指挥塔内由车长遥控操纵射击），分别备弹 5250 发和 1000 发。

M48"巴顿"中型坦克

原产国：美国

量产时间：1952 年

重量：49.6 吨

M48"巴顿"中型坦克是美国陆军第三代"巴顿"坦克，1953 年开始服役。在美国，M48 中型坦克一直服役至 20 世纪 80 年代，而在其他国家中 M48 系列坦克仍持续担任战备至今。该坦克的主要武器是 1 门 90 毫米 M41 型坦克炮，炮管寿命为 700 发。主炮左侧安装 1 挺 7.62 毫米 M73 式同轴机枪，车长指挥塔上安装 1 挺 12.7 毫米 M2 式防空机枪，可在指挥塔内瞄准射击。

PT-76 轻型坦克

原产国：苏联	
量产时间：1951 年	
重量：14.6 吨	

PT-76 轻型坦克是苏联研制的轻型水陆两栖坦克，主要用于滩头攻坚和侦察等任务。该坦克的主要武器为 1 门 76.2 毫米 D-56T 坦克炮，可发射穿甲弹、破甲弹、榴弹和燃烧弹，弹药基数 40 发。辅助武器为 1 挺 7.62 毫米同轴机枪，部分车上还有 1 挺 12.7 毫米防空机枪。相比其他现代坦克，PT-76 轻型坦克的装甲比较薄弱，但对于水陆两栖坦克来说，两栖作战能力的重要性要优于防护力。

AMX-13 轻型坦克

原产国：法国	
量产时间：1952 年	
重量：13.7 吨	

AMX-13 轻型坦克是法国于 20 世纪 50 年代研制的轻型坦克，主要用于对抗敌方战车以及侦察。该坦克装备 1 门 75 毫米火炮，有炮口制退器并采用自动装弹机构。火炮配有穿甲弹和榴弹，弹药基数 37 发，而后期生产的坦克又增加到 44 发。辅助武器为 1 挺 7.5 毫米或 7.62 毫米同轴机枪，备弹 3600 发。炮塔两侧各装有 2 具烟幕弹发射器。20 世纪 60 年代初，AMX-13 坦克换装了 90 毫米火炮，可发射尾翼稳定脱壳穿甲弹、破甲弹、榴弹、烟幕弹和照明弹。此外，一些外销版本的 AMX-13 轻型坦克还安装了 105 毫米火炮。

T-10 重型坦克

原产国：苏联

量产时间：1953 年

重量：52 吨

T-10 重型坦克是苏联在冷战时期研制的重型坦克，也是 KV 系列坦克与 IS 系列坦克最终发展而成的坦克。该坦克原本命名为 IS-8，1953 年改名为 T-10。T-10 坦克的主要武器为 1 门 122 毫米 D-25TA 坦克炮，火炮配有 1 个双气室冲击式炮口制退器，没有稳定器。T-10 坦克安装了电动辅助输弹装置，因此对炮尾部分进行了一些利于半自动装填的修改。若输弹装置出现故障，采用全人工装弹时，射速要降低到 2 发/分。122 毫米炮弹为分装式，弹药基数 30 发。T-10 重型坦克的辅助武器为 1 挺 14.5 毫米同轴机枪和 1 挺 14.5 毫米防空机枪。

"征服者"重型坦克

原产国：英国

量产时间：1955 年

重量：64 吨

"征服者"重型坦克的主要武器为 1 门 120 毫米 L1A1 或 L1A2 线膛炮，身管长为 55 倍口径。弹药为分装式，弹种有脱壳穿甲弹、碎甲弹两种。炮弹的备弹 35 发。火炮的俯仰角度为 -7°至 +15°，火炮的俯仰和炮塔转动采用电动操纵，必要时也可用手动操纵液压马达来实现。辅助武器为 2 挺 7.62 毫米机枪，1 挺是同轴机枪，位于火炮的右侧。1 挺是高射机枪，位于车长指挥塔左侧，可在车内操纵射击。2 挺机枪的备弹 7500 发。

Pz58 中型坦克

原产国：瑞士

量产时间：1957 年

重量：35.1 吨

Pz58 中型坦克是瑞士研制的一款中型坦克，仅制造了 12 辆，后来被全数改装为 Pz61 主战坦克。该坦克的炮塔位于车体中央，主要武器最初是 1 门瑞士国产的 90 毫米坦克炮，后来相继换装英国制造的 QF 20 磅炮和 L7 型 105 毫米线膛炮。Pz58 中型坦克共有 4 名乘员，其中包括 1 名车长，1 名驾驶员，1 名装填手以及 1 名炮手。

Strv 74 中型坦克

原产国：瑞典

量产时间：1958 年

重量：26 吨

Strv 74 中型坦克是瑞典以二战时期的 Strv M/42 中型坦克为基础改进而来，采用卵圆形铸钢炮塔，炮塔上有 2 个备用的负重轮。该坦克的主要武器为 1 门长身管的 75 毫米火炮，带炮膛抽气装置，其威力与法国 AMX-13 轻型坦克的 75 毫米火炮相当。辅助武器为 2 挺 8 毫米 M/39 机枪，一挺是同轴机枪，另一挺是防空机枪。

IKV-91 轻型坦克

原产国：瑞典

量产时间：1975 年

重量：16.3 吨

IKV-91 轻型坦克是瑞典于 20 世纪 60 年代研制的轻型坦克，车体和炮塔均用钢板焊接，车体前部能防 20 毫米穿甲弹。车体两侧为双层装甲板结构，中空部分用来存放附件和部分燃料。该坦克的主要武器为 1 门 90 毫米 54 倍径的 KV90S73 坦克炮，配有尾翼稳定破甲弹和尾翼稳定榴弹。炮弹基数 59 发，其中 16 发在炮塔内，18 发在车体右前方的驾驶室一侧，其余 25 发存放在炮塔后面。辅助武器为 2 挺 7.62 毫米机枪。

M551 "谢里登" 轻型坦克

原产国：美国

量产时间：1966 年

重量：15.2 吨

M551 "谢里登" 轻型坦克是美国通用汽车公司于 20 世纪 60 年代研制的轻型坦克，主要装备空降部队，曾参加越南战争和海湾战争等局部战争。M551 坦克的主炮和 M60A2 "巴顿" 坦克相同，即 1 门 152 毫米 M81 滑膛炮。该炮能发射多用途强压弹、榴弹、黄磷发烟弹和曳光弹，还能发射 MGM-51A 反坦克导弹。M551 坦克的辅助武器为 1 挺 7.62 毫米 M73 同轴机枪和在车顶的 1 挺 12.7 毫米 M2 重机枪。

SK-105 轻型坦克

原产国：奥地利

量产时间：1971 年

重量：17.7 吨

SK-105 轻型坦克是奥地利研制的一款轻型坦克，车体为焊接钢板结构，驾驶舱在前、战斗舱居中、动力舱在后。炮塔用钢板焊接，有较好的防护力，其主要武器为 1 门 105 毫米 CN-105-57 坦克炮，可以发射尾翼稳定的榴弹、破甲弹和烟幕弹等定装药弹。炮塔后部设有两个鼓形弹仓，每个装 6 发炮弹。弹药自动装填，有开关选择弹种。辅助武器为 1 挺 7.62 毫米同轴机枪，炮塔每侧有 3 个烟幕弹发射器。

"蝎"式轻型坦克

原产国：英国

量产时间：1973 年

重量：8.1 吨

"蝎"式轻型坦克是英国阿尔维斯公司于 20 世纪 60 年代研制的轻型坦克，1972 年 1 月第一批生产原型车交付英国陆军，1981 年开始装备英国海军陆战队和英国空军，并出口伊朗、尼日利亚和沙特阿拉伯等国。该坦克安装有 1 门 76 毫米 L23 型火炮，在主炮左侧有 1 挺 7.62 毫米同轴机枪，炮塔两侧各有 1 台四联装烟幕弹发射器。

3.3 协同坦克作战的步兵战车

步兵战车是供步兵机动作战用的装甲战斗车辆，在火力、防护力和机动性等方面均优于装甲人员输送车，并且车上设有射击孔，步兵既能乘车射击，也能下车战斗。步兵战车主要用于协同坦克作战，其任务是快速机动步兵分队，消灭敌方轻型装甲车辆、步兵反坦克火力点、有生力量和低空飞行目标等。

步兵战车有履带式和轮式两种。履带式步兵战车的越野性能好，生存能力强。轮式步兵战车造价低，耗油少，使用维修简便，公路行驶速度快。步兵战车由推进系统、武器系统、防护系统、通信系统和电气系统等组成。车体前部为驾驶室和动力舱，中部为战斗室，后部为载员室。载员室有跳板式尾门，供载员上下车。步兵战车属轻型装甲车辆，装甲较薄，通常由高强度合金钢或轻金属合金材料制成。车体和炮塔的正面可防20毫米穿甲弹，侧面可防普通子弹及炮弹破片。为了增强防护性能，车上装有烟幕弹发射器和三防装置，车体表面涂有伪装涂料，车内一般装有灭火装置，有的还采用了复合装甲或反应装甲。主要武器通常有1门小口径机炮、1～2挺机枪，有的还带有反坦克导弹发射器。车载武器大多有专用的火控系统，包括观察瞄准器、双向稳定器、激光测距仪和热像仪。其火力通常能损毁轻型装甲目标和低空目标，并具有一定的反坦克能力。

BMP-1 步兵战车

原产国：	苏联
量产时间：	1966 年
重量：	13.2 吨

BMP-1 步兵战车是苏联在二战后设计生产的第一款步兵战车，车体采用钢板焊接结构，能防枪弹和炮弹破片，正面可防12.7毫米穿甲弹和穿甲燃烧弹，前上装甲为带加强筋的铝装甲。载员舱可容纳8名全副武装的士兵，每侧4人，背靠背乘坐。该车的主要武器为1门73毫米2A28低压滑膛炮，后坐力较小。主炮右侧有1挺7.62毫米同轴机枪，弹药基数2000发。主炮上方有"赛格"反坦克导弹单轨发射架，配有4枚导弹。

"黄鼠狼"步兵战车

原产国：德国

量产时间：1969 年

重量：33.5 吨

"黄鼠狼"步兵战车是德国在二战后研制的履带式步兵战车，车身由焊接钢板组成，能抵挡步枪子弹和炮弹碎片，车前的装甲能抵挡 20 毫米炮弹的攻击。载员舱在车体后部，可乘坐 6 名步兵。该车的车身中央有 1 个双人炮塔，右侧为车长，左侧为炮手，其主要武器为 1 门 20 毫米 Rh202 机炮和 1 挺 MG3 同轴机枪，必要时可加上"米兰"反坦克导弹发射器和 5 枚"米兰"反坦克导弹。

AIFV 步兵战车

原产国：美国

量产时间：1970 年

重量：11.4 吨

AIFV 是美国于 20 世纪 70 年代制造的履带式步兵战车，车体采用铝合金焊接结构，为了避免意外事故，车内单兵武器在射击时都有支架。载员舱在车体后部，可搭载 7 名步兵。该车的主要武器为 1 门 25 毫米 KBA-B02 机炮，备弹 320 发。机炮左侧有 1 挺 7.62 毫米 FN 同轴机枪，备弹 1840 发。此外，车体前部还有 6 台烟幕弹发射器。

AMX-10P 步兵战车

原产国：法国

量产时间：1972 年

重量：14.5 吨

AMX-10P 步兵战车是法国于 20 世纪 60 年代研制的履带式步兵战车，用于取代老式的 AMX-VCI 步兵战车。AMX-10P 步兵战车的主要武器是 1 门 20 毫米 M693 机炮，备弹 325 发，其中燃烧榴弹 260 发，脱壳穿甲弹 65 发。该炮对地面目标的有效射程为 1500 米，使用脱壳穿甲弹时在 1000 米距离的穿甲厚度为 20 毫米。辅助武器为 1 挺 7.62 毫米机枪，有效射程为 1000 米，备弹 900 发。如有需要，该车还可换装莱茵金属公司生产的 20 毫米 Mk 20 Rh202 机炮，车顶两侧还可安装 2 具"米兰"反坦克导弹发射架。

VCTP 步兵战车

原产国：德国、阿根廷

量产时间：1974 年

重量：27.5 吨

VCTP 步兵战车是德国蒂森·亨舍尔公司为阿根廷陆军研制的步兵战车，主要任务是在战场上运载机械化步兵协同 TAM 主战坦克作战。VCTP 步兵战车的外形与德国"黄鼠狼"步兵战车相似，采用双人炮塔，机枪位于车后载员舱的顶部。总体布置为驾驶舱和动力舱在前，战斗舱居中，载员舱在后。载员舱两侧各有 3 个射击孔，顶部有 2 个矩形舱门。

"蜜獾"步兵战车

原产国：南非

量产时间：1976 年

重量：19 吨

"蜜獾"步兵战车是南非研制的轮式步兵战车，有"蜜獾 20"、"蜜獾 60"和"蜜獾 90"等多种型号。其中，"蜜獾 20"步兵战车的主要武器是 1 门 20 毫米机炮，可发射穿甲弹、榴弹和训练弹，备弹 1200 发。辅助武器为 3 挺 7.62 毫米机枪：同轴机枪、炮塔顶部的防空机枪和车体顶部右后部的防空机枪。机枪子弹的备弹为 6000 发。

KIFV 步兵战车	
原产国：韩国	
量产时间：1985 年	
重量：13.2 吨	

KIFV 步兵战车是韩国研制的履带式步兵战车，其车体采用铝合金焊接结构，并有间隙式复合钢装甲，用螺栓固定在主装甲上。间隙内填充有泡沫塑料，既可以减轻车重，又能提高浮力储备。驾驶舱位于车体左前部，车长炮塔在驾驶舱后，外部装有 1 挺 7.62 毫米 M60 机枪，炮长炮塔装有防盾，右侧有 1 挺 12.7 毫米 M2HB 机枪。载员舱位于车体后部，有 1 个顶舱盖，后部倾斜，载员舱两侧各有两个射孔和观察窗。

BMP-2 步兵战车	
原产国：苏联	
量产时间：1980 年	
重量：14.3 吨	

BMP-2 步兵战车是 BMP-1 步兵战车的改良型，属 BMP 系列的第二款。该车的主要武器为 1 门 30 毫米高平两用机炮，采用双向单路供弹，弹药基数 500 发。直射距离为 1 千米，并且能在 2 千米距离上对付亚音速的空中目标。在车长和炮手位置顶部中间有 1 具反坦克导弹发射管，配有 4 枚"拱肩"反坦克导弹，其中 1 枚处于待发状态。辅助武器为 1 挺 7.62 毫米机枪，弹药基数 2000 发。此外，炮塔两侧各有 3 台烟幕弹发射器。

"武士"步兵战车

原产国：英国

量产时间：1984 年

重量：25.4 吨

"武士"步兵战车是英国于 20 世纪 80 年代设计制造的履带式步兵战车，其车体中央有一座双人炮塔，装备 1 门 30 毫米机炮（备弹 250 发）和 1 挺 7.62 毫米同轴机枪（备弹 2000 发），炮塔两侧各有 1 具"陶"式反坦克导弹发射器。该车采用与"挑战者"主战坦克同系列的"秃鹰"柴油发动机，拥有极佳的机动能力，最大爬坡度 31°，最高涉水深度 1.3 米。

BMP-3 步兵战车

原产国：苏联

量产时间：1987 年

重量：18.7 吨

BMP-3 步兵战车是苏联于 1986 年推出的 BMP 系列的第三款步兵战车，其炮塔上装备有 1 门 100 毫米 2A70 型线膛炮，能发射破片榴弹和 AT-10 炮射反坦克导弹。在 2A70 型线膛炮的右侧为 30 毫米 2A72 型机炮，最大射速为 330 发 / 分，发射的弹种有穿甲弹和榴弹等。

BMP-3 步兵战车的辅助武器为 3 挺 7.62 毫米 PKT 机枪，分别备弹 2000 发。除了固定武器外，车上还有 2 挺便携式轻机枪，以及载员使用的 6 支 AK-74 突击步枪和 26 毫米信号枪等。

89式步兵战车

原产国：	日本
量产时间：	1989年
重量：	26吨

89式步兵战车是日本于20世纪80年代研制的履带式步兵战车，目前是日本陆上自卫队的重要装备之一。车体采用均质钢装甲结构，防护力较过去以铝合金打造的装甲运兵车更强。该车的主要武器是瑞士厄利空公司生产的35毫米KDE机炮，射速为200发/分，不仅可以对地面目标射击，还可对空射击，但是由于没有配备有效的瞄准装置，只能用于自卫作战。机炮的左侧安装了1挺74式7.62毫米同轴机枪，最大射速为1000发/分。

CV-90步兵战车

原产国：	瑞典
量产时间：	1993年
重量：	35吨

CV-90步兵战车是瑞典于20世纪80年代研制的装甲战斗车辆，此后又在此基础上发展了多种变型车，形成CV-90履带式装甲车族。该车的主要武器通常为1门40毫米博福斯机炮，备弹240发，可单发、点射或连发。配用的弹种有对付飞机和直升机的近炸引信预制破片榴弹，对付地面目标的榴弹和穿甲弹等。辅助武器为1挺7.62毫米M1919型机枪和6台76毫米榴弹发射器。该车有3名乘员，载员舱可容纳8名步兵，两侧各坐4人。

"波尼克斯"步兵战车

原产国：新加坡

量产时间：1996年

重量：23吨

"波尼克斯"步兵战车是新加坡自主研制的履带式步兵战车，已发展出 Bionix 25、Bionix 40/50 和 Bionix II 等型号。Bionix 25 是第一款量产型，主要武装配备1门25毫米 M242 链炮和2挺7.62毫米机枪，最多可搭载11名士兵；Bionix 40/50 安装1座双武器炮塔，主要武器包含 CIS 40 AGL 自动榴弹发射器、CIS 50MG 重机枪和7.62毫米机枪；Bionix II 为升级型，换装为1门30毫米 Mk 44 链炮，并更新日夜间瞄准系统，具有红外线热影像仪与有效距离达3000米的新激光测距仪。

"达多"步兵战车是意大利于20世纪90年代研制的步兵战车，其车体及炮塔由铝合金装甲板焊接而成，同时在车体前部及两侧采用了高硬度钢装甲板，并使用螺栓紧固，钢装甲板的厚度根据安装位置和铝合金装甲板倾斜度而有所不同。主要武器为1门25毫米 KBA-BO2 型机炮，采用双向供弹，可发射脱壳穿甲弹和榴弹，备弹400发。主炮旁边是1挺7.62毫米 MG42/59 同轴机枪，备弹1200发。

"达多"步兵战车

原产国：意大利

量产时间：1998年

重量：23.4吨

传奇武器鉴赏：M2"布雷德利"步兵战车

M2"布雷德利"步兵战车是美国于20世纪80年代研制的履带式步兵战车，可独立作战或协同坦克作战。

研发历程

1972年4月，美国陆军认为当时现役的M113装甲运兵车已经不适应战斗中的各项要求，于是推出了新的步兵战车发展计划。该计划得到了克莱斯勒集团、食品机械化学公司（后被联合防卫公司并购）、太平洋汽车和铸造公司的积极响应，最终食品机械化学公司赢得了竞标。1975年夏季，食品机械化学公司生产出了XM-732步兵战车。XM-732步兵战车后来按照美国军方的意见进行修改，1980年被命名为M2"布雷德利"步兵战车，1981年正式量产，随后进入美国军队服役。

基本参数	
长度	6.55米
宽度	3.6米
高度	2.98米
重量	30.4吨
最高速度	66千米/时

整体构造

M2"布雷德利"步兵战车采用焊接铝合金车身，驾驶舱位于车体前部左侧，其右为发动机，载员舱在车体右后部。车顶有双人电动炮塔，炮塔左侧为"陶"式反坦克导弹发射架。该车早期型号装备一套折叠式围帐附件，在下水之前由乘员安装，操作时间为30分钟。

M2"布雷德利"步兵战车在荒漠中行驶

后期型号有一种安装在车辆前面和侧面的膨胀浮筒，采用类似水密舱分段设计，可在15分钟内完成准备工作。

M2"布雷德利"步兵战车头部视角

作战性能

M2"布雷德利"步兵战车的装甲可以抵抗14.5毫米枪弹和155毫米炮弹破片。其中,车首前上装甲、顶装甲和侧部倾斜装甲采用铝合金,车首前下装甲、炮塔前上部和顶部为钢装甲,车体后部和两侧垂直装甲为间隙装甲。间隙装甲由外向内的各层依次为6.35毫米钢装甲、25.4毫米间隙、6.35毫米钢装甲、88.9毫米间隙和25.4毫米铝装甲背板,总厚度达152.4毫米。车体底部装甲为5083铝合金,其前部三分之一挂有一层用于防地雷的9.52毫米钢装甲。

M2"布雷德利"步兵战车的主要武器为1门M242"大毒蛇"25毫米机关炮,射速有单发、100发/分、200发/分、500发/分四种,可由射手选择。战车炮塔还安装有1挺7.62毫米同轴机枪以及1具BGM-71"陶"式反坦克导弹发射架。除3名车组人员外,M2"布雷德利"步兵战车最多可以搭载7名乘员。

M2"布雷德利"步兵战车尾部视角

3.4 容量可观的装甲运兵车

装甲运兵车又称装甲输送车，指在战场上输送步兵的装甲车辆，具有较快的行驶速度，但是火力和防护力都比不上坦克和步兵战车。装甲运兵车除了可以运输步兵外，还可以运输物资或补给品，暂时充当装甲补给车。在必要时，也可以使用车上的武器攻击敌人。

装甲运兵车由装甲车体、武器、推进系统（动力、传动、操纵、行动装置）、观瞄仪器、电气设备、通信设备和三防（防核、化学、生物武器）装置等组成。车上通常装有机枪，有的装有小口径机炮。多数装甲运兵车的战斗全重 6~16 吨，车长 4.5~7.5 米，车宽 2.2~3 米，车高 1.9~2.5 米，乘员 2~3 人，载员 8~13 人，最大爬坡度为 25°~35°，最大侧倾行驶坡度为 15°~30°。履带式装甲运兵车陆上最高时速 55~70 千米，最大行程 300~500 千米。轮式装甲运兵车陆上最高时速可达 100 千米，最大行程可达 1000 千米。履带式和四轴驱动轮式装甲运兵车越壕宽约 2 米，过垂直墙高 0.5~1 米。多数装甲运兵车可以水上行驶，用履带或轮胎划水，最高时速 5 千米左右；安装有螺旋桨或喷水式推进装置的装甲运兵车，最高水上时速可达 10 千米。

BTR-40 装甲运兵车

原产国：苏联

量产时间：1950 年

重量：5.3 吨

BTR-40 装甲运兵车是苏联采用 GAZ-63 车底盘改装的轮式装甲运兵车，也可作为指挥车和侦察车使用。车体由钢板焊接，动力舱在前，驾驶舱居中，载员舱在后。载员舱为敞开结构，8 名步兵可通过车后双开门上下车。早期的车体不开射孔，后期生产的车辆每侧有 3 个射孔，后门有 2 个射孔。驾驶舱顶和车体两侧各装有 1 个机枪架。

60式装甲运兵车

原产国：日本	
量产时间：1960年	
重量：11.8吨	

60式装甲运兵车是日本在二战后仿照美国M59履带式装甲运兵车设计并制造的第一代履带式装甲车，解决了以往许多美制装备不符合日本人体型的问题。车身装甲为均质装甲焊接而成，具备一定的防护能力。该车的主要武器为1挺12.7毫米M2重机枪，安装在车身顶部。此外，车体前面还有1挺7.62毫米M1919重机枪。该车有4名乘员，后方座舱可以搭载6名步兵，左右两侧各坐3人。车身设有若干射孔，可供乘员持枪射击。

AMX-VCI装甲运兵车

原产国：法国	
量产时间：1957年	
重量：15吨	

AMX-VCI装甲运兵车是法国罗昂制造厂于20世纪50年代初为满足法军要求而生产的履带式装甲运兵车，其载员舱可背靠背乘坐10名步兵。该车的主要武器最早为1挺7.5毫米机枪，以后相继被12.7毫米机枪或者装有7.5毫米（或7.62毫米）机枪的CAFL 38炮塔所取代。12.7毫米机枪的俯仰角度为-10°至+68°。在这种情况下，炮手的头部暴露在炮塔座圈的外边。但是当从车内瞄准和射击时，俯仰角度为-10°至+5°。当采用CAFL 38炮塔时，机枪的俯仰角度为-15°至+45°，水平方向旋转360°。

M113 装甲运兵车

原产国：美国

量产时间：1960 年

重量：12.3 吨

M113 装甲运兵车是美国于 20 世纪 50 年代研制的装甲运兵车，因便宜好用、改装方便而被数十个国家采用。该车只需要 2 名乘员（驾驶员和车长），后方可以运送 11 名步兵。该车的主要武器是 1 挺 12.7 毫米 M2 重机枪，由车长操作。此外，还可以加装 40 毫米 Mk 19 自动榴弹发射器、反坦克无后坐力炮甚至可以反坦克导弹。由于车上没有射孔，所以步兵不能在车上作战。

BTR-60 装甲运兵车

原产国：苏联

量产时间：1960 年

重量：10.3 吨

BTR-60 装甲运兵车是苏联于 20 世纪 60 年代研制的 8×8 轮式装甲车，车体由装甲钢板焊接而成，可以安装附加装甲，以此提高乘员的战斗生存能力。车体前部通常有 1 挺安装在枢轴上的 7.62 毫米机枪，也可换装 12.7 毫米机枪。该车拥有火焰探测和灭火抑爆设备，以及三防系统和生命维持系统等。

UR-416 装甲运兵车

原产国：德国

量产时间：1969 年

重量：7.6 吨

UR-416 装甲运兵车是德国研制的 4×4 轮式装甲运兵车，特点是通过性好、速度快、寿命长、噪声低。它是利用戴姆勒-奔驰公司的越野汽车底盘加上装甲车体组合而成，大部分零部件与越野汽车通用，故底盘结构简单，易于改成多种用途的车辆。车体为全焊接钢板结构，能防轻武器、炮弹破片和杀伤地雷。车顶上有 1 个圆形舱口，并安装 1 个带有护板、能 360°旋转的 7.62 毫米机枪架。该车有 2 名车组人员，可载 8 名步兵。

YP-408 装甲运兵车

原产国：荷兰

量产时间：1964 年

重量：9.9 吨

YP-408 装甲运兵车是荷兰研制的轮式装甲运兵车，车体为焊接钢板结构，动力传动装置前置，驾驶舱位于发动机之后，载员舱在最后。载员舱内可搭载 10 名士兵，面对面乘坐，每侧 5 名。自卫武器为 1 挺 12.7 毫米 M2HB 机枪，能手动 360°旋转。YP-408 装甲运兵车不能在水上行驶，没有三防装置，但车内安装了加温器。

FV432 装甲运兵车

原产国：英国

量产时间：1963 年

重量：15 吨

FV432 装甲运兵车是英国仿照美国 M113 装甲运兵车研制的履带式装甲运兵车，车体由钢板焊接，可抵挡轻武器和弹片。载员舱顶部装有炮塔，炮塔上装有 1 挺 7.62 毫米 GPMG 机枪，俯仰范围为 -15°至 +50°。该车有 2 名乘员，可载 10 名步兵。与 M113 装甲运兵车不同，FV432 装甲运兵车如无准备不能浮渡。浮渡时需要花 1 分钟时间竖起围帐和车前防浪板，靠履带划水推进。

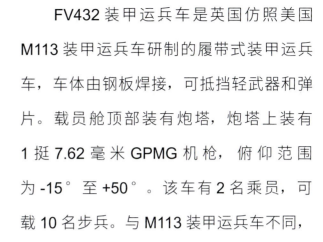

M3 装甲运兵车

原产国：法国

量产时间：1971 年

重量：6.1 吨

M3 装甲运兵车是法国研制的轮式装甲运兵车，车体为全焊接钢板结构，能防轻武器和弹片。该车可以安装多种武器，包括 7.62 毫米机枪、12.7 毫米机枪、20 毫米机炮、60 毫米尾部装填迫击炮、"米兰"反坦克导弹和 40 毫米烟幕弹发射器等。M3 装甲运兵车有 2 名车组人员，可载 10 名士兵或 1360 千克的货物。水上行驶靠轮胎划水，浮渡时，干舷高度为 0.73 米。

BTR-70 装甲运兵车

原产国：	苏联
量产时间：	1972 年
重量：	11.5 吨

BTR-70 装甲运兵车是苏联于 20 世纪 70 年代研制的 8×8 轮式装甲车，车体由钢板焊接，其防护能力较 BTR-60 装甲运兵车有所增加，车前装甲以及车体前部和前轮之间的附加装甲都有所改善。该车的主要武器为 1 挺 14.5 毫米 KPVT 重机枪，也可换装为 12.7 毫米 DShK 重机枪。辅助武器为 1 挺 7.62 毫米 PKT 机枪。此外，车内还配有 2 支 AK 突击步枪、2 具 9K34 便携式防空导弹、1 具 RPG-7 火箭筒（备弹 5 发）和 2 台 AGS-17 自动榴弹发射器。

EE-11 装甲运兵车

原产国：	巴西
量产时间：	1974 年
重量：	14 吨

EE-11 装甲运兵车是巴西研制的轮式装甲运兵车，其车体、炮塔采用轧制钢板焊接结构，在直射距离内能抵御轻武器射击。驾驶员位于车前左侧，发动机前置，在驾驶舱右侧。载员舱在车体后部，车体两旁开有侧门，后部开有一扇大车门。车顶中部偏左有 1 个圆形舱盖，可以安装主要武器，通常是 1 挺 12.7 毫米 M2HB 机枪或 1 挺 7.62 毫米机枪。

73式装甲运兵车

原产国：日本

量产时间：1973 年

重量：13.3 吨

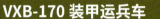

73式装甲运兵车是三菱重工于20世纪60年代后期开始研制的履带式装甲运兵车，其车身低矮，车体前上有浮渡围帐，7.62毫米机枪位于前上左侧，12.7毫米机枪位于车顶右侧凸起的炮塔之上，2台三联装烟幕弹发射器位于车后两扇门的上方。8名步兵分两侧坐于车内，并可由车内向外射击。73式装甲运兵车注重车体轻量化，所以全面采用铝合金装甲，这就导致73式装甲运兵车浮渡前的准备过程极其复杂。

VXB-170 装甲运兵车

原产国：法国

量产时间：1973 年

重量：12.7 吨

VXB-170装甲运兵车是法国研制的轮式装甲运兵车，车体为全焊接钢板。驾驶舱位于驾驶舱左侧，其右侧是车长，驾驶舱的前为和两侧均设有防弹玻璃窗，并配有装甲板进行防护。车体上开有7个射孔，2个在左侧，4个在右侧，1个在后门，步兵可在车内射击。车载武器为枢轴安装的1挺7.62毫米机枪，某些车辆装有BTM103型炮塔，有1挺7.62毫米机枪和1具40毫米榴弹发射器。

VAB 装甲车

原产国：法国

量产时间：1976 年

重量：13.8 吨

VAB 装甲车是法国军队现役的主力轮式装甲车，有 4×4 和 6×6 两种构型，衍生型极多。车长位置上方顶甲板装有 CB52 枪塔，配备 1 挺 7.62 毫米 AA-52 通用机枪。机枪俯仰范围为 -15°至 +45°，对空时俯仰范围为 -20°至 +80°。另外，还可安装 TLi52A 枪塔，配备 1 挺 12.7 毫米 M2HB 机枪。该车的出口型可根据订货方的要求安装其他武器，包括导弹和火炮等。VAB 装甲车的车体由高强度钢板焊接而成，能够抵挡 100 米距离内的 7.62 毫米枪弹和弹片的杀伤。

"秃鹰"装甲运兵车

原产国：德国

量产时间：1978 年

重量：12.4 吨

"秃鹰"装甲运兵车是德国研制的 4×4 轮式装甲运兵车，用于代替 UR-416 轮式装甲运兵车。与 UR-416 轮式装甲运兵车相比，"秃鹰"装甲运兵车提高了公路行驶速度，增强了防护能力，并具有水上行驶能力。车体为全焊接钢板结构，能防 5.56 毫米和 7.62 毫米穿甲枪弹及弹片，能防地雷破坏。该车有 2 名乘员，可运载 9 名步兵。

"狐"式装甲运兵车

原产国：德国	
量产时间：1979年	
重量：17吨	

"狐"式装甲车是德国研制的轮式装甲运兵车，整车由前至后分别为乘员舱、动力舱和载员舱。该车有2名乘员，车长兼机枪手在车体前部右侧，驾驶员在车体前部左侧，二人并排而坐，车长还可以充当副驾驶员。载员为10人，全部安置在载员舱内。一般在车体前部右侧装1挺7.62毫米机枪，方向射界为360°。此外，还可在载员舱顶部的大圆形舱门上安装20毫米机炮，备弹150发。车体左侧安装有六联装烟幕弹发射器。

"风暴"装甲运兵车是英国在"蝎"式轻型坦克基础上研制的履带式装甲运兵车，车体由铝合金装甲焊接而成。为了增强防护力，还附加有披挂式装甲。炮塔两侧各有4枚"星光"地对空导弹。车顶还可以选择安装多种武器，包括7.62毫米机枪、12.7毫米机枪、20毫米加农炮、25毫米加农炮、30毫米加农炮、76毫米火炮和90毫米火炮等。

"风暴"装甲运兵车

原产国：英国	
量产时间：1981年	
重量：12.7吨	

BTR-80 装甲运兵车

原产国：苏联

量产时间：1984 年

重量：13.6 吨

BTR-80 装甲运兵车是苏联于 20 世纪 80 年代研制的轮式装甲车，主要用于人员输送。炮塔位于车体中央位置，炮塔顶部可 360°旋转，其上安装有 1 挺 14.5 毫米 KPVT 大口径机枪，辅助武器为 1 挺 7.62 毫米 PKT 同轴机枪。KPVT 机枪是设计用于对抗敌方轻装甲目标，可发射 B32 穿甲燃烧弹、BZT 穿甲燃烧曳光弹、BLS 穿甲燃烧碳化钨芯弹和 RFP 燃烧弹等。而 PKT 机枪主要用于对抗敌方步兵，备弹 2000 发，可搭载 8 条弹链。此外，车内可携带 2 枚 9K34 或 9K38 "针"式单兵防空导弹和 1 具 RPG-7 式反坦克火箭筒。

XA-188 装甲运兵车

原产国：芬兰

量产时间：1983 年

重量：27 吨

XA-188 装甲运兵车是芬兰研制的轮式装甲运兵车，车体由钢板焊接而成，能防轻武器和弹片攻击。该车装有帕特里亚公司自行研制的 PML-127 OWS 炮塔，该炮塔为全开放式设计，没有防盾，1 挺 12.7 毫米重机枪装在可升降的转塔上，炮手可遥控操纵，也可手动开火。PML-127 OWS 炮塔为电/液综合驱动，可 360°旋转，在 -8°至 +48°之间俯仰。炮手拥有 1 台德国蔡斯 PERI-Z16A1 瞄准具和 1 台 NAE-200 周视瞄准具。

96式装甲运兵车

| 原产国：日本 |
| 量产时间：1996年 |
| 重量：14.6吨 |

96式装甲运兵车是日本于20世纪90年代设计并制造的轮式装甲运兵车，车体为全焊接钢装甲结构。该车的主要武器根据用途的不同，可以是96式40毫米自动榴弹发射器，也可以是M2型12.7毫米重机枪。96式自动榴弹发射器是由丰和工业公司为96式装甲运兵车开发的，发射速率为每分钟250～350发，并可以进行单发与连发射击的切换，由弹链供弹。40毫米榴弹能够穿透50毫米厚的钢装甲板和100毫米厚的轻金属装甲板以及180毫米厚的钢筋混凝土。

"阿奇扎里特"装甲运兵车

| 原产国：以色列 |
| 量产时间：1988年 |
| 重量：44吨 |

"阿奇扎里特"装甲运兵车是以色列于20世纪80年代研制的重型装甲运兵车，主要用于人员输送。该车可以装载7名步兵，车上安装有3挺7.62毫米MAG通用机枪和"拉斐尔"车顶武器系统（装有7.62毫米或12.7毫米机枪），这种遥控武器系统由以色列拉斐尔公司研制，可在车内操控。

3.5 快速突击的空降战车

空降战车是指配有专用伞降系统，能空运空投的装甲战斗车辆。空降战车主要装备空降部队，用于执行快速突击任务。此类战车通常为履带式，由武器系统、推进系统、防护系统、电气设备和通信设备、空降设备等组成。武器系统有火炮或导弹发射装置和观瞄装置等，推进系统有动力装置、传动装置、操纵装置、行动装置等，防护系统有装甲防护和特种防护等，空降设备包括伞降系统和缓冲系统。

20世纪60年代以前，一些国家以轻型坦克作为空降战车使用。1969年，苏联军队开始装备BMD-1空降战车，配有喷气式伞降制动系统，用安-22运输机和伊尔-76运输机空运空投。1988年，苏军装备了BMD-2空降战车。1990年，苏联和德国分别研制成功BMD-3空降战车和"鼬鼠1"空降战车。BMD-3空降战车空投时，所有载员均位于车内，与车辆同时伞降。1994年，德国研制的"鼬鼠2"空降战车，空运时，载员坐在车内，系上安全带；吊运时，载员坐在直升机内。

空降战车发展的重点是提高空降、运载、两栖作战和反装甲能力；采用新型伞降系统，车内载员能与车同时伞降；安装水上推进器，能水陆两用；配备火炮和反坦克导弹发射装置，具有攻击装甲目标的能力。

BMD-1 空降战车

原产国：苏联

量产时间：1968年

重量：7.5吨

BMD-1空降战车是苏联于20世纪60年代研制的履带式空降战车，1969年正式装备空降部队。该车是BMD系列空降战车的第一款，至今仍在俄罗斯军队服役。BMD-1空降战车的车体采用焊接结构，主炮为1门73毫米2A28滑膛炮，弹药基数40发，以自动装弹机装弹，配用的弹种为定装式尾翼稳定破甲弹，初速400米/秒。火炮俯仰和炮塔驱动均采用电操纵，必要时也可以手动操作。主炮右侧有1挺7.62毫米同轴机枪，备弹2000发。

BMD-2 空降战车

原产国：苏联

量产时间：1985 年

重量：8.23 吨

BMD-2 空降战车是苏联于 20 世纪 80 年代研制的履带式空降战车，1988 年正式装备空降部队，是 BMD 系列空降战车的第二款。该车的主要武器为 1 门 2A42 型 30 毫米机炮，在其上方安装有 1 具 AT-4（后期型号装备 AT-5）反坦克火箭筒（射程 500～4000 米）。辅助武器为 1 挺 7.62 毫米同轴机枪，备弹 2980 发，还有 1 挺 7.62 毫米航空机枪，备弹 2980 发。载员舱侧面开有射击孔，乘员可在车内向外以轻武器射击。

BMD-3 空降战车

原产国：苏联

量产时间：1990 年

重量：13.2 吨

BMD-3 空降战车是苏联于 20 世纪 80 年代研制的履带式空降战车，是 BMD 系列空降战车的第三款。该车的主要武器为 1 门 2A42 型 30 毫米高平两用机炮，可发射穿甲弹和高爆燃烧弹，备弹 860 发。炮塔顶部后方安装有 1 具 AT-4 反坦克导弹发射器，备弹 4 枚。辅助武器为 1 挺 7.62 毫米同轴机枪（备弹 2000 发）、1 挺 5.45 毫米车前右侧机枪（备弹 2160 发）和 1 具 AG-17 型 30 毫米榴弹发射器（备弹 551 发）。

"鼬鼠 1" 空降战车

原产国：德国

量产时间：1990 年

重量：2.75 吨

"鼬鼠 1" 空降战车是德国专为空降部队研制的轻型空降装甲战斗车辆，其车体为钢装甲焊接结构，只能抵御 7.62 毫米枪弹的直接射击。"鼬鼠 1" 空降战车可以被运输直升机轻松地调运，一架 CH-53 "海种马" 直升机可一次调运 2 辆，而固定翼运输机（如 C-130 "大力神" 运输机）一次可运输 4 辆以上。"鼬鼠 1" 空降战车可以涉水 0.5 米，并能通过 1.2 米宽的战壕。

"鼬鼠 2" 空降战车

原产国：德国

量产时间：2000 年

重量：4.78 吨

"鼬鼠 2" 空降战车是 "鼬鼠 1" 空降战车的加长版本，发动机改为 109 千瓦的大众直列四缸涡轮增压柴油发动机，并换装采埃孚自动变速器。与 "鼬鼠 1" 空降战车相比，"鼬鼠 2" 空降战车尺寸更大、速度更快、防护力更强，其加装了加强装甲、空调系统以及三防系统。"鼬鼠 2" 空降战车的战斗舱较大，能搭载 3～5 名步兵。

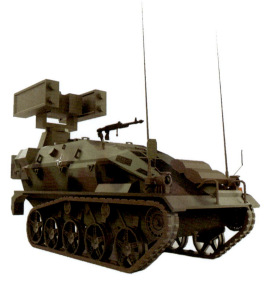

BMD-4空降战车是俄罗斯于20世纪90年代研制的履带式空降战车,是BMD系列空降战车的第四款。该车的主要武器为1门2A70型100毫米线膛炮,双向稳定,配有自动装弹机(可行进间开火),可发射杀伤爆破弹和炮射导弹(9M117型)。发射9M117炮射导弹时射程4000米,可穿透550毫米均质钢板。由于BMD-4空降战车具备发射炮射导弹的能力,因此没有外置反坦克导弹发射器。BMD-4空降战车的辅助武器为1门30毫米2A72型机炮,弹药基数500发。此外,该车上还设有步枪射击孔,可扫射近距离目标。

BMD-4 空降战车

原产国:俄罗斯

量产时间:2004年

重量:14.6吨

3.6 备受青睐的履带式装甲车

20世纪五六十年代,美、苏两大集团的冷战与对抗,使得陆军对坦克集群的正面对抗和步兵伴随坦克实施野战突击的战法备受重视。因而各国开始纷纷研制与坦克具有同等越野能力的装甲车辆。这时人们对装甲车辆驱动方式的选择出现了不同的观点,履带式车辆一度占了上风。其主要原因有:轮式装甲车的越野性能不如履带式装甲车,限制了其战场机动性,难以保证伴随坦克作战;当时的轮式装甲车承载能力较小,不能安装口径大、威力强的武器,从而限制了其战斗力。

冷战前期,多数步兵战车和装甲运兵车都采用履带式设计,其他履带式装甲车也为数不少,包括装甲侦察车、战斗工程车、装甲全地形车等。即便是英国这种具有丰富轮式装甲车使用经验的国家,也几乎放弃了轮式装甲车而更多地采用了履带式装甲车。美军在二战后真正装备的轮式装甲车也屈指可数,大多都是履带式装甲车。

LVTP-5 两栖装甲车

原产国：美国

量产时间：1956 年

重量：37.4 吨

LVTP-5 是美国海军陆战队在 20 世纪 50 年代至 70 年代使用的两栖履带式装甲车，是有多种型号，包括地雷清扫车、指挥车、救援拖吊车和火力支援车等，最常见的是装甲运兵车。该车的固定武器只有 1 挺 7.62 毫米 M1919A4 机枪，火力相对不足。因此，美军通常会利用 LVTP-5 的大容量货舱进行应急改装，比如堆放沙包增强防御力，装备无后坐力炮或是迫击炮提供更有效的火力掩护等。LVTP-5 两栖装甲车的运载量较大，通常可载士兵 34 人，紧急时可运载 45 名站立着的士兵。

M728 战斗工程车是美国底特律阿森纳坦克工厂（现通用动力公司地面系统分部）设计并制造的履带式战斗工程车，主要用途是破坏敌方野外防御工事和路障，填平间隙、弹坑和壕沟，设置火力阵地和路障。该车装备 1 门 M135 型 165 毫米破坏工事炮，炮塔可 360°旋转，转速为 1.6°/秒。此外，与主炮并列安装了 1 挺 M240 型 7.62 毫米机枪，指挥塔上安装了 1 挺 M85 型 12.7 毫米机枪。车体前面有 A 形框架和推土铲，炮塔后部有双速绞盘。

M728 战斗工程车

原产国：美国

量产时间：1965 年

重量：48.3 吨

"弯刀"装甲侦察车

原产国：英国

量产时间：1971 年

重量：7.8 吨

"弯刀"装甲侦察车是英国阿尔维斯公司设计并制造的履带式装甲侦察车，其体积小、重量轻，既能空运又能空投，便于巷战使用。该车的主要武器为 1 门 30 毫米 L30 火炮（备弹 165 发），可迅速单发射击，也可 6 发连射，空弹壳自动弹出炮塔外。L30 火炮在发射脱壳穿甲弹时，可在 1500 米距离击穿 40 毫米厚装甲。主炮左侧有 1 挺 7.62 毫米 L37A1 同轴机枪，炮塔前部两侧各有 4 台烟幕弹发射器。

AAV-7A1 两栖装甲车

原产国：美国

量产时间：1972 年

重量：22.8 吨

AAV-7A1 是美军现役的两栖装甲车，原名 LVT-7。该车主要有三种衍生型，即 AAVP-7A1（人员运输车）、AAVC-7C1（指挥车）和 AAVR-7R1（救援车）。其中，AAVP-7A1 是最主要的车型，拥有运载 25 名全副武装陆战队员的能力。AAVP-7A1 的主要武器是 40 毫米 Mk 19 自动榴弹发射器，辅助武器是 12.7 毫米 M2HB 重机枪。此外，还能安装 Mk 154 地雷清除套件，可以发射 3 条内含炸药的导爆索，以清除沙滩上可能埋藏的地雷或其他障碍物。

IMR-2 战斗工程车

原产国：苏联

量产时间：1982 年

重量：44.3 吨

IMR-2 战斗工程车是苏联设计并制造的重型履带式战斗工程车，由履带式底盘、通用推土铲、吊杆、车辙式扫雷犁组成。自卫武器为 1 挺 12.7 毫米高平两用机枪。IMR-2 战斗工程车可完成包括清障、构筑行军公路、扫雷、挖掘掩体等工程作业，其开辟岩石障碍通路的速度为 0.30 ～ 0.35 千米 / 时，挖掘 1.1 ～ 1.3 米深壕沟的速度为 5 ～ 10 米 / 时，吊臂的起吊重量为 2 吨，吊臂伸出的最大长度为 8.4 米，平均扫雷速度为 6 ～ 15 千米 / 时。

78 式雪地运输车

原产国：日本

量产时间：1978 年

重量：25 吨

78 式雪地运输车是日本陆上自卫队普通科部队使用的雪上人员输送载具，也能担任巡逻警戒任务。其车体长度为 5.2 米，宽度为 2.49 米，高度为 2.43 米。该车的履带除了使用常见的铁质材料外，还混用了特殊的橡胶材质。车体后方货板可以设置布棚车顶或是枪架以搭载 M2 重机枪。

Bv206 装甲全地形车

原产国：瑞典

量产时间：1976 年

重量：4.5 吨

Bv206 装甲全地形车是瑞典研制的全地形运输车，能在包括雪地、沼泽等所有地形上行驶，主要用于输送战斗人员和物资。Bv206 装甲全地形车由两节车厢组成，车身之间用转向装置连接。车体采用耐火玻璃纤维增强塑料制成，采用双层结构，不但坚固耐用，比钢车厢轻，而且还能起到防翻车作用。前车厢内可载货 600 千克，或容纳 5 名士兵和 1 名驾驶员。后车厢可载货 1400 千克，或容纳 11 名全副武装的士兵。

DT-30 装甲全地形车

原产国：苏联

量产时间：1982 年

重量：58 吨

DT-30 装甲全地形车是苏联研制的履带式全地形运输车，主要用于在包括沼泽、沙地和积雪在内的复杂地形条件下的载重运输。该车的驾驶舱为全封闭式，发动机位于驾驶舱后部。车体总长度为 13.75 米，宽度为 2.8 米，高度为 2.7 米。两个运输单元以铰接的方式结合在一起，后单元可用于运输物资或作为不同用途，有时后单元的用途可能与前单元有很大差别。

M9 装甲战斗推土机

原产国：美国

量产时间：1986 年

重量：24.4 吨

M9 装甲战斗推土机是美国机动装备研究与发展中心研制的履带式工程车，其车体全部使用铝合金焊接，重要部位安装有钢合金及"凯夫拉"防弹纤维。车辆前部装有刮土斗、液压操纵的挡板和机械式退料器。推土铲刀装在挡板上，推土和刮土作业是通过液气悬挂装置使车辆的头部抬起或降落实现的，该悬挂装置还能使车辆倾斜到用铲刀的一角进行作业，推土作业能力几乎是一般斗式刮土机的两倍。

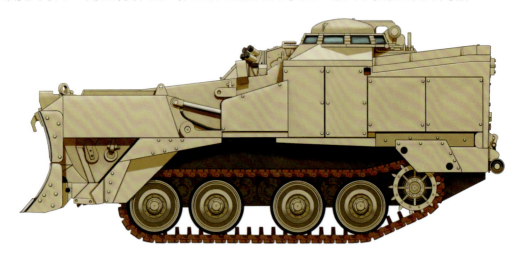

"纳苏"装甲全地形车是芬兰于 20 世纪 80 年代研制的履带式全地形车，除芬兰本国军队使用外，还出口到法国、印度、墨西哥、美国和土耳其等国。其车体长度为 7.67 米，宽度为 1.91 米，高度为 2.38 米。主要武器为 1 挺 12.7 毫米重机枪，动力装置为 1 台 113 千瓦柴油发动机，最高速度为 65 千米/时，最大行程为 280 千米。

"纳苏"装甲全地形车

原产国：芬兰

量产时间：1986 年

重量：5.25 吨

AMX-30 战斗工程牵引车
原产国：法国
量产时间：1987 年
重量：38 吨

AMX-30 战斗工程牵引车是法国地面武器工业集团设计并制造的履带式工程车，车体中央偏右有 1 个双人炮塔，主要工程设备有推土铲、液压绞盘和液压吊臂。该车的主要任务是清除战场障碍、设置障碍、修缮道路、破坏道路、清理河岸、准备渡口、准备射击阵地和迅速布设小雷场。推土铲的运土和装土能力为 250 立方米 / 时，挖土能力为 120 立方米 / 时。绞盘拉力为 196 千牛，钢绳长 80 米，自动缠绕速度为 0.2 ～ 0.4 米 / 秒。液压吊臂可装地钻，钻孔直径为 220 毫米，孔深 3 米。

3.7 后期发力的轮式装甲车

军用装甲车分为轮式和履带式两种，在问世之初，履带式装甲车以能适应战场复杂地形而备受青睐。但由于汽车工业的进步和轮胎技术的提高，轮式装甲车在场地适应性能上已不输于履带式装甲车，而且与履带式装甲车相比，更有轻便和速度优势。

欧美国家在二战后很长一段时间内并未给予轮式装甲车足够重视，大量简单而廉价的 M113 履带式装甲运兵车构成了北约机械化步兵的主力。直至 20 世纪 70 年代快速反应作战理论兴起后，轮式装甲车才获得全面发展。与北约国家不同，苏联一直秉承"轮履结合"的方针，在轮式装甲车的开发上投入了很大精力。

AML 装甲侦察车

原产国：法国

量产时间：1960 年

重量：5.5 吨

AML 装甲侦察车是法国研制的轮式装甲侦察车，采用全焊接钢车体，驾驶舱在前，战斗舱居中，动力舱在后。有 1 个右开单扇舱盖，3 个整体式潜望镜，夜间行驶时，中间 1 个可换为红外或微光潜望镜。炮塔为希斯潘诺 - 絮扎公司的全焊接炮塔，车长居炮塔内左侧，炮长在右。其中，AML-90 型搭载的主要武器是 1 门 90 毫米 D921F1 火炮，辅助武器为 1 挺 7.62 毫米同轴机枪和 1 挺 7.62 毫米或 12.7 毫米防空机枪。

"撒拉森"装甲车

原产国：英国

量产时间：1952 年

重量：11 吨

"撒拉森"装甲车是英国于 20 世纪 50 年代研制的六轮装甲车，编号为 FV 603。车身装甲厚 16 毫米，连同驾驶员和车长共可乘载 11 人。该车在英国陆军中主要用作装甲运兵车、装甲指挥车及装甲救护车用途，改进型还包括加装通信或指挥器材和火炮引导等。一般情况下，"撒拉森"装甲车的车体上装有小型旋转炮塔，炮塔上有 1 挺 L3A4（M1919）同轴机枪，另有 1 挺用于平射及防空的"布伦"轻机枪。

"萨拉丁"装甲侦察车

原产国：英国
量产时间：1958 年
重量：11.6 吨

"萨拉丁"装甲侦察车是英国研制的轮式装甲侦察车，采用全焊接钢车体，驾驶舱在前部，战斗舱居中央，动力舱在后部。主要武器为 1 门 76 毫米 L5A1 火炮，采用垂直滑动炮闩和液压弹簧后坐机构。辅助武器为 1 挺 7.62 毫米同轴机枪和 1 挺 7.62 毫米防空机枪。炮塔两侧各有 6 台烟幕弹发射器，可在车内电控发射。

BRDM-2 装甲车

原产国：苏联
量产时间：1962 年
重量：7 吨

BRDM-2 装甲车是苏联于 20 世纪 60 年代研制的两栖装甲侦察车，车体采用全焊接钢装甲结构，可抵挡轻武器射击和炮弹破片。该车的主要武器为 1 挺 14.5 毫米 KPVT 重机枪，备弹 500 发。其右侧为 1 挺 7.62 毫米 PKT 同轴机枪，备弹 2000 发。在重机枪的左侧装有 1 具瞄准镜，以提高射击精度。机枪的高低射界为 -5° 至 +30°。此外，车内还有两支冲锋枪和 9 枚手雷。

V-100 装甲车

原产国：美国

量产时间：1963 年

重量：9.8 吨

V-100 装甲车是美国于 20 世纪 60 年代研制的两栖四轮驱动轻型装甲车，其装甲采用高硬度合金钢，可以抵挡 7.62×51 毫米子弹。V-100 装甲车的主要武器为 1 门 90 毫米 Mk 3 火炮，辅助武器为 1 挺 20 毫米榴弹枪和 1 挺 7.62 毫米机枪。V-100 装甲车也可以不装炮塔，作为迫击炮载台，也可以安装 5 挺机枪作为装甲运兵车或步兵战斗车。该车最多可搭载 12 名乘员，乘员可以利用个人武器由各射击口向外射击。

"狐"式装甲侦察车

原产国：英国

量产时间：1972 年

重量：6.75 吨

"狐"式装甲侦察车是英国研制的轮式装甲侦察车，采用全焊接的铝合金装甲车体和炮塔。该车装备 1 门 30 毫米机炮，可发射多种炮弹，可单发也可连射，空弹壳自动弹出车外。主炮左侧有 1 挺 7.62 毫米并列机枪。炮塔前部两侧各有 4 台烟幕弹发射器。该车的制式设备包括红外滤光灯、聚光灯、外部储油箱、电气接线盒、13.6 升饮水箱等。可选设备包括导航设备、动力回转装置、核和化学探测设备及 ZB298 监视雷达。

LARC-V 两栖运输车

原产国：	美国
量产时间：	1963 年
重量：	8.6 吨

LARC-V 两栖运输车是美国于 20 世纪 60 年代研制的轮式两栖运输车，车底后方有 1 个三叶螺旋桨推进装置，车体与甲板齐平的外围有坚固的保护橡胶，甲板呈台阶状。该车的设计要求是能够从舰船到海岸间运载 4545 千克的货物或 15～20 名全副武装的士兵，如果需要，甚至可以驶入陆地纵深。

"美洲豹"坦克歼击车

原产国：	德国
量产时间：	1965 年
重量：	27.5 吨

"美洲豹"坦克歼击车的车体为钢装甲全焊接结构，装甲厚度为 10～50 毫米。主要武器为 1 门 90 毫米反坦克炮，有双气室炮口制退器和炮膛抽烟装置。火炮的高低射界为 -8°至 +15°，方向射界 15°，均为手动操纵，最大射速为 12 发 / 分。配用的弹种有穿甲弹、超速穿甲弹、破甲弹、碎甲弹等，备弹 51 发。辅助武器为 1 挺 7.62 毫米同轴机枪及 1 挺 7.62 毫米高射机枪。

EE-9 "卡斯卡韦尔"装甲侦察车

原产国：巴西
量产时间：1974 年
重量：13.4 吨

EE-9 "卡斯卡韦尔"装甲侦察车是巴西研制的轮式装甲侦察车，采用全焊接车体，车体为内柔外硬的双硬度装甲钢板结构，车体前部为弧状结构，特别考虑了对陷阱、榴弹和"莫洛托夫"燃烧瓶的防御。主要武器为 1 门 90 毫米 EC-90 线膛炮，可发射榴弹、破甲弹、碎甲弹和烟幕弹等。辅助武器为 2 挺 7.62 毫米机枪。

菲亚特 6614 装甲车

原产国：意大利
量产时间：1973 年
重量：8.5 吨

菲亚特 6614 装甲车是意大利研制的四轮装甲车，由菲亚特公司和奥托·梅莱拉公司联合生产，菲亚特公司负责车体和机动部件，奥托·梅莱拉公司负责武器装备。该车为全四轮驱动，配备五速手动变速箱、二速分动箱，前后差速器有机械闭锁装置。轮毂内装行星侧减速器，可以轮胎滑水渡过小河和浅滩。该车还配有 3 台 76 毫米烟幕弹发射装置以及拉力为 44.1 千牛的前置绞盘。

"食人鱼"装甲车

原产国：	瑞士
量产时间：	1972 年
重量：	3 吨

"食人鱼"装甲车是瑞士设计并制造的轮式装甲车，根据车轮数量有 4×4、6×6、8×8、10×10 等多种版本，是欧美国家广泛使用的装甲车。该车可以搭载的武器较多，如 10×10 版本的主要武器是 1 门 105 毫米线膛炮，炮塔可旋转 360°。发射尾翼稳定的脱壳穿甲弹初速达 1495 米/秒，具有反坦克能力。辅助武器是 1 挺 7.62 毫米同轴机枪。车上携炮弹 38 发，枪弹 2000 发。

"山猫"装甲侦察车

原产国：	德国
量产时间：	1975 年
重量：	19.5 吨

"山猫"装甲侦察车是德国在二战后研发的 8×8 轮式水陆两用装甲车，专门用于深入敌后执行侦察任务，以取代美制 M41 轻型坦克。该车主要装备德国联邦国防军的装甲侦察营和侦营连等部队，当德国应联合国的要求执行维和任务时也负责警戒任务。正面装甲可抵挡 20 毫米炮弹，侧面装甲可抵挡 12.7 毫米机枪弹的攻击。车身中央有 1 个双人炮塔，配备 1 挺 20 毫米 Rh202 机炮，备弹 375 发。

ERC 装甲侦察车

原产国：法国	
量产时间：1979 年	
重量：8.3 吨	

ERC 装甲侦察车是法国研制的轮式装甲侦察车，采用大倾角装甲车身，车顶的驾驶顶舱盖被金属板遮住两侧，向后开启的侧门位于前两个车轮之间。炮塔在车顶中间，安装有 1 门 90 毫米长管炮，带有隔热套管和单室炮口制退器，炮塔后部两侧各 1 台烟幕弹发射器。车体两侧各有 3 个车轮，前车轮和中间车轮之间距离较大，后轮上面的金属装甲板项部水平。

AMX-10RC 装甲侦察车

原产国：法国	
量产时间：1976 年	
重量：15 吨	

AMX-10RC 装甲侦察车是法国研制的轮式装甲侦察车，车体和炮塔为全焊接的铝使结构，可使乘员免受轻武器、光辐射和弹片的伤害。此外，还安装了核生化防护系统。该车的主要武器是 1 门安装在铝质焊接炮塔上的 105 毫米线膛炮，可发射尾翼稳定脱壳穿甲弹、高爆弹、反坦克高爆弹以及烟幕弹等。其中，尾翼稳定脱壳穿甲弹可在 2000 米的距离外穿透北约装甲标靶中的第三层重甲。辅助武器为 1 挺 7.62 毫米机枪，备弹 4000 发。

VBC-90 装甲车

原产国：法国

量产时间：1979 年

重量：13.5 吨

VBC-90 装甲车是法国于 20 世纪 70 年代研制的轮式装甲车，采用全焊接钢车体，驾驶舱在前部，战斗舱居中，动力舱在后部。驾驶舱位于车前部左侧，顶部舱盖向右开启，其前面和左右两侧各有 1 个防弹窗。主要武器为 1 门 90 毫米滑膛炮，可发射法国地面武器工业集团生产的霰弹、榴弹、破甲弹、烟幕弹和翼稳脱壳穿甲弹，备弹 20 发。

"卡斯皮"地雷防护车

原产国：南非

量产时间：1981 年

重量：10.88 吨

"卡斯皮"地雷防护车是南非研制的轮式装甲车，有多种衍生型号。该车离地间隙较高，车体下部为 V 形，侧面上部和车尾竖直。车身正面和侧面都有大型防弹窗，侧面的防弹窗下方有射击孔，通常安装 1 挺 7.62 毫米机。早期车型为敞顶，后期将载员舱改为全封闭式，且车尾有两扇门。

"大山猫"装甲车

原产国：	南非
量产时间：	1987 年
重量：	28 吨

"大山猫"装甲车是南非研制的轮式装甲战斗车辆，早期型为了增加载弹量，增强可持续作战能力，配备 1 门 76 毫米 GT4 线膛炮，可发射尾翼稳定脱壳穿甲弹、破甲弹、榴弹、烟幕弹等，备弹 48 发。1994 年，换装了 105 毫米 GT7 线膛炮，能够发射所有北约标准的 105 毫米炮弹，射速为 6 发 / 分。该车的辅助武器为 2 挺 7.62 毫米机枪，1 挺与主炮并列，1 挺用于防空。

LAV-25 装甲车

原产国：	美国、加拿大
量产时间：	1983 年
重量：	12.8 吨

LAV-25 装甲车是美国通用汽车公司为美国海军陆战队制造的轮式装甲车，其车体和炮塔均采用装甲钢焊接结构，正面能抵御 7.62 毫米穿甲弹，其他部位能抵御 7.62 毫米杀伤弹和炮弹破片。该车采用德尔科公司的双人炮塔，安装有 1 门 25 毫米链式炮。主炮有双向稳定，便于越野时行进间射击。辅助武器为 M240 同轴机枪和 M60 机枪各 1 挺。炮塔两侧各有 4 具 M257 烟幕弹发射器。

LAV-3 装甲车

原产国：加拿大

量产时间：1983 年

重量：16.95 吨

LAV-3 装甲车是加拿大研制的八轮装甲车，是美国"斯特赖克"装甲车的前身。车体和炮塔均采用装甲钢焊接结构，正面能防 7.62 毫米穿甲弹攻击，其他部位能防 7.62 毫米杀伤弹和炮弹破片攻击。该车采用德尔科公司的双人炮塔，安装有 1 门 25 毫米链式炮。辅助武器为 1 挺 7.62 毫米车顶机枪和 1 挺 7.62 毫米同轴机枪。炮塔两侧各有 1 组四联装 M257 烟幕弹发射器。

"半人马"装甲车

原产国：意大利

量产时间：1991 年

重量：24 吨

"半人马"装甲车是意大利研制的轮式坦克歼击车，采用全车身焊接钢板为标准装甲，可以抵挡 14.5 毫米口径的武器直接攻击，正面可挡 25 毫米口径的武器攻击，可视情况再外加装甲到抵挡 30 毫米口径的武器。主炮为 1 门奥托·梅莱拉 105 毫米 52 倍径线膛炮，炮塔上一次可装 14 发弹药，车内另有 26 发。辅助武器为 2 挺 7.62 毫米 MG3 防空机枪。

"野外征服者"机动步兵车

原产国：澳大利亚

量产时间：1997年

重量：11.4吨

"野外征服者"机动步兵车是澳大利亚研制的轮式军用车辆，主要功能是将步兵运送到战场上。由于该车只配备轻型装甲，所以角色被澳大利亚陆军与生产商界定为机动步兵车，而非装甲运兵车。它的装甲能够抵御7.62毫米弹药的射击。车辆底部的V形单壳设计，能将强大的地雷爆炸威力，向外反射开去，借此保障车内人员的安全。该车可以选择安装5.56毫米、7.62毫米和12.7毫米的机枪或40毫米的榴弹发射器。

"野犬1"全方位防护运输车

原产国：德国

量产时间：1995年

重量：11.9吨

"野犬1"全方位防护运输车是德国国防军现役的军用装甲车，使用乌尼莫克底盘。顾名思义，良好的防卫性能是该车的一大特点。根据"野犬1"的设计，该车能够承受恶劣的路况、机枪扫射、小型反坦克武器的攻击，并且通过了大规模杀伤性武器防护测试认证。"野犬1"的基本武器为1挺置于车顶的7.62毫米摇控机枪，也可以改用12.7毫米机枪或40毫米自动榴弹发射器。

"眼镜蛇"装甲车

原产国：土耳其

量产时间：1997 年

重量：6.2 吨

"眼镜蛇"装甲车是土耳其研制的一款轮式装甲车，采用单体构造及 V 形车壳，能有效对抗轻武器、炮弹碎片及地雷攻击，特别设计的前轮在地雷爆炸时会弹飞以免损坏车壳。该车有多种衍生型，以适应不同任务和用途，包括运兵、反坦克、侦察、地面监测雷达、炮兵观测、救护和指挥等，车顶的遥控武器系统通常为 12.7 毫米重机枪、20 毫米机炮、反坦克导弹或地对空导弹等。

M1117 装甲车

原产国：美国

量产时间：1999 年

重量：13.47 吨

M1117 装甲车是美国于 20 世纪 90 年代研制的四轮装甲车，使用四轮独立驱动系统，易于操作、驾驶稳定，特别适用于城市狭窄街道。该车采用了全焊接钢装甲车体，表面披挂了一层先进的陶瓷装甲。M1117 装甲车装备有小型单人炮塔，炮塔内有 1 具 40 毫米 Mk 19 榴弹发射器，辅助武器为 1 挺 12.7 毫米 M2HB 重机枪。此外，炮塔的两侧还各配置了一组向前发射的四联装烟幕榴弹发射器。

传奇武器鉴赏："斯特赖克"装甲车

"斯特赖克"装甲车是由美国通用动力公司设计并生产的轮式装甲车，设计理念源于瑞士"食人鱼"装甲车。

研发历程

20世纪90年代后期，为了适应冷战后的战争情况，美国陆军需要开发一种介于防护能力强、机动性能稍差的M2"布拉德利"步兵战车和机动性强、防护能力差的"悍马"之间的装甲车。2000年10月，美国陆军决定对加拿大的LAV-3装甲车进行改进，以开发出一种新型装甲车，其结果就是"斯特赖克"装甲车。这种装甲车投入实战后出现了一些问题，美国陆军又对其进行了一系列改进。

基本参数	
长度	6.95米
宽度	2.72米
高度	2.64米
重量	16.47吨
最高速度	100千米/时

"斯特赖克"车族的主要型号包括M1126装甲运兵车、M1127侦察车、M1128机动炮车、M1129迫击炮车、M1130指挥车、M1131炮兵观测车、M1132工兵车、M1133野战急救车、M1134反坦克导弹车和M1135核生化监测车等。其中，M1126装甲运兵车是"斯特瑞克"装甲车族的基础型，其他型号都可以用即时套件升级方式从基础型改装而来，改装可以在前线战场上完成。

整体构造

"斯特赖克"装甲车是以"食人鱼"装甲车的底盘为基础研制而成，采用8×8驱动，整车采用了

"斯特赖克"装甲车在雪地行驶

降低热信号特征和声音信号特征的隐身措施。车体前部是驾驶舱和动力舱，驾驶舱在左侧，动力舱在右侧。车体中央是战斗舱，后部是载员舱。车长席位于动力舱的后方，他的位置最高，便于对外观察。车长席的右侧为步兵班长的专座，位置比车长席稍低。载员舱的两侧各有一条长椅，8名士兵面对面而坐。该车装有自救绞盘，可在淤陷等紧急情况下实施自救。

"斯特赖克"装甲车头部视角

作战性能

"斯特赖克"装甲车的车体为高硬度钢装甲全焊接结构，主要部位的装甲厚度为14.5毫米，可以抵御7.62毫米穿甲子弹和155毫米榴弹破片的攻击。在主装甲的外面，加装了轻质陶瓷附加装甲，共126～132块，因型号而异。加上陶瓷装甲后，可防300米处14.5毫米机枪弹的攻击。车体装甲内表面贴有"凯夫拉"防崩落衬层，车体外部装有栅栏装甲。车体底部和载员座椅经特殊设计，增强了防反坦克地雷的能力。

M1126装甲运兵车有2名乘员（驾驶员和车长），能搭载1个全副武装的加强步兵班。该车的武器为1挺12.7毫米M2重机枪、1挺40毫米Mk 19自动榴弹发射器、1挺7.62毫米M240通用机枪等。该车具有较强的战略机动性，在战斗全重的状态下，C-130运输机可以运送1辆，C-17运输机可以运送3辆，C-5运输机可以运送5辆。

"斯特赖克"装甲车在山区作战

3.8 机动灵活的越野汽车

在战场上，机动性永远是很重要的，骑兵之所以称霸战场千年，就是因为机动性。进入机械化时代的士兵，更是需要机动性。自从内燃机出现之后，所有军事家都在考虑，如何提升士兵的机动性。到了二战时期，军用汽车得到快速发展。1940年，美军在单轴驱动汽车的基础上研制出全轮驱动的4×4吉普车和三轴驱动6×6越野载重汽车。战争期间，美国威利斯和福特汽车公司一共生产了60万辆吉普车。艾森豪威尔曾说："美国靠三样东西赢得二战，登陆艇、C-47运输机、吉普车。"马歇尔则更直接："吉普车为美国赢得胜利，做出了巨大贡献。"

继美国之后，其他参战国也相继研制、装备了不同载重吨级的全轮和多轴驱动越野汽车。军用越野汽车的诞生，标志着军用汽车技术的重大进步。在改进汽车结构的同时，各国对军用汽车种类、型号进行了简化，提高了军用汽车维修保障能力。

尽管二战结束后，越野汽车开始分成两种发展趋势：一种是继续为军用，另一种则发展为民用。但无论是军用还是民用，越野汽车的本质特色并没有因战争结束而丢弃，那就是越野汽车的通过能力和征服险恶环境的能力。冷战时期，随着汽车技术的进步和军队武器装备发展的需要，各国均十分重视越野汽车的研制工作，先后装备了多型号、多用途和机动性较好的越野汽车。

"平茨高尔"高机动性全地形车

原产国：奥地利

量产时间：1971年

重量：2.05吨

"平茨高尔"高机动性全地形车是一种轮式全地形车，有4×4和6×6两种类型。该车采用全合金的中央管状车架，传动系统内藏于管状车架内。因此，该车在沼泽地或海边行驶时，传动轴不会直接碰到海水，在山地越野时传动轴也不会碰到岩石，减少了故障率及增加车辆性能的可靠性。"平茨高尔"高机动性全地形车的车身和电路密封性好，因此可以涉水行驶。

73式大型卡车

原产国：日本	
量产时间：1973年	
重量：8.57吨	

73式大型卡车是日本五十铃汽车公司生产的大型军用卡车，与一般军用卡车的构造基本相同，由车头和货斗两部分组成，货斗使用帆布包覆。一般卡车的最小离地间隙最多为240毫米左右，而73式大型卡车达到了330毫米。73式大型卡车被日本自卫队用来运输人员和物资，在恶劣路况上行驶时的标准载重量为3.5吨，在一般公路等平地上行驶时的最大载重量为6吨。

73式吉普车是日本研制的军用吉普车，采用三门六座（最后第三排座椅为横向折叠设计，较前两排座椅尺寸较小）设计，前风窗框架可向前翻倒（或拆除），车顶软棚以及前后车门上半部均可拆卸，便于空投和空运。除驾驶员外，还可运载5名步兵。73式吉普车的固定武器是1挺7.62毫米FN Minimi机枪，也可换装其他机枪，或者换装反坦克导弹、无后坐力炮和榴弹发射器等武器。

73式吉普车

原产国：日本	
量产时间：1973年	
重量：1.94吨	

乌拉尔 4320 卡车

原产国：苏联

量产时间：1977 年

重量：15.3 吨

乌拉尔 4320 卡车是苏联乌拉尔汽车厂生产的军用卡车，分为 6×6 和 4×4 两种类型。其中，6×6 军用系列有 5 种车型，均有标准的侧卸载货车体，以及 4 座驾驶室。乌拉尔 4320 卡车可以在各种道路和地形上运输货物、人员和拖挂拖车。另外，也可作为 BM-21 火箭炮的发射平台。乌拉尔 4320 卡车 6×6 车型的有效载荷为 6 吨至 12 吨，而 4×4 车型的有效载荷为 5.5 吨。

重型增程机动战术卡车

原产国：美国

量产时间：1982 年

重量：19.3 吨

重型增程机动战术卡车是美国研制的八轮越野卡车系列，昵称为"龙卡车"（Dragon Wagon）。重型增程机动战术卡车的型号较多，基型车为 M977 货车，其他车型还有 M978 油罐车、M983 牵引车、M984 救援车、M985 货车、M1120 装载系统、M1977 通用桥梁运输车等。其中，M983 牵引车可作为"爱国者"导弹等火力平台，或搭载大型雷达等展开型装备。

"卫士"越野车

原产国：英国

量产时间：1983 年

重量：2 吨

"卫士"越野车是英国路虎汽车公司生产的 4×4 轮式轻型军用车辆，其外观硬朗，有三种轴距供选择 90、110 和 130，分别称为："卫士"90、"卫士"110 和"卫士"130。该车同时有两款发动机，5 速的手动变速箱和 2 速的分动箱是标准配置。"卫士"系列越野车采用全时四轮驱动，并带有可锁定中央差速器，越野性能极为出色。

"悍马"装甲车

原产国：美国

量产时间：1984 年

重量：2.34 吨

"悍马"装甲车是美国汽车公司于 20 世纪 80 年代设计生产的装甲车，正式名称为高机动性多用途轮式车辆。"悍马"装甲车拥有一个可以乘坐 4 人的驾驶室和 1 个帆布包覆的后车厢。"悍马"装甲车是 1 种具备特殊用途武器平台的轻型战术车辆，它可以改装成反坦克导弹、防空导弹、榴弹发射器、重机枪等各类武器发射平台或装备平台，美国陆军大多数武器系统均可安装在"悍马"装甲车上。

沙漠侦察车

原产国：	美国
量产时间：	1991 年
重量：	0.96 吨

沙漠侦察车是美国切诺斯公司生产的轻型攻击车辆，也称为快速攻击车。沙漠侦察车采用 4×2 驱动方式，快速响应式后轮驱动系统，提高了越野性能。该车安装有 2 挺 7.62 毫米机枪，车长位置是 1 挺 12.7 毫米 M2 重机枪或 1 具 40 毫米 MK 19 自动榴弹发射器。此外，还可选装 30 毫米机炮、AT-4 反坦克火箭筒、"陶"式反坦克导弹或"毒刺"地对空导弹等，也可装备现代化的通信设备、夜视装置和卫星定位系统。

乌尼莫克 U4000 卡车

原产国：	德国
量产时间：	1986 年
重量：	2.9 吨

乌尼莫克 U4000 卡车是德国梅赛德斯-奔驰公司生产的乌尼莫克军民两用卡车系列中的代表车型，有 4×4 和 6×6 两种类型。该车采用全钢驾驶室，有两座单排驾驶室、三座单排驾驶室或六座双排座驾驶室可供选择。由于采用了"门式传动"技术，使得轮轴和传动轴的位置要高于轮胎中心，因此乌尼莫克 U4000 卡车拥有比"悍马"装甲车更高的离地距离。乌尼莫克 U4000 卡车还使用了柔性车架，车轮在垂直方向上有较大的活动空间，这样当车辆在异常崎岖的地形上行驶时仍能保持较为舒适的驾驶状态。

VBL 装甲车

原产国：法国

量产时间：1990 年

重量：3.5 吨

VBL 装甲车是法国于 20 世纪 80 年代研制的轻型轮式装甲车，具有一定的装甲防护能力，在战场上担任的角色类似于美军的"悍马"装甲车。VBL 装甲车体型较小，重量较轻，车上装有三防装置，车体装甲能抵挡 7.62 毫米子弹和炮弹破片的袭击。该车具有很好的武器适应性，可根据部队需要装备多种不同类型的武器系统。车顶上装有可以 360 度回旋的枪架和枪盾，能安装多种轻机枪或重机枪（如 FN Minimi 轻机枪、M2 重机枪等）。

M1070 重型装备运输卡车

原产国：美国

量产时间：1992 年

重量：108.5 吨

M1070 重型装备运输卡车是由 8 轮驱动的 M1070 牵引车和 M1000 半挂车组合而成。M1070 牵引车具备较强的越野性能，适应战场上恶劣的地形环境。M1070 重型装备运输卡车的主要使命是运输 M1"艾布拉姆斯"主战坦克，此外还能够运输装甲车、自行榴弹炮等重型车辆设备。该车配备了 1 个负荷能力达 25 吨的绞车作为装卸辅助设备。M1070A0 的有效载荷为 70 吨，M1070A1 和 M1070F 的有效载荷为 75 吨，而 M1070 HET 的有效载荷为 65 吨。

"瓦曼塔"装甲车

原产国：	西班牙
量产时间：	1998年
重量：	2吨

"瓦曼塔"装甲车是由西班牙研制的轮式装甲车，目前在十余个国家的军警单位服役。该车由4轮驱动，越野能力较为突出，整体结构模仿自美国"悍马"装甲车。该车可以搭载各种各样的武器，包括机枪、榴弹发射器、反坦克导弹、迫击炮、无后坐力炮和轻型防空导弹等。

高机动车

原产国：	日本
量产时间：	1993年
重量：	2.9吨

高机动车是日本陆上自卫队装备的军用车辆，又被称为"疾风"或"日本悍马"。由于参照了"悍马"装甲车的设计理念，高机动车的外形与"悍马"装甲车大致相当。该车采用了多层次玻璃纤维真空成型车身，内部有一层防弹贴装可防小型武器和弹片，实际使用时也可外挂装甲。该车的武器以小口径武器为主，通常是1挺7.62毫米FN Minimi机枪。此外，也可以根据需要安装其他武器，如地对空导弹、榴弹发射器、烟幕弹发射器等。

先进轻型突击车

原产国：	美国
量产时间：	1996 年
重量：	1.6 吨

先进轻型突击车是在沙漠侦察车基础上改进而来的特种作战车辆，在机动性和大型化方面了很多改进。先进轻型突击车采用118千瓦的柴油发动机和四轮独立悬吊系统，由于在动力方面还有富余，所以还可在车体上安装轻型装甲或小型炮塔。该车装有洛克希德·马丁公司的稳定式小口径武器支座，便于安装各种轻武器。车体由高强度复合材料钢管所架构，车体前方有两个座位，机枪手需要将身体伸出车外以便操作车顶部的机枪、榴弹发射器等武器。

"狼"式越野车

原产国：	英国
量产时间：	1998 年
重量：	2.2 吨

"狼"式越野车是英国路虎汽车公司生产的4×4轮式轻型军用车辆，由"卫士"越野车改进而来。"狼"式越野车的铝质车身重量轻而且坚固耐用，不易生锈。该车的排量并不是很大，可以保证不错的燃油经济性和续航里程。"狼"式越野车可以爬越45°斜坡，其双速分动箱在极端恶劣的越野路面也能给予足够的动力输出。在泥泞、冰雪、沙石路面，"狼"式越野车都能灵活自如地行驶。

3.9 少而精的牵引式火炮

二战之后，自行火炮越来越受到重视，许多专家学者因而预测，牵引式火炮将逐步被淘汰。当时一些得到公认的观点认为，牵引式火炮存在以下缺点：战场暴露征候（指目标自身表露于外部的特征，如目标的外形、大小、颜色、阴影、表面组织特点、表面辐射温度、微波反射和磁异常等）明显，行军战斗转换时间过长，严重依赖易损性较大的牵引车进行战场机动等等。

事实证明，尽管牵引式火炮存在上述缺点，但在现代化战争中依然有其用武之地。因为牵引式火炮有很多自行火炮所不具备的优点，这使它在导弹时代也不会被淘汰。牵引式火炮最大的优点在于没有底盘，更加轻便，机动起来更加方便，不仅是重型运输机，一些中型直升机也能运输，部署起来反而还要比自行火炮更加方便。例如在高原山地环境下，自行火炮机动比较困难，而牵引式火炮只要借助飞机就能快速部署。马岛战争中，英军火力不足，只能依赖炮火支援，所以英军直升机就吊运牵引式火炮到高地上压制阿军阵地，然后再迅速前往另一个发射阵地。

M30 迫击炮

原产国：美国

量产时间：1951 年

重量：0.305 吨

M30 迫击炮是美国于 20 世纪 40 年代末研制的 107 毫米迫击炮，主要用于杀伤和压制有生力量及火器、施放烟幕和夜间照明。M30 迫击炮结构简单，机械性能可靠。由于采用线膛身管，因此弹道性能好，命中精度高，杀伤威力大。该迫击炮可使用履带车运输，机动速度快，越野能力强。

M50 榴弹炮
原产国：法国
量产时间：1952 年
重量：8.1 吨

M50 榴弹炮是法国于 20 世纪 50 年代研制的 155 毫米牵引式榴弹炮，除装备法国陆军外，瑞典、瑞士、黎巴嫩和突尼斯陆军也有采用。此外，以色列陆军还将此炮安装在经过改进的"谢尔曼"坦克底盘上成为自行火炮。M50 榴弹炮的炮口制退器为多气室式，炮架采用开脚式大架。M50 榴弹炮发射的榴弹重 43 千克，最高初速为 650 米/秒，最大射程为 17.6 千米。

M65 原子加农炮是美国于 20 世纪 50 年代研制的 280 毫米原子炮，专用于发射核炮弹，绰号"原子安妮"。M65 原子加农炮以舰炮为基础改制而成，其结构与重型加农炮相似，运输时装在带有轮式转向架的底座上。M65 原子加农炮的有效射程为 32 千米，以水压装弹，其爆炸威力相当于美国投到广岛的原子弹的 1/4。作为战术核武器，M65 原子加农炮过于笨重，不便于机动和隐藏，易遭敌方远程火力袭击。

M65 原子加农炮
原产国：美国
量产时间：1955 年
重量：83.3 吨

L16 迫击炮

原产国：英国

量产时间：1965 年

重量：0.035 吨

L16 迫击炮是英国研制的 81 毫米迫击炮，被多个国家的军队采用。L16 迫击炮的最大射程可达 5650 米，且射速快、精度高，具有较大的杀伤威力和持续战斗能力。在英国陆军中，L16 迫击炮主要装备步兵营和机械化步兵营，每营 8 门。值得一提的是，L16 迫击炮还可发射"灰背隼"反装甲制导炮弹。

2B9 迫击炮

原产国：苏联

量产时间：1970 年

重量：0.632 吨

2B9 迫击炮是苏联于 20 世纪 60 年代研制的 82 毫米牵引式迫击炮，绰号"矢车菊"（Vasilek）。2B9 迫击炮与嘎斯-66 运输车合称为 2K21 迫击炮武器系统。2B9 迫击炮的高低射界从 -1°到 +85°，既可平射坦克，也可曲射碉堡。该炮的炮管中部装有冷却室，中间填满冷却水，水冷的设计使其拥有半小时内 300 发的持续射击能力。2B9 迫击炮的缺点在于系统重量大、弹丸威力小、精度差散布大、射程近等。

M198 榴弹炮

原产国：美国

量产时间：1976 年

重量：7.154 吨

M198 榴弹炮是美国于 20 世纪 60 年代后期开始研制的 155 毫米牵引式榴弹炮，主要用户为美国陆军和海军陆战队。M198 榴弹炮采用传统结构，由 M199 式炮身、M45 式反后坐装置、瞄准装置和 M39 式炮架四大部分组成。该炮可发射多种炮弹，包括 M107 式榴弹、M795 式榴弹、M549A1 式火箭增程弹、M449 式杀伤子母弹、M712 式激光制导炮弹、M454 式核炮弹、M825 式黄磷发烟弹、M485 式照明弹、M631 式催泪弹和 M110 式芥子化学弹等。

L118 榴弹炮

原产国：英国

量产时间：1976 年

重量：1.858 吨

L118 榴弹炮是英国研制的 105 毫米轻型牵引式榴弹炮，采用了很多新材料和新工艺，炮管为高强度钢，上架由铝合金制成，大架为闭合式空心管状结构，整炮重量很轻。L118 榴弹炮射程较远，具有很高的可靠性和机动性，行军状态炮身可回转 180°。L118 榴弹炮可用"陆地漫游者"越野车（4×4）或其他吉普车、小型卡车或雪地牵引车牵引，也可以用"黑鹰"、"海王"或"美洲豹"直升机吊运，或者用 C-130 运输机空运。

M224 迫击炮

原产国：美国

量产时间：1978 年

重量：0.0211 吨

M224 迫击炮是美国于 20 世纪 70 年代研制的 60 毫米前装式迫击炮，主要用于为地面部队提供近距离的炮火支援。该迫击炮可以使用的炮弹型号较多，包括 M888 高爆榴弹、M720 高爆榴弹、M720A1 高爆榴弹、M722 烟幕弹、M50A2/A3 训练弹、M769 全射程练习弹等。M224 迫击炮机动灵活，重量轻，可分解成两部分，由人员携带，特别适合于山地作战。M224 迫击炮还自备照明装置，可用于夜间作战。

FH70 榴弹炮

原产国：德国、英国、意大利

量产时间：1978 年

重量：9.6 吨

FH70 榴弹炮是德国、英国和意大利联合研制的 155 毫米牵引式榴弹炮，自 1987 年起先后装备三国陆军。此外，日本和沙特阿拉伯等国也有装备。FH70 榴弹炮由炮身、反后坐装置、摇架、装填装置、座盘、辅助推进装置和瞄准装置等组成，具有射程远、威力大、机动性好、可空运的特点。FH70 榴弹炮具有较高的射速，瞄准装置上有数字显示器，可显示连指挥所提供的高低和方向数据等。该炮发射普通榴弹时最大射程为 24 千米，发射火箭增程弹时最大射程为 30 千米，急促射速为 3 发 /13 秒，持续射速为 2 发 / 分。

M252 迫击炮

原产国：美国

量产时间：1987 年

重量：0.0413 吨

M252 迫击炮是美国在英国 L16 迫击炮基础上改进而成的 81 毫米迫击炮，可发射榴弹、发烟弹和照明弹等，发射 L15A3 榴弹时的初速为 250 米 / 秒，最小射程为 180 米，最大射程超过 5000 米，最大射速 30 发 / 分，持续射速 15 发 / 分。M252 迫击炮的高低射界为 45°到 85°，方向射界为左右各 5.6°。

M119 榴弹炮

原产国：美国

量产时间：1989 年

重量：2.13 吨

M119 榴弹炮是美国在引进英国的 105 毫米 L119 轻型榴弹炮的基础上改进而成的 105 毫米牵引式榴弹炮，用于替换老旧的 M102 牵引式榴弹炮。M119 榴弹炮重量轻、可空运部署，能发射多种炮弹并以高射角打击目标，适于在浓密丛林、山区和城区等环境中的纵深掩体下实施射击和撤出战斗。该炮的高低射界为 -5.5°到 +70°，使用座盘时的方向射界为 360°，不使用座盘时则为 ±5.5°。M119 榴弹炮可发射多种炮弹，包括榴弹、发烟弹、照明弹、碎甲弹、火箭增程弹等，炮班为 6 人。

TRF1 榴弹炮

原产国：法国

量产时间：1989 年

重量：10.52 吨

TRF1 榴弹炮是法国研制的 155 毫米牵引式榴弹炮，由炮身、炮架、反后坐装置、自动装填机、座盘、辅助推进装置和瞄准装置等组成，具有射程远、威力大、机动性好、可空运等特点，并配有辅助火炮牵引车和输弹机，行军时炮身可回旋 180°。TRF1 榴弹炮发射 F1 式榴弹时初速为 830 米/秒，最大射程为 24 千米，持续射速为 6 发/分，可发射多种常规弹药。

K6 迫击炮是以色列索尔塔姆公司研制的 120 毫米重型迫击炮，被美国陆军采用并命名为 M120 迫击炮。该迫击炮采用模块化设计，主要由以下部件构成：M298 型炮管（50 千克）、M191 型双脚架（32 千克）、M9 型底座（62 千克）。K6 迫击炮是一款传统的前装式滑膛迫击炮，可以发射 M30 迫击炮弹、M333 高爆榴弹、M329 烟幕弹等多种弹药。

K6 迫击炮

原产国：以色列

量产时间：1991 年

重量：0.144 吨

3.10 自行火炮迎来黄金时代

冷战时期，由于各国军队强调机动力、火力、防护力的有机协调，自行火炮的发展备受重视，大有取代牵引式火炮之势，几乎所有牵引式火炮都研制了自行火炮的衍生型。自行火炮具有自行机动的优点，这在反炮兵技术十分先进的冷战时期是很有必要的，短促的急射之后，自行火炮需要迅速撤离，躲避敌人可能的反击，而牵引式火炮需要借助外力，很有可能来不及撤退就被敌军攻击了。有趣的是，即使是自行火炮，有时也需要像牵引式火炮一样拉绳击发，主要是由于冷炮击发时（第一次射击或者大修维护后的第一次射击）可能会有安全隐患，需要拉绳击发，然后车组人员才能进入车内使用。

冷战期间，履带式自行火炮的生产和装备数量多于轮式自行火炮。直到20世纪90年代，国际形势发生了重大变化。冷战结束后，东西方大规模的军事对抗趋于缓和，但各种中小规模的局部战争不断发生。随着高技术在常规武器中广泛运用，国际军火市场的竞争更加激烈，也促使在设计、制造新式武器时，考虑到降低成本，以使制造出来的武器能有更广阔的销售市场。同时，从未来高技术战争出发，减轻武器装备重量，提高战略和战术机动能力显得尤为重要。履带式自行火炮有明显的优越性，但其战略机动性差，不能灵活机动，对后勤保障要求高，这又降低了它的使用方便性和持续性。在这个大背景下，轮式自行火炮开始取代履带式自行火炮的地位。

M110 自行榴弹炮

原产国：美国

量产时间：1961 年

重量：28.3 吨

M110 自行榴弹炮是美国研制的 203 毫米履带式自行榴弹炮，也是二战后美国制造的自行火炮中火炮口径最大的一款。M110 自行榴弹炮采用专门设计的底盘，由于它没有炮塔，整车由火炮和底盘两大部分组成，车体为铝合金装甲全焊接结构。其优点是结构简单，便于减轻全车重量，不过也存在战斗部分没有装甲防护的巨大缺陷。M110 自行榴弹炮的主要武器为 1 门 203 毫米 M2A2 型榴弹炮，最快发射速度为 1.5 发/分，持续发射速度为 0.5 发/分。备弹 60 发榴弹和 12 发核炮弹。

M107 自行加农炮

原产国：美国

量产时间：1961 年

重量：28.3 吨

M107 自行加农炮是美国于 20 世纪 60 年代研制的 175 毫米履带式自行加农炮，目前已从美国陆军退役。

M107 自行加农炮采用敞开式炮塔，与 M109 自行榴弹炮紧凑的装甲炮塔相比，炮手的活动更加自如，其 175 毫米加农炮在射速上和射程上能够压制装配 120 毫米火炮的主战坦克。不过，M107 自行加农炮的开放式车体设计虽然能够降低重量，但令防护力大幅减弱，较长的炮管也会影响车体平衡。为了尽快使火炮投入战斗，车组乘员必须技术熟练，配合默契。驾驶员、炮长、车长之间必须通过交流，实现粗调车体方向的同时完成火炮的瞄准和射击参数的设定。

BM-21 自行火箭炮

原产国：苏联

量产时间：1963 年

重量：13.71 吨

BM-21 自行火箭炮是苏联于 20 世纪 60 年代研制的 122 毫米 40 管自行火箭炮，绰号"冰雹"。BM-21 自行火箭炮主要用来摧毁敌方战术核武器，与敌方炮兵交战。该炮可发射爆破杀伤火箭弹、化学燃烧火箭弹等，全营齐射能发射 720 枚火箭弹或化学弹。BM-21 自行火箭炮通常配置在己方前沿后 2～6 千米的范围内，压制纵深为 14～18 千米。该炮发射速度快，火力猛烈；行军状态和战斗状态转换快速，射击准备时间短；越野机动能力强。不过，BM-21 自行火箭炮也存在射击精度较低。稳定性稍差。发射时火光大。易暴露等缺点。

Mk F3 自行火炮

原产国：法国

量产时间：1962 年

重量：17.41 吨

Mk F3 自行火炮是法国研制的 155 毫米自行火炮，采用 AMX-13 轻型坦克的底盘，155 毫米火炮安装在底盘后部，行进时火炮被固定于中线右侧 8°处。底盘两侧各有 5 个负重轮，最后 1 个作为诱导轮，主动轮在前，有 3 个托带轮。车尾有 2 具大型驻锄，两侧各 1 具。Mk F3 自行火炮没有为乘员提供针对恶劣天气、核生化攻击、轻型武器火力和炮弹碎片的防护装置。

M109 自行榴弹炮

原产国：美国

量产时间：1963 年

重量：27.5 吨

M109 自行榴弹炮是美国于 20 世纪 60 年代研制的 155 毫米自行榴弹炮，最初采用 1 门 M126 型 155 毫米 23 倍径榴弹炮，之后的改进型陆续换装了 M126A1 型 155 毫米 23 倍径榴弹炮、M185 型 155 毫米 33 倍径榴弹炮、M284 型 155 毫米 39 倍径榴弹炮。辅助武器为 1 挺 12.7 毫米 M2 机枪，并可加装 40 毫米 Mk 19 Mod 3 榴弹发射器、7.62 毫米 M60 机枪或 7.62 毫米 M240 机枪。

"阿伯特"自行火炮

原产国：英国

量产时间：1965 年

重量：16.56 吨

"阿伯特"自行火炮是英国于 20 世纪 60 年代研制的 105 毫米自行火炮，由炮身、摇架、反后坐装置、输弹机、射击指挥系统和底盘等组成，具有重量轻、体积小、可空运、机动性强的特点，配备有三防装置，可水陆两用。电动旋转炮塔可环射，可精确打击远至 15 千米外的目标，并有效打击除重装甲战车以外的任何目标。

2S3 自行加榴炮

原产国：苏联

量产时间：1968 年

重量：28 吨

2S3 自行加榴炮是苏联于 20 世纪 60 年代后期研制的 152 毫米自行加榴炮，由 PI-20 式加榴炮和"萨姆 4"导弹发射车底盘结合而成。2S3 自行加榴炮的火炮身管长为 29 倍口径，安装有炮口制退器和抽烟装置，运动时火炮由前斜板上竖起的行车锁固定，火炮仰角 60°、俯角 -3°，并可 360° 全方位旋转。2S3 自行加榴炮可发射榴弹、火箭增程弹、穿甲弹、化学弹等多种常规弹药或核弹，其中发射榴弹时初速为 670 米 / 秒，最大射程为 18.5 千米，持续射速为 2 发 / 分，最大射速为 4 发 / 分。

2S4 自行迫击炮

原产国：苏联

量产时间：1969 年

重量：30 吨

2S4 自行迫击炮是苏联研制的 240 毫米自行迫击炮，绰号"郁金香树"。该炮在结构上与 2S3 自行加榴炮和 2S5 自行加农炮两种 152 毫米自行火炮共用部分零件。底盘选用 GMZ 装甲布雷车，车体由钢板焊接而成，并强化抗弹能力，以防御小口径武器和炮弹破片。

"拉尔斯"自行火箭炮

原产国：德国

量产时间：1969 年

重量：15 吨

"拉尔斯"自行火箭炮是德国研制的 110 毫米 36 管自行火箭炮，LARS 是"Light Artillery Rocket System"（轻型火炮火箭系统）的简称。"拉尔斯"火箭炮由运载车、两个火箭发射箱、瞄准装置等组成，每个发射箱有 18 根定向管，分 4 层排列，第 1 层 5 个，第 2、3 层各 6 个，第 4 层 1 个。运载车原为"丘辟特"卡车（6×6），后改用曼公司 7T 越野卡车（6×6）。"拉尔斯"自行火箭炮的最大射程为 14 千米，可单发或连射。

75式自行火箭炮

原产国：日本

量产时间：1975年

重量：16.5吨

75式自行火箭炮主要由运载发射车、发射装置、地面测风装置和瞄准装置等组成。发射装置为长方形箱体，分3层，每层有10根定向发射管。运载发射车车体为铝合金全焊接结构，前部是乘员室，驾驶员在左边，车长在右边，操作手在车长的后面。75式自行火箭炮装有陀螺罗盘式导航仪，无须预先调整射向，因此射击准备迅速。75式自行火箭炮火力较猛，相当于9门105毫米榴弹炮以最大射速发射时的火力。另外还配有1挺12.7毫米机枪，携弹600发弹药。

75式自行榴弹炮

原产国：日本

量产时间：1975年

重量：25.3吨

75式自行榴弹炮是日本于20世纪60年代研制的155毫米履带式自行榴弹炮，主炮为1门155毫米L30型榴弹炮，配备自动装弹机。火炮可发射标准穿甲弹和火箭助推杀伤爆破弹、烟幕弹和照明弹，可兼容所有北约标准的155毫米弹药。由于使用了74式主战坦克使用的发动机，75式自行榴弹炮的机动性较强，能够对付突然出现的目标。

RM-70 自行火箭炮

原产国：捷克斯洛伐克

量产时间：1972 年

重量：33.7 吨

RM-70 自行火箭炮是捷克斯洛伐克于 20 世纪 60 年代研制的 122 毫米 40 管自行火箭炮，西方称为 M1972 火箭炮。与苏联 BM-21 自行火箭炮相比，RM-70 自行火箭炮装弹更迅速、装甲防护和越野机动性更好。RM-70 自行火箭炮的最大射程为 20 千米，其发射的火箭弹也不是苏联的原装产品，炸药和推进剂都是捷克斯洛伐克自行生产的。特别是 RM-70 自行火箭炮发射的布雷弹，每枚布雷弹中可装载 5 枚 PPMI-S1 型反人员地雷或 4 枚 PTMI-D 型反装甲地雷。这两种类型地雷均为捷克斯洛伐克国产。

"猎豹"自行高射炮

原产国：德国

量产时间：1976年

重量：47.5吨

"猎豹"自行高射炮是采用"豹1"主战坦克的底盘改装而成，主要武器为2门瑞士厄利孔公司制造的KDA型35毫米机炮，身管长为90倍口径，每门炮的理论射速为550发/分，备弹对空320发，对地20发。它既可攻击中低空飞行的飞机，也可攻击轻型装甲车辆等地面目标。火炮的方向射界为360°，高低射界为-5°至+85°，身管寿命为2500～3000发。配用的弹种有燃烧榴弹、穿甲燃烧爆破弹、脱壳穿甲弹等。

2S5自行加农炮

原产国：苏联

量产时间：1976年

重量：28.2吨

2S5自行加农炮是苏联于20世纪70年代研制的152毫米自行加农炮，绰号"风信子"。2S5自行加农炮的炮管长为53.8倍口径，没有炮身抽气装置，装填弹药时可使用半自动装填系统，以节省人员的体力消耗。最高射速为6发/分，战斗室内存有30枚待射炮弹。接获射击任务、进入战斗位置后，会将车尾的大型驻锄插入地面，以提高射击时的稳定性，待命备射约需1分钟，撤收约需2分钟。

2K22 自行防空系统

原产国：苏联

量产时间：1976 年

重量：35 吨

2K22 自行防空系统是苏联于 20 世纪 70 年代开始研制的弹炮合一防空武器系统，绰号"通古斯卡"。2K22 自行防空系统的火炮武器是 2A38 型 30 毫米双管高炮，采用电击发。两门火炮交替射击，可以相互补偿后坐，减小后坐力。导弹武器为 8 枚 9M311 防空导弹，可打击 15～6000 米距离的目标。该车可在静止或行进间攻击目标，在打击较远的目标时使用导弹，并使用火炮打击抵近目标。整个系统的设计目标是打击固定翼飞机和直升机，同时也可消灭地面目标。

AuF1 自行火炮

原产国：法国

量产时间：1977 年

重量：43.5 吨

AuF1 自行火炮是法国研制的 155 毫米自行火炮，由炮身、摇架、反后坐装置、自动装弹系统、火控系统和车体等组成，具有射程远、机动性强的特点，具备三防能力，弱点是结构复杂，使用维护困难。AuF1 自行火炮可以发射榴弹、火箭增程弹、发烟弹、照明弹等多种常规弹药，发射榴弹时最大射程为 24 千米，发射火箭增程弹时最大射程为 31.5 千米，发射底凹弹时初速为 810 米/秒，最高射速 8 发/分。

2S9 自行迫击炮

原产国：苏联	
量产时间：1979 年	
重量：8.7 吨	

2S9 自行迫击炮是苏联于 20 世纪 70 年代研制的一种可用于空降的 120 毫米自行迫击炮，目前仍在俄罗斯军队中服役。2S9 自行迫击炮的主炮为 2A60 型 120 毫米后膛装填式迫击炮，具有极为少见的间断式螺旋炮闩结构，采用人力装填作业，最高射速为 10 发/分。使用的弹药按照间接或直接射击方式可分为两大类：间接射击时可选用高爆炮弹、白磷弹和烟幕弹等弹种，发射高爆弹时的最大射程为 8.8 千米，若使用火箭助推炮弹时最大射程可达 12.8 千米；直接射击时使用反坦克高爆弹，可击穿 600 毫米厚均质钢板。

M270 自行火箭炮

原产国：美国	
量产时间：1980 年	
重量：24.95 吨	

M270 自行火箭炮是美国于 20 世纪 70 年代研制的自行多管火箭炮，正式名称为 M270 多管火箭系统。M270 自行火箭炮的发射箱可以携带 12 枚火箭或 2 枚 MGM-140 陆军战术导弹，前者携带有导引或无导引的弹头，最远射程可达 42 千米，MGM-140 陆军战术导弹的射程则达到 300 千米，而导弹的飞行高度可达到 50 千米。M270 自行火箭炮能够在 40 秒内全数射出 12 枚火箭或 2 枚 MGM-140 导弹，而这 12 枚火箭能够完全轰击 1 平方千米的范围，效果不逊于集束炸弹。M270 自行火箭炮能在开火后迅速转移阵地，以避免受到炮火反击。

ASTROS II 自行火箭炮

原产国：巴西

量产时间：1983 年

重量：10 吨

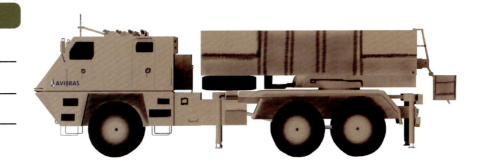

ASTROS II 自行火箭炮是巴西于 20 世纪 80 年代研制的自行火箭炮，ASTROS 是"炮兵饱和射击火箭系统"（Artillery SaTuration ROcket System）的缩写。ASTROS II 自行火箭炮的同一发射架上能够发射 5 种不同的火箭弹（127 毫米 SS-30 火箭弹 32 枚、180 毫米 SS-40 火箭弹 16 枚、300 毫米 SS-60 火箭弹 4 枚、300 毫米 SS-80 火箭弹 4 枚、300 毫米 SS-150 火箭弹 4 枚），并且能够对 9～90 千米距离的目标实施大规模的火力投放。

87 式自行高射炮

原产国：日本

量产时间：1987 年

重量：38 吨

87 式自行高射炮是日本于 20 世纪 70 年代末研制的 35 毫米双联装自行高射炮，安装有新型炮塔，炮塔上装备 2 门 35 毫米机炮，射速为 550 发/分，携带 300 发榴弹和 20 发穿甲弹。该炮机动能力强、射速高、精度高。由于采用 74 式主战坦克底盘，因此有较强的越野能力和较快的机动速度，能够对机械化部队作战提供有效掩护。

BM-30 自行火箭炮

原产国：苏联

量产时间：1989 年

重量：43.7 吨

BM-30 自行火箭炮是苏联于 20 世纪 80 年代研制的 300 毫米自行火箭炮，绰号"龙卷风"。该火箭炮有 12 个发射管，使用杀伤子母弹，最远射程为 70 千米。一次齐射只需 38 秒，重新装弹时间为 20 分钟。一次齐射能抛出 864 枚子弹药，覆盖面积达 0.67 平方千米。BM-30 火箭炮配有供弹车，一次能携带 14 枚火箭弹。

2S19 自行榴弹炮

原产国：苏联

量产时间：1988 年

重量：44.5 吨

2S19 自行榴弹炮是苏联于 20 世纪 80 年代末研制的 152 毫米履带式自行榴弹炮，其火炮由苏联陆军常规的 2A65 式 152 毫米牵引式榴弹炮改良而成，炮管由原来的 6 米增至 9 米，配有三室炮口制退器，身管中部增加了 1 个细长的抽烟装置。2S19 自行榴弹炮的装填自动化程度相当高，弹丸由自动弹丸装填机装填。其弹丸贮存架的设计相当独特，可将不同种类的弹丸放在贮存架内。而装填控制系统可以自动从贮存架内搜寻所需弹种，也可根据要求调整炮弹数量，并控制整个装填过程。

M142 自行火箭炮

原产国：美国

量产时间：1996 年

重量：10.9 吨

M142 自行火箭炮是美国研制的轮式六管自行火箭炮，正式名称为 M142 高机动性多管火箭系统（HIMARS），通常音译为"海马斯"。M142 自行火箭炮主要由 M270 火箭炮的一组六联装定向发射器、M1083 系列 5 吨级中型战术车辆底盘（6×6）、火控系统和自动装填装置组成，其火控系统、电子和通信设备均可与 M270A1 多管火箭炮通用，乘员及其训练也一样。M142 自行火箭炮能为部队提供 24 小时全天候的火力支援，不仅可以发射普通火箭弹，也可以发射制导火箭弹和"陆军战术导弹"，具备打击 300 千米以外目标的能力。

AS-90 自行榴弹炮

原产国：英国

量产时间：1992 年

重量：45 吨

AS-90 自行榴弹炮是英国研制的 155 毫米轻装甲自行榴弹炮，主要用户为英国陆军。主炮是 1 门 155 毫米 39 倍径火炮，炮塔内预留了较大的空间，可以在不做任何改动的情况下换装 155 毫米 52 倍径的火炮，动力舱也可以换装更大功率的发动机。辅助武器方面，AS-90 自行榴弹炮安装了 1 挺 7.62 毫米 GPMG 防空机枪，还有 2 台五联装烟幕弹发射器。

K-30 自行防空炮

原产国：韩国

量产时间：1996 年

重量：26.5 吨

K-30 自行防空炮是韩国研制的自行防空武器系统，绰号"飞虎"，主要担负韩国陆军低空防御任务。K-30 自行防空炮配备 1 座双人炮塔，安装了 2 门 KCB 型 30 毫米机炮，单炮最高射速每分钟 600 发/分，有效射程 3 千米，有效射高 2 千米。由于韩国军事工业基础薄弱，K-30 自行防空炮尽量选取了通用和已有设计，使日后的生产和维护更加方便。

96 式自行迫击炮

原产国：日本

量产时间：1996 年

重量：23.5 吨

96 式自行迫击炮是日本于 20 世纪 90 年代研制的一款 120 毫米履带式自行迫击炮，其主炮是日本引进并特许生产的法国汤姆逊·布朗公司 MO120RT 型 120 毫米迫击炮。该炮的方向射界为左右各 45°，高低射界为 +30°至 +85°。该炮配用的弹种有榴弹、照明弹、发烟弹、预制破片弹、火箭增程弹等。发射榴弹时的最大射程为 8.1 千米，发射火箭增程弹时的最大射程可达 13 千米。最高射速为 15~20 发/分，备弹 50 发。辅助武器方面，96 式自行迫击炮配有 1 挺 12.7 毫米机枪。

CAESAR 自行榴弹炮

原产国：法国

量产时间：1998 年

重量：17.7 吨

CAESAR 自行榴弹炮是法国研制的一款 155 毫米轮式自行榴弹炮，其突出标志是没有炮塔。CAESAR 自行榴弹炮在射击时要在车体后部放下大型驻锄，使火炮成为稳固的发射平台，这是它与有炮塔自行火炮的又一大区别。它可选用多种 6×6 卡车底盘，用户可灵活选择，而常用的是乌尼莫克 U2450L 底盘。CAESAR 自行榴弹炮的尺寸和重量都较小，非常适合通过公路、铁路、舰船和飞机进行远程快速部署。

"皮纳卡"自行火箭炮

原产国：印度

量产时间：1998 年

重量：35 吨

"皮纳卡"自行火箭炮是印度研制的 214 毫米自行火箭炮，发射箱的方向射界为 ±90°，最大仰角为 +55°。该炮发射的 214 毫米非制导火箭弹弹长 4.95 米，弹重 275 千克，战斗部重 100 千克。1 门火箭炮 12 枚火箭弹一次齐射的时间为 44 秒，可将 1.2 吨的战斗载荷投送向目标。火箭弹配有多种战斗部及近炸和电子延时引信，其整体式战斗部包括预制破片战斗部和燃烧型战斗部，子母弹包括反坦克子母弹和反人员、反坦克多用途子母弹。

99式自行榴弹炮

原产国：日本

量产时间：1999年

重量：40吨

99式自行榴弹炮是日本研制的155毫米自行榴弹炮，目前是日本陆上自卫队的主力自行火炮。99式自行榴弹炮的主炮为1门52倍口径的长身管155毫米榴弹炮，带自动装弹机，可以发射北约标准的155毫米弹药，其装药为新研制的99式发射药。新发射药的最大特点是降低了火药燃气对身管内膛的烧蚀，从而可以提高炮管的寿命。火炮发射普通榴弹的最大射程为30千米，发射底部排气弹的最大射程达40千米。99式自行榴弹炮的配套车辆为99式供弹车，可装载90发155毫米榴弹炮。

K9自行榴弹炮

原产国：韩国

量产时间：1999年

重量：47吨

K9自行榴弹炮是韩国于20世纪90年代研制的155毫米52倍口径自行榴弹炮，能为韩国陆军在山地战场提供有效的远程火力支援。K9自行榴弹炮的制式装备包括美国霍尼韦尔公司的模块式定向系统、自动火控系统、火炮俯仰驱动装置和炮塔回转系统。停车时，火炮可在30秒内开火，行军时可在60秒内开火。利用车载火控系统，该炮可实现3发弹同时弹着。车内还安装有三防系统、采暖设备、内/外部通信系统和人工灭火系统等。K9自行榴弹炮可发射所有北约标准的155毫米弹药，包括杀伤爆破弹、杀伤爆破底排弹、火箭增程弹、子母弹、发烟弹、照明弹和化学弹等。此外，还可发射各种类型的全膛增程弹。

传奇武器鉴赏：PzH 2000 自行榴弹炮

PzH 2000 自行榴弹炮是德国研制的 155 毫米自行榴弹炮，由德国克劳斯 - 玛菲·威格曼公司和莱茵金属公司联合研制。

研发历程

20 世纪 80 年代初期，德国、英国、意大利开始合作研制 SP-70 自行榴弹炮，用于取代先前各国使用的美制 M109 自行榴弹炮。由于在发展上存在着分歧，计划在 1986 年底取消，各个国家自行发展。英国陆军发展出 AS-90 自行榴弹炮，意大利选用本国制造的"帕尔玛利"自行榴弹炮，而德国则展开自己的 PzH 2000 自行榴弹炮发展计划。1987 年，德国国防技术与采购署和两个竞标团队签订研究试制合同，分别研制火炮原型，展开研究计划的第一阶段开发，最终克劳斯 - 玛菲·威格曼公司的团队胜出。1996 年，德国陆军正式宣布 PzH 2000 自行榴弹炮成功通过各项测试并开始量产。除本国使用外，该炮还出口到意大利、挪威、瑞典、丹麦、芬兰、希腊和荷兰等国。

基本参数	
长度	11.7 米
宽度	3.6 米
高度	3.1 米
重量	55.8 吨
最高速度	67 千米/时

整体构造

PzH 2000 自行榴弹炮主要基于德国陆军现役的"豹 2"主战坦克的底盘加以改进，类似二战时期"猎豹"和"猎虎"坦克歼击车的开发方式。PzH 2000 自行榴弹炮的车体前方左部为发动机室，右部为驾驶室，车体后部为战斗室，并装有巨型炮塔。这

PzH 2000 自行榴弹炮开火

种布局能够获得宽大的空间。车体的装甲厚度为10～50毫米，可抵御榴弹破片和14.5毫米穿甲弹。炮塔可加装反应装甲，从而有效防御攻顶弹药。另外还有各种防护系统，包括核生化防护措施。PzH 2000自行榴弹炮有5名乘员，包括车长、炮手、驾驶员以及两名弹药装填手。

高速行驶的PzH 2000自行榴弹炮

作战性能

得益于"豹2"主战坦克底盘的优异性能，PzH 2000自行榴弹炮的最大公路行驶速度为67千米/时，越野速度达到45千米/时。配备三个燃料箱，公路最大行程420千米。因此在战场上，PzH 2000自行榴弹炮完全能同"豹2"主战坦克协同作战。另外，PzH 2000自行榴弹炮还曾在热带和寒带地区进行试验，能够适应各种极端气候。

PzH 2000自行榴弹炮采用莱茵金属公司生产的1门155毫米L52火炮，配有热成像昼夜瞄准具、综合式定位定向系统、数字计算机，实现了自动瞄准、自动供弹。在使用普通弹药时射程即可达到40千米，使用增程弹时可以达到56千米的超远射程。PzH 2000自行榴弹炮配置有自动装填机，弹架中有32发可以随时发射的炮弹，总带弹量达到60发，可以在较长时间内保持10发/分的高射速。PzH

PzH 2000自行榴弹炮尾部视角

2000自行榴弹炮还有1挺7.62毫米MG3机枪和16台全覆盖烟幕弹发射器，作为辅助武器。

知名兵工厂探秘：地面武器工业集团

地面武器工业集团（GIAT）是历史悠久的法国军火制造商，又称伊西莱姆利罗公司，其前身可以追溯到 1690 年。当时波旁王朝国王路易十四在小镇图尔设立兵工厂，专门从事王家军队的武器生产。1809 年拿破仑称帝后，他向图尔兵工厂授予滑膛枪和舰载加农炮的专卖权，并向其提供足够装满 15 辆马车的黄金，作为购置新厂房和机床的启动资金。在拿破仑的关照下，图尔兵工厂迅速发展壮大。直到 19 世纪末被德国克虏伯公司超越以前，它一直是欧洲乃至全世界最大的地面武器制造商。1815 年拿破仑第二次战败退位后，图尔兵工厂老板特意赶制了一支镀金火枪，赠送给拿破仑。这把枪后来作为拿破仑的遗物被一起陈列在巴黎荣军院。

1973 年，法国政府以图尔兵工厂为核心，撮合其他几十家民营军火商加盟，共同成立了法国地面武器工业集团，其中 4000 人分布于国外工厂。1991 年，公司被法国政府收归国有。1999 年，地面武器工业集团的营业额达到 57 亿法郎。同年底，集团接到的订单达 160 亿法郎。

地面武器工业集团生产的 AMX-56 "勒克莱尔" 主战坦克

地面武器工业集团的主要机构包括两个经营实体（即装甲系统分公司、武器与弹药系统分公司）和一个业务开发部。装甲系统分公司集中了地面武器工业集团与各类装甲车辆相关的全部业务。迄今已生产 AMX-56 "勒克莱尔" 主战坦克、AMX-30 主战坦克、VAB 装甲车、AMX-10P 步兵战车和 AMX-13 轻型坦克等多种战车。其业务还包括生产陆军和海军作战平台上各种口径火炮的炮塔，为用户提供装甲部队的全套装备。后勤支援装备部也是该分公司的重要组成部分。

地面武器工业集团生产的 AMX-30 主战坦克

武器与弹药系统分公司集中了地面武器工业集团与各种武器及车载、机载、舰载炮架、弹药以及主动防护装置相关的全部业务。产品范围包括 105 毫米至 155 毫米的各种野战火炮系统及其弹药；中口径武器和弹药；坦克炮及其弹药，如最新型的尾翼稳定脱壳穿甲弹等。

业务开发部的任务是发挥集团的技术技能优势拓展新业务，包括机械、电子、液压机械、光学仪器和核生化防护装置等方面。2006 年 9 月，地面武器工业集团被改组为克斯特系统公司。时至今日，该公司已成为一家大型的跨国公司，在欧洲、美国和亚洲均设有工厂和经销处。

地面武器工业集团生产的 AMX-10 步兵战车

3.11 决胜千里的重型导弹

导弹自二战首次用于实战以来便以惊人的速度向前发展。二战结束后，大批德国火箭与导弹的专家、技术人员被带到美国和苏联，与本国的技术人员一起进行导弹的研制。在随后的几十年中，导弹技术得到了突飞猛进的发展，弹道导弹、巡航导弹、地对空导弹、空对空导弹、空对地导弹和反坦克导弹等相继面世。越来越多的国家拥有导弹并掌握了研制导弹的技术。各类导弹在其技术得到迅速发展的同时，也被用于实战。在阿以战争、英阿马岛战争、海湾战争、科索沃战争、阿富汗战争以及伊拉克战争中，导弹的作用越来越大，也越来越为人们所重视。"决胜于千里之外"的情景已不再是天方夜谭。可以说，导弹的出现已经完全改变了传统的战争模式。

在各类导弹中，陆军装备和使用的主要是洲际弹道导弹、巡航导弹、地对空导弹、地对地导弹等。其中，洲际弹道导弹是最有威慑力的一种。它是战略核力量的重要组成部分，核三位一体中两极的重要条件。洲际弹道导弹的射程超过 8000 千米，主要用于攻击敌国领土上的重要军事、政治和经济目标。它具有比中程弹道导弹、短程弹道导弹和新命名的战区弹道导弹更长的射程和更快的速度。

LGM-30 "民兵" 弹道导弹

原产国：美国

量产时间：1962 年

导弹重量：35.3 吨

LGM-30 "民兵" 弹道导弹是美国研制的洲际弹道导弹，主要被设计来投送核弹头。该导弹有多种型号，最先问世的是固体燃料导弹"民兵" I 型（LGM-30A 和 LGM-30B），其后又推出了"民兵" II 型（LGM-30F）和"民兵" III 型（LGM-30G）。其中，"民兵" III 型导弹可以携带 3 枚核弹头，每个弹头的当量为 17.5 万吨。

2K12"卡勃"地对空导弹

原产国：苏联

量产时间：1968 年

系统重量：14 吨

2K12"卡勃"地对空导弹是苏联研制的机动式中低空中程野战地对空导弹系统，北约代号为 SA-6。"卡勃"导弹系统分装在两辆相同的履带车（采用 PT-76 两栖坦克的底盘）上，一辆是有 3 名乘员的三联装导弹发射车，另一辆是有 4 名乘员的制导雷达车。"卡勃"导弹系统的制导雷达采用多波段多频率工作，抗干扰能力较强。导弹采用固体火箭冲压组合发动机，比冲（用于衡量火箭效率的重要物理参数）较高。

MIM-72"小槲树"地对空导弹

原产国：美国

量产时间：1969 年

系统重量：11 吨

MIM-72"小槲树"地对空导弹是美国研制的自行地对空导弹系统，美国、以色列、埃及、智利、葡萄牙等国均有采用。该导弹是由 AIM-9"响尾蛇"导弹修改而成，主要差异在于"小槲树"导弹的两片弹翼为固定式而非活动式，此外还以 Mk 50 固体火箭发动机取代了"响尾蛇"导弹使用的 Mk 36 Mod 5 火箭发动机。"小槲树"导弹的发射载体由 M113 装甲运兵车衍生而来，其发动机舱及乘员舱位于车体前方，后方则是 M54 导弹发射装置，多以防水帆布覆盖作为保护，车头两侧各有一组红外线灯，具有两栖能力，以履带划水的方式前进。

"轻剑"地对空导弹

原产国：	英国
量产时间：	1969 年
导弹重量：	0.045 吨

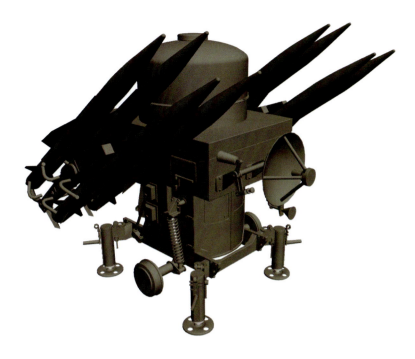

"轻剑"地对空导弹是英国研制的低空近程防空系统，整个系统由三座标脉冲搜索雷达、盲射跟踪雷达、自动激光跟踪器、指挥控制及信息处理、八联装发射架和无线电指令发射系统等部分组成。三座标跟踪雷达探测跟踪距离为 20 千米，可同时探测 75 个目标，盲射雷达探测跟踪距离为 12 千米，两套跟踪雷达可独立使用，第一枚导弹射出后，另一套跟踪装置可跟踪下一个目标，射出第二枚导弹。

OTR-21"圆点"地对地导弹

原产国：	苏联
量产时间：	1973 年
导弹重量：	2 吨

OTR-21"圆点"地对地导弹是苏联研制的近程地对地战术弹道导弹，北约代号为 SS-21"圣甲虫"（Scarab）。每套"圆点"导弹系统由 1 辆发射车和 1 辆弹药车组成，弹药车上部有 2 个密封式隔舱，里面装有 2 枚装配好的导弹供随时使用。两种车的轮胎都可以随时调节气压，以便在各种崎岖不平的地形行驶。"圆点"导弹系统的发射车和弹药车均有良好的机动性能，行驶最高速度为 70 千米/时，最大行程为 650 千米，并可用 10 千米/时的速度在水面行驶。

MIM-104"爱国者"地对空导弹

原产国：美国	
量产时间：1976 年	
导弹重量：0.914 吨	

MIM-104"爱国者"地对空导弹是美国雷神公司制造的中程地对空导弹系统，用于拦截弹道导弹、巡航导弹和先进作战飞机。该导弹的主要特点是反应速度快、飞行速度快、制导精度高，可同时对付 5～8 个目标，抗干扰能力强、系统可靠性好。"爱国者"导弹系统的自动化程度高，一部相控阵雷达可以完成目标搜索、探测、跟踪、识别以及导弹的跟踪制导和反干扰任务。"爱国者"导弹的最短发射准备时间不到 9 秒，最长发射准备时间小于 3.5 分钟。导弹战斗部为破片杀伤型，采用无线电近炸引信，杀伤碎片超过 700 片。

OTR-23"奥卡"地对地导弹

原产国：苏联	
量产时间：1979 年	
导弹重量：4.36 吨	

OTR-23"奥卡"地对地导弹是苏联研制的近程地对地战术导弹，北约代号为 SS-23"蜘蛛"。OTR-23"奥卡"导弹采用先进的固体燃料火箭发动机，导弹的长度只有 7.53 米，有效射程却达到了 500 千米。为了提高对远距离目标的射击精度，OTR-23"奥卡"导弹采用了先进的惯性制导技术，使它的偏差距离减小到 350 米以内。为了提高快速机动能力，导弹采用第三代大型轮式车作为运输兼发射车，在长长的车体后部，装有两个长方形的发射箱，每个箱内存放 1 枚导弹。

81式地对空导弹

| 原产国：日本 |
| 量产时间：1981年 |
| 导弹重量：0.1吨 |

81式地对空导弹是日本研制的机动式近程防空导弹，主要用于野战防空，也可用于要地防空。一套81式地对空导弹系统由导弹、2辆发射车和1辆火控雷达车组成，人员编制15人。两种车辆均由73式卡车（6×6）改装。其发射装置为4联装发射架。发射车通常配置在离火控雷达车约300米半径范围内。火控雷达车使用100米长电话线与发射架相连。

BGM-109"战斧"巡航导弹

| 原产国：美国 |
| 量产时间：1983年 |
| 导弹重量：1.6吨 |

BGM-109"战斧"巡航导弹是美国研制的对地攻击巡航导弹，作为美国远程打击力量中的重要一环，具备战略和战术双重打击能力。"战斧"导弹在航行中采用惯性制导加地形匹配或卫星全球定位修正制导，可以自动调整高度和速度进行高速攻击。导弹表层有吸收雷达波的涂层，具有隐身飞行性能。雷达很难探测到飞行的"战斧"导弹，因为这种导弹有着较小的雷达横截面，并且飞行高度较低。

9K330 "道尔"地对空导弹系统

原产国：苏联

量产时间：1983 年

系统重量：34 吨

9K330"道尔"地对空导弹是苏联研制的机动式全天候近程防空武器，北约代号为 SA-15。整个"道尔"地对空导弹系统包括 1 部三坐标多普勒搜索雷达、1 部多普勒跟踪雷达、1 部电视跟踪瞄准设备和 8 枚 9M330 导弹，均整合安装在 1 辆由 GM-569A 改装的中型履带式运输车上。"道尔"地对空导弹系统具有全天候作战、三防、空运部署能力，是世界上同类地对空导弹系统中唯一采用三坐标搜索雷达，具有垂直发射和同时攻击两个目标的能力的先进近程防空系统。

RT-2PM "白杨"弹道导弹

原产国：苏联

量产时间：1985 年

导弹重量：45.1 吨

RT-2PM"白杨"弹道导弹是苏联研制的洲际战略弹道导弹，北约代号为 SS-25"镰刀"。RT-2PM 从"白杨"导弹是世界上第一种以公路机动部署的洲际弹道导弹，可携带一枚或多枚分导弹头，射程超过 10000 千米，飞行速度快，并能做变轨机动飞行，具有很强的突防能力。RT-2PM"白杨"导弹采用三级固体火箭发动机，在地下发射井可进行热发射，在地面可用轮式车辆在预先准备好的公路上实施机动发射，导弹平时贮存在带有倾斜屋顶的房子里，接到命令后由运输起竖发射车将导弹运送到野外发射阵地进行发射，紧急情况还可打开房顶盖，直接从房子里把导弹起竖发射。

LGM-118"和平卫士"弹道导弹

原产国：美国	
量产时间：1986 年	
导弹重量：96.75 吨	

LGM-118"和平卫士"弹道导弹是美国研制的洲际弹道导弹，采用四级导弹结构，前三级为固体燃料推进剂，第四级为液体燃料推进剂。导弹可携带 10 个 Mk 21 分导式弹头，射程为 11000 千米，圆概率误差为 90～120 米。弹头内置 W87 型核弹头，有 5 种不同起爆方式可供发射前根据任务要求选择装定：高空爆炸、中等高度空爆、低高度空爆、近地面爆炸及地面接触爆炸。

RT-23 弹道导弹是苏联研制的洲际弹道导弹，北约代号为 SS-24"手术刀"。RT-23 弹道导弹是一种三级固体洲际弹道导弹，采用发射井布置和铁路机动布置的方式，是世界上第一种以铁路机动方式部署的陆基洲际弹道导弹，也是世界上第一种以铁道列车作为导弹系统的陆基弹道导弹系统。RT-23 弹道导弹采用惯性加星光修正的制导方式，对提高导弹打击精度十分有效。

RT-23 弹道导弹

原产国：苏联	
量产时间：1987 年	
导弹重量：104.5 吨	

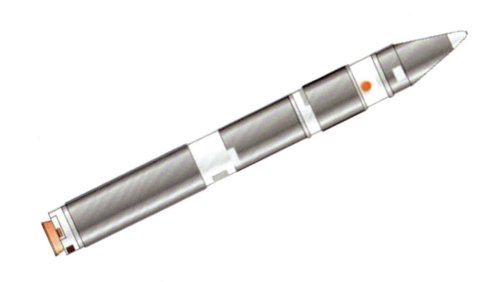

"复仇者"防空导弹系统

原产国：美国

量产时间：1989年

系统重量：3.9吨

"复仇者"防空导弹系统是美国波音公司和美国陆军联合研制的近程、低空防空系统，1989年开始服役。

"复仇者"防空导弹系统基于两种关键要素进行成功组合：导弹系统采用"毒刺"防空导弹，是一种性能优异的便携式防空导弹；车载平台是"悍马"装甲车，号称"越野之王"，是美国陆军的标志性轮式车辆。两种经典装备组合而成的"复仇者"防空导弹系统，并不是简单的优势叠加，而是实现了性能倍增。

MGM-140 陆军战术导弹

原产国：美国

量产时间：1991 年

导弹重量：1.67 吨

MGM-140 陆军战术导弹是美国陆军现役的近程、单弹头弹道导弹，可利用美军现役的 M270 自行火箭炮或 M142 自行火箭炮进行发射。该导弹的射程达 300 千米，弹道高 30 千米，命中精度圆概率误差仅 5 米，是美国军一级纵深打击的重要武器。该导弹内装 950 枚 M74 杀伤 / 反器材双用途子弹药，战斗部内装填的子弹药由 1 个中心起爆装置抛出，中心起爆装置炸掉战斗部外壳，使子弹药散布在约 3.3 万平方米的面积内，每枚子弹药可产生 1200 块破片，其杀伤半径可达 15 米。

93 式地对空导弹

原产国：日本

量产时间：1993 年

导弹重量：0.0115 吨

93 式地对空导弹是日本研制的一种近程防空导弹系统，1991 年开始研制，1993 年正式服役。93 式地对空导弹的弹体长 1.43 米，弹径为 0.08 米，发射重量为 11.5 千克，动力装置为固体火箭发动机。该导弹的制导方式为红外线导引，最大飞行速度为 1.7 马赫，射高为 1.5 千米。

传奇武器鉴赏：RT-2PM2"白杨M"弹道导弹

基本参数	
长度	22.7 米
直径	1.9 米
重量	47.2 米
最大速度	22 马赫
最效射程	11000 千米

RT-2PM2"白杨M"弹道导弹是俄罗斯在RT-2PM"白杨"导弹基础上改进而来的洲际弹道导弹，北约代号为SS-27"镰刀B"，1997年开始服役。

研发历程

"白杨M"导弹是俄罗斯最新一代地对地洲际弹道导弹，是21世纪俄罗斯战略核力量的支柱装备，将替换俄罗斯陆基战略核力量现有的数种导弹。该导弹于1993年4月开始研制，1994年12月首次试射，1997

"白杨M"弹道导弹发射车左侧视角

年12月正式服役。使用固定发射井发射的型号为RS-12M1，使用运输车移动发射的型号为RS-12M2。

整体构造

"白杨M"导弹推进系统的显著特点是各级发动机的直径均比"白杨"导弹发动机大，

并采用了新的推力失量控制方式。"白杨M"导弹的一子级、二子级、三子级发动机的直径分别从"白杨"导弹的1.8米、1.55米、1.34米增加到1.86米、1.61米、1.58米，从而增加了推进剂的装药空间。

作战性能

"白杨M"导弹至少可以装载4枚55万吨TNT当量的核弹头，或者安装多达10枚的分导弹头，并能做变轨机动飞行，具有很强的突防能力。该导弹依靠三级固体燃料火箭提供的巨大推力，射程超过10000千米。"白杨M"导弹

"白杨M"弹道导弹参加阅兵式

可依靠MAZ-7310运输车进行移动，发射后的飞行速度可达20马赫以上。俄罗斯军方宣称，"白杨M"导弹的技术性能和作战效能要比美国现役陆基洲际弹道导弹领先5～8年，可穿透现有任何一种反导弹防御系统。

"白杨M"弹道导弹发射车尾部视角

"白杨M"弹道导弹发射车侧前方视角

3.12 称霸低空的武装直升机

在直升机上加装武器始于20世纪40年代。二战期间，德国在Fa-223运输直升机加装了1挺机枪。20世纪50年代，美国、法国、苏联等国都在直升机加装武器，最初主要用于自卫，后来也用于执行轰炸、扫射等任务。20世纪60年代初，美国在越南战争中大量使用直升机（多为运输型）。战争中，其直升机损失惨重，因而决定研制专用武装直升机。第一种专门设计的武装直升机是美国的AH-1"眼镜蛇"武装直升机，1967年开始装备部队，并用于越南战场。

武装直升机的问世使军用直升机从战场后勤的二线走到战斗前沿，由不具备攻击力的"和平鸽"成为在树梢高度搏击猎物的"雄鹰"。作为一种武器装备，武装直升机实质上是一种超低空火力平台，其强大火力与特殊机动能力的有机结合，最适应现代战争"主动、纵深、灵敏、协调"的作战原则，可有效地对各种地面目标和超低空目标实施精确打击，使之成为继火炮、坦克、飞机和导弹之后又一种重要的常规武器，在现代战争中具有不可取代的地位与作用。

20世纪下半叶的多场局部战争，充分证明武装直升机是反坦克和装甲目标的有效武器之一。在近、中、远距离的反坦克火力配系中，武装直升机主要承担400米以外的远程攻击任务。其作战半径一般为100千米，因而可在远离前沿的纵深地带进行反坦克及装甲目标战斗。特别是在机动作战条件下，对敌方纵深内运动的机械化师、装甲师来说，打掉其硬目标，就在很大程度上剥夺了其战斗力。

AH-1"眼镜蛇"武装直升机

原产国：美国

量产时间：1967 年

重量：2.993 吨

AH-1"眼镜蛇"武装直升机的主要用途是攻击装甲目标，其机身细长、正面狭窄，在一定程度上提高了生存性能，不易被攻击。该机的座椅、驾驶舱两侧及重要部位都有装甲保护，自密封油箱能耐受 23 毫米口径机炮炮弹射击。AH-1 直升机的主要武器为 1 门 20 毫米 M197 机炮（备弹 750 发），机身上有 4 个武器挂载点，可按不同配置方案选挂 BGM-71"陶"式、AIM-9"响尾蛇"和 AGM-114"地狱火"等导弹，以及不同规格的火箭发射巢和机枪吊舱等。

米-24"雌鹿"武装直升机

原产国：苏联

量产时间：1969 年

重量：8.5 吨

米-24"雌鹿武装直升机是米里设计局研制的苏联第一代专用武装直升机，先后推出了米-24A、米-24B、米-24C、米-24D、米-24E 和米-24F 等型号。米-24 武装直升机主要用于为己方部队开辟前进通道，清除防空火力和各种障碍，担负护航任务，还可以载 8～10 名士兵。该机的主要武器为 1 挺 12.7 毫米四管加特林机枪，并有 4 个武器挂载点，可挂载 4 枚 AT-2"蝇拍"反坦克导弹，或 128 枚 57 毫米火箭弹（4 具 UV-32-57 火箭发射器）。此外，还可挂载 1500 千克化学或常规炸弹，以及其他武器。

米-28"浩劫"武装直升机

原产国：苏联

量产时间：1982 年

重量：8.1 吨

米-28"浩劫"武装直升机是米里设计局研制的单旋翼带尾桨全天候专用武装直升机，由于设计思维大量借鉴了 AH-64"阿帕奇"直升机，因此被西方国家戏称为"阿帕奇斯基"。米-28 武装直升机的主要武器为 1 门 30 毫米 2A42 机炮，备弹 250 发。该机有 4 个武器挂载点，可挂载 16 枚 AT-6 反坦克导弹，或 40 枚火箭弹（两个火箭巢）。此外，还可以挂载 AS-14 反坦克导弹、R-73 空对空导弹、炸弹荚舱、机炮荚舱。

A129"猫鼬"武装直升机

原产国：意大利

量产时间：1983 年

重量：2.53 吨

A129"猫鼬"武装直升机是意大利阿古斯塔公司研制的武装直升机，目前是意大利陆军航空兵的主力武装直升机，并已出口土耳其。A129 直升机的 4 个外挂点可携带 1200 千克外挂物，通常携带 8 枚"陶"式反坦克导弹、2 挺机枪（机炮）或 81 毫米火箭发射舱。另外，A129 直升机也具备携带"毒刺"空对空导弹的能力。该机有着完善的全昼夜作战能力，它有两台计算机控制的综合多功能火控系统，可控制飞机各项性能。头盔显示瞄准系统使驾驶员和武器操作手均可迅速发起攻击。

卡-50"黑鲨"武装直升机

原产国：苏联

量产时间：1990 年

重量：7.8 吨

卡-50"黑鲨"武装直升机是卡莫夫设计局研制的世界上第一种采用同轴反向旋翼的武装直升机。该机装有 1 门液压驱动的 30 毫米 2A42 机炮，最大载弹量为 500 发。机身上共有 4 个武器挂载点，可挂载 16 枚 AT-9"旋风"反坦克导弹，或 80 枚 80 毫米 S8 型空对地火箭（4 个火箭弹舱）。此外，还可使用 AS-12 导弹、P-60M"蚜虫"导弹、P-73"射手"导弹、FAB-500 型炸弹、23 毫米机炮吊舱等。

CSH-2"石茶隼"武装直升机

原产国：南非

量产时间：1990 年

重量：5.73 吨

CSH-2"石茶隼"武装直升机是南非阿特拉斯公司研制的武装直升机，主要任务是在有地对空导弹威胁的环境中进行近距空中支援，反坦克、反火炮以及护航。该机安装有 1 门 20 毫米 GA 机炮。每个后掠式短翼装有 3 个挂架，2 个内侧挂架可挂载 68 毫米火箭发射器，2 个外侧挂架能挂容量为 330 升的可抛投油箱或 ZT-3"蛇鹈"激光制导反坦克导弹，2 个翼尖挂架则各能挂载 1 枚 V3B"短刀"红外制导短距空对空导弹，在飞行员的头盔瞄准器没有对准目标的情况下也可发射并击中目标。

"虎"式武装直升机

原产国：德国、法国

量产时间：1991年

重量：3.06吨

"虎"式武装直升机是由欧洲直升机公司研制的武装直升机，德国、澳大利亚、法国、西班牙等国均有装备。该机装有1门30毫米机炮，另可搭载8枚"霍特2"或新型PARS-LR反坦克导弹、4枚"毒刺"或"西北风"空对空导弹。此外，还有2具22发火箭吊舱。该机的空中机动性能、机炮射击精度毫不逊于美国AH-64直升机，适合进行直升机空战。虽然"虎"式武装直升机的武器有效载荷不如AH-64直升机，但也足以胜任一般的反坦克、猎杀软性目标或密接支援等任务。而在后勤维持成本上，"虎"式武装直升机相较于AH-64、AH-1系列拥有较大的优势。

传奇武器鉴赏：AH-64"阿帕奇"武装直升机

基本参数	
长度	17.73米
高度	3.87米
旋翼直径	14.63米
重量	5.165吨
最高速度	293千米/时

AH-64"阿帕奇"直升机是麦克唐纳·道格拉斯公司（现波音公司）研制的全天候双座武装直升机，从1986年服役至今。

研发历程

20世纪70年代初期，鉴于AH-1"眼镜蛇"武装直升机在实战中表现良好，美国陆军决心发展一种更为先进的武装直升机，并提出了"先进技术武装直升机"武装（AAH）计划，要求研制一种具备较强环境适应力，可昼夜作战且要具备较强战斗力、救生能力和生存能力的先进技术直升机。波音、贝尔、休斯、洛克希德、西科斯基五家公司参与了竞标，其中贝尔和休斯进入了第二阶段竞标。休斯的YAH-64原型机于1975年9月首次试飞，1976年5月竞标获胜，1981年正式被命名为"阿帕奇"。

AH-64"阿帕奇"武装直升机的火箭发射巢

整体构造

AH-64直升机的机身采用传统的半硬壳结构，前方为纵列式座舱，副驾驶员/炮手在前座、驾驶员在后座。驾驶员座位比前座高，且靠近直升机转动中心，视野良好，有利于驾驶直升机贴地飞行。起落架为后三点式，支柱可向后折叠，尾轮为全向转向自动定心尾轮。该机采用四片桨叶全铰接式旋翼系统、钢带叠层式接头组件和弹性体摆振阻尼器。旋翼桨叶为大弯度翼型，采用了后掠桨尖。桨叶上装有除冰装置，可折叠或拆卸。尾桨位于尾梁左侧，四片尾桨桨叶分两组非均匀分布。

AH-64"阿帕奇"武装直升机右侧视角

作战性能

AH-64"阿帕奇"武装直升机旋翼的任何部分都可抗击12.7毫米子弹,机身表面的大部分位置在被1发23毫米炮弹击中后,都能保证继续飞行30分钟。前后座舱装甲也能够抵御23毫米炮弹的攻击,在2台发动机的关键部位也加强了装甲防护。

AH-64"阿帕奇"武装直升机的主要武器为1门30毫米M230"大毒蛇"链式机炮,备弹1200发。该机有4个武器挂载点,可挂载16枚AGM-114"地狱火"导弹,或76枚火箭弹(4个19管火箭发射巢),也可混合挂载。此外,改进型号还可使用AIM-92"刺针"、AGM-122"赛德阿姆"、AIM-9"响尾蛇"、BGM-71"拖"式等导弹。

AH-64"阿帕奇"武装直升机停放在山区

Chapter 04
新的世纪

　　21世纪，美国成为世界上唯一的超级大国，苏联在20世纪末解体，俄罗斯继承了苏联的大部分遗产。其他一些国家或国家联盟，例如欧盟、日本、印度等，成为推动世界多极化的重要力量。随着冷战的结束，恐怖主义在全球蔓延，2001年本·拉登领导的基地组织对美国发动了恐怖主义袭击，美国随即宣布反恐战争在全球的开始。

2000—2020年

2005年　英国研制的M777牵引榴弹炮开始服役，这是世界上第一种大规模采用钛和铝合金材料的火炮系统

2008年　美国研制的"萨德"反导系统正式服役

2010年　美国西科斯基公司开始研制S-97"侵袭者"武装直升机，采用了共轴双旋翼和推进尾桨技术

2015年　俄罗斯T-14主战坦克首次公开亮相，首次配备了雷达和遥控炮塔

2017年　美国国防部导弹防御局宣布，美军首次洲际弹道导弹拦截测试获得成功

4.1 主战坦克走向第四代

21世纪以来,主战坦克仍然是陆军的重要装备。美国、德国和印度等国都对现役的主战坦克进行了大幅升级,分别推出了M1A3"艾布拉姆斯"、豹2A7+和阿琼Mk II等性能优异的改良型。与此同时,俄罗斯、克罗地亚和土耳其等国也在研制新型主战坦克。新一代主战坦克拥有比第三代主战坦克更为厚重的装甲、更为强大的武器、更为良好的机动性。

一般认为,第四代主战坦克的装甲厚度相当于1000毫米均质装甲(不加挂反应装甲时),且具有隐身性能。最大公路速度在80千米/时以上。主炮的口径在140毫米以上,炮口动能在18兆焦耳以上。主炮的穿甲能力与坦克防御能力相当,同样是1000毫米均质装甲。未来主战坦克将采用顶置火炮式等布置形式,采用多功能弹药和自动跟踪目标的火控系统;进一步提高推进系统的功率密度和传动效率;形成形体防护、结构防护和特种防护相结合的防护系统,显著增强防护力。

除主战坦克外,波兰防御控股公司与英国宇航系统公司还联合研制了一种隐身轻型坦克,命名为PL-01。这种坦克采用了多种新技术手段对抗声光热等侦察手段,减少坦克被发现的概率。它可以随意改变自己的红外特征,例如将自己从坦克变成一辆小轿车。如果这种技术能够成熟应用,必将引发新一轮陆战革命。

"豹2E"主战坦克

原产国:西班牙
量产时间:2003年
重量:63吨

"豹2E"主站坦克是德国"豹2"主战坦克的一款衍生型,"E"代表西班牙语中的西班牙。该坦克主要供西班牙陆军使用,预计将服役到2025年。"豹2E"主战坦克是以"豹2A6"主战坦克为基础,并采用"豹2A5"主战坦克炮塔上附加的楔形装甲。"豹2E"主战坦克装备了德国莱茵金属公司生产的1门120毫米L/55坦克炮,还能换装140毫米主炮。辅助武器为2挺7.62毫米MG3通用机枪。

"拉姆塞斯 II" 主战坦克

原产国：埃及

量产时间：2004 年

重量：48 吨

"拉姆塞斯 II" 主战坦克是埃及在苏联 T-54 主战坦克基础上研发的主战坦克，总共生产了 425 辆。严格来说，"拉姆塞斯 II" 坦克与 T-54 坦克并无太大差异，前者仅仅是后者的升级版本而已。在研发的早期阶段，对 T-54 坦克的升级仅仅局限于对火力以及机动性能的提升。不过到了后期阶段，防护力也有所改善。原有的 100 毫米 DT-10T 主炮被替换为已安装于埃及 M60A3 主战坦克上的 105 毫米 M68 主炮。此外，"拉姆塞斯 II" 主站坦克还安装了精密的射控系统。

"阿琼" 主战坦克

原产国：印度

量产时间：2004 年

重量：58.5 吨

"阿琼" 主战坦克是印度耗时 30 多年研制的一款主战坦克，其名称来源于印度史诗《摩诃婆罗多》中的人物阿周那。该坦克的主炮为 1 门 120 毫米线膛炮，该炮可以发射印度自行研制的尾翼稳定脱壳穿甲弹、破甲弹、发烟弹和榴弹等弹种，改进型还可以发射以色列研制的炮射导弹。辅助武器为 1 挺 7.62 毫米同轴机枪和 1 挺 12.7 毫米防空机枪，另外炮塔两侧还各有一套烟幕弹发射装置。

"萨布拉"主战坦克

原产国：美国、以色列
量产时间：2007 年
重量：59 吨

"萨布拉"主战坦克是以色列军事工业公司对 M60 "巴顿"主战坦克大幅改装升级而成的主战坦克，主要在土耳其陆军中服役，被称作 M60T。该坦克的主要武器为 1 门 120 毫米 MG253 坦克炮，辅助武器为 1 挺 7.62 毫米 M240 同轴机枪、1 挺 7.62 毫米 MG3A1 机枪、1 挺 12.7 毫米 M85 重机枪和 1 门索尔塔姆 60 毫米内藏迫击炮。

K2 主战坦克

原产国：韩国
量产时间：2013 年
重量：55 吨

K2 主战坦克是韩国国防科学研究所和现代汽车公司合作研制的新一代主战坦克，延续了 K1 主战坦克的设计。驾驶舱位于车体的左前方，车体中部是战斗舱，车体后部是动力舱。该坦克装备从德国引进的 1 门 120 毫米滑膛炮，具有自动装填功能，每分钟可发射 15 发炮弹。韩国同时从德国引进了一批 DM53 穿甲弹，使用 DM53 穿甲弹在 2000 米距离上可以轻易穿透 780 毫米厚度北约标准钢板。由于德国对 DM53 穿甲弹输出韩国有数量限制，韩国还自行研发了一种穿甲弹，可在 2000 米距离击穿 600 毫米厚度北约标准钢板。

T-14 主战坦克

原产国：俄罗斯

量产时间：2020 年

重量：48 吨

T-14 主战坦克是俄罗斯基于"阿玛塔重型履带通用平台"研发的新一代主战坦克。该坦克采用了无人遥控炮塔，炮塔被弹面大幅度减小，且乘员、弹药、燃料和发动机分别布置在独立的装甲隔舱内，大大增强了坦克的生存能力。此外，还首次在坦克上安装了雷达，极大地增强了坦克对低空直升机等战场活动目标的感知能力。T-14 主战坦克安装了"孔雀石"爆炸反应装甲，能够对付尾翼稳定脱壳穿甲弹和北约国家使用的反坦克炮弹。该坦克的主要武器为 1 门 2A82 型 125 毫米滑膛炮，可以发射各种俄罗斯制式 125 毫米炮弹。辅助武器为 1 挺 12.7 毫米 Kord 重机枪和 1 挺 7.62 毫米 PK 通用机枪，均可遥控操作。

"阿勒泰"主战坦克

原产国：土耳其

量产时间：尚未量产

重量：65 吨

"阿勒泰"主战坦克是土耳其研制的一款主战坦克，计划 2021 年开始服役，它以在土耳其独立战争中指挥第 5 骑兵军的土耳其陆军将领法瑞丁·阿勒泰命名。该坦克的主要武器为 1 门 120 毫米 55 倍径滑膛炮，辅助武器为 1 挺 12.7 毫米重机枪和 1 挺 7.62 毫米同轴机枪。该坦克的最大公路行驶速度可达 70 千米/时，并可在 4.1 米深的水下执行作战任务。

M-95 "堕落者"主战坦克

原产国：克罗地亚

量产时间：尚未量产

重量：44.5 吨

M-95 "堕落者"主战坦克是克罗地亚正在研制的主战坦克，是南斯拉夫时期使用的 M-84 主战坦克的升级发展型。该坦克的主要武器为 1 门 125 毫米 2A46 滑膛炮。辅助武器为搭载 12.7 毫米重机枪和 40 毫米榴弹发射器的拉斐尔"参孙"遥控武器站，可由车长使用热成像仪单独操作。M-95 与 M-84 坦克最大的区别在于其复合装甲与间隙装甲再加上爆炸反应装甲的应用，提供车体前方与侧裙足以抵挡高爆反坦克弹的额外防护能力。此外，还有栅栏装甲，阻挡火箭推进榴弹攻击坦克较脆弱的后部。

PL-01 轻型坦克

原产国：波兰

量产时间：尚未量产

重量：35 吨

PL-01 轻型坦克是波兰防御控股公司在英国宇航系统公司的支持下，基于瑞典 CV90120-T 轻型坦克设计的隐身轻型坦克，截至 2020 年仍处于研发阶段。PL-01 轻型坦克的主要武器为 1 门 105 毫米或 120 毫米口径的无人坦克炮，能发射炮弹和炮射导弹，备弹 45 发。辅助武器为 1 挺 7.62 毫米 UKM-2000C 机枪，备弹 1000 发。额外武器将安装在遥控模块上，可选武器包括 7.62 毫米机枪、12.7 毫米机枪和 40 毫米自动榴弹发射器。

传奇武器鉴赏：10 式主战坦克

10 式主战坦克是由日本防卫省技术研究本部主持，三菱重工生产的日本陆上自卫队新一代主战坦克，2012 年开始服役。

研发历程

21 世纪初，日本要求陆上自卫队形成快速反应能力，以应对反恐战争和反登陆作战。为此，陆上自卫队需要全新的数字化战车，以替换老旧的 74 式主战坦克。由于冷战时期研制的 90 式主战坦克过于沉重，只适合在北海道服役，因此必须研发全新的一款新一代主战坦克，代号为 TK-X。新坦克由三菱重工承包生产，2010 年 7 月在日本陆上自卫队富士学校进行了机动性展示。2012 年 1 月，10 式主战坦克正式服役。

基本参数	
长度	9.42 米
宽度	3.24 米
高度	2.3 米
重量	44 吨
最高速度	70 千米/时

整体构造

10 式主战坦克的外观与传统构型的坦克相似，但使用了大量先进科技。相较于 90 式主战坦克，10 式主战坦克的尺寸重量有所减少，战斗重量降至 44 吨。得益于此，10 式主战坦克的回转半径与反

高速行驶的 10 式主战坦克

应性都有所改善，其回转半径只有 90 式主战坦克（约 12 米）的一半。为了尽可能缩减车体长度，10 式主战坦克刻意加高车尾发动机室的高度，利用垂直的空间来安装发动机周边

装备，尽量减少发动机套件占用的水平面积。由于车体长度缩短，10式主战坦克只使用了5对负重轮。

作战性能

10式主战坦克的车体与炮塔采用滚轧均质钢板制造，车头正面上部加装新型复合装甲，炮塔外侧加挂模块化装甲。复合装甲能同时抵挡高爆穿甲弹喷流与尾翼稳定脱壳穿甲弹的攻击，其防护效能优于英国"乔巴姆"复合装甲。10式主战坦克的炮塔采用较为复杂的多面体倾斜造型，正面截面积较小，避弹能力优于单纯平面垂直状的90式主战坦克。然而，紧凑的设计也使10式主战坦克炮塔内人员活动空间与装备安装空间减少，对于乘员长时间作战能力以及后续升级改良能力都有一定影响。

10式主战坦克左侧视角

10式主战坦克配备了1门日本自行研发的120毫米滑膛炮，基本设计与90式主战坦克的120毫米滑膛炮相同，但提高了膛压，炮塔尾舱内设有1具水平式自动装弹机来供应主炮所需的弹药。该炮的弹种除了传统的尾翼稳定脱壳穿甲弹、高爆穿甲弹、高爆榴弹之外，还能使用一种程序化引信炮弹，其电子引信能在穿透三层墙壁之后才引爆弹头。10式主战坦克的辅助武器为1挺74式7.62毫米机枪（备弹12000发）和1挺12.7毫米M2HB同轴机枪（备弹3200发）。

训练场上的10式主战坦克

4.2 地位不减的履带式装甲车

履带式装甲车（尤其是履带式步兵战车）作为坦克的忠实伴侣，在 21 世纪依然受到世界各国的高度重视。新世纪的履带式装甲车有一个重要特点就是车族化，即多种用途的履带式装甲车通用底盘和其他组件。作为传统装甲车强国，俄罗斯从 2009 年就开始了"阿玛塔重型履带通用平台"的研发工作。该平台包括 T-14 主战坦克、T-15 步兵战车、BM-2 火箭炮、2S35 自行火炮、T-16 装甲维修车等。

2015 年，T-14 主战坦克在红场阅兵中亮相，受到空前关注。英国、德国、法国、以色列、韩国、印度等国纷纷提出了新型坦克和装甲车发展计划。其中，印度计划研制未来主战坦克，预计 2025～2027 年开始替代现役俄制 T-72 主战坦克。与俄罗斯"阿玛塔重型履带通用平台"类似，新型主战坦克将作为其他 11 种履带式装甲车的基型平台。这样做的好处是零部件的通用程度很高，部队不需要增加额外的保障工作量，非常符合"精干可靠"的未来建军思想。

ASCOD 步兵战车

原产国：奥地利、西班牙

量产时间：2002 年

重量：26.3 吨

ASCOD 步兵战车是奥地利和西班牙联合研发的履带式步兵战车，标准设备包括三防系统、加热器、镶嵌式装甲和计算机化昼/夜火控系统等。车体侧面竖直，前上装甲倾斜明显，车顶水平。车后竖直，后门两侧各有 1 个较大的储物箱。驾驶舱位于车体左前，右侧为动力装置，炮塔位于车体中央偏右。步兵通过车后 1 个较大的车门进出。双人电动炮塔装有带稳定器的"毛瑟"30 毫米 Mk 30-2 加农炮，炮左侧有 1 挺 7.62 毫米同轴机枪。炮塔可旋转 360°，武器俯仰范围为 -10°至 +50°。

BMPT 坦克支援战车

原产国：俄罗斯

量产时间：2007 年

重量：47 吨

BMPT 坦克支援战车是俄罗斯研发的履带式装甲车，用于支援坦克及步兵作战行动，尤其是应对城市作战。该车的炮塔装备了 2 门史普诺夫 2A42 式 30 毫米自动炮，这种双供弹自动炮能使用高爆曳光弹、脱壳穿甲弹、杀伤爆破弹以及穿甲曳光弹，并有 200～300 发/分的低射速或者 550 发/分两种射速可调。由于使用了 T-90 主战坦克的 W92S2 柴油发动机，因此 BMPT 坦克支援战车具有出色的越野性能，在无障越野路上时速可达 60 千米，可翻越高达 1.5 米的路障。

K21 步兵战车

原产国：韩国

量产时间：2009 年

重量：25.6 吨

K21 步兵战车是韩国研制的履带式步兵战车，其车架由玻璃纤维制造，以减轻重量及增加灵活度。车内可搭载 3 名车组人员及 9 名士兵。该车的主要武器为 1 门 40 毫米机炮和 2 台反坦克导弹发射器，辅助武器为 1 挺 12.7 毫米 K6 重机枪和 1 挺 7.62 毫米同轴机枪。K21 步兵战车的火控系统可以追踪打击 6 千米外的目标，并且辨认 3 千米外的目标敌我状态。

BvS10 装甲全地形车

原产国：瑞典

量产时间：2005 年

重量：11.5 吨

BvS10 装甲全地形车是瑞典阿尔维斯·赫格隆公司研制的履带式全地形车，其外形轮廓与 Bv206 装甲全地形车相似，与后者相比，BvS10 装甲全地形车重新设计了主动轮、诱导轮、履带、底盘和悬挂系统等。BvS10 装甲全地形车没有安装固定武器，可根据需要在后车厢顶部安装武器，如英国海军装备的 BvS10 装甲全地形车装有 7.62 毫米或 12.7 毫米机枪和一些标准的装备，包括数排烟幕弹发射器。

"野马"装甲全地形车

原产国：新加坡

量产时间：2010 年

重量：15 吨

"野马"装甲全地形车是新加坡研制的履带式全地形车，一般可以乘坐 12 人，如果采用常规的悬吊式座椅，车内最多可以乘坐 15 人（前部车体 5 人，后部车体 10 人）。前后两个车体的内部总容积为 11 立方米，负载能力达到 7.8 吨。

T-15 步兵战车

原产国：俄罗斯

量产时间：2015 年

重量：48 吨

T-15 步兵战车是俄罗斯研制的重型履带式步兵战车，于 2015 年莫斯科胜利日阅兵的预演中首次公开亮相。该车安装有反应式装甲，搭载"回旋镖"BM 遥控炮塔，同时搭载了 1 门 30 毫米 2A42 机炮和 1 挺 7.62 毫米 PKT 同轴机枪，车身两侧各搭载了 2 具 9M133 "短号"反坦克导弹发射装置。该车的陆上最高速度为 70 千米/时，水上最大速度为 10 千米/时。

传奇武器鉴赏："美洲狮"步兵战车

"美洲狮"步兵战车是德国于21世纪初研制的履带式步兵战车，用以取代老式的"黄鼠狼"步兵战车。

研发历程

21世纪初，为了弥补"黄鼠狼"步兵战车在火力、防护力和机动性等方面的不足，德国开始研制新一代步兵战车，即"美洲狮"步兵战车。该计划由负责国防技术和采办的德国联邦办公室于2002年9月授予，研制工作由克劳斯·玛菲-韦格曼公司和莱茵金属集团负责，各承担50%的工作量。2009年7月，"美洲狮"步兵战车开始批量生产。

基本参数	
长度	7.33米
宽度	3.43米
高度	3.05米
重量	31吨
最高速度	70千米/时

整体构造

"美洲狮"步兵战车采用传统的布局方式，前方左侧为驾驶舱，前方右侧为动力装置，中间是并排而坐的车长（右）和炮长（左）。车内的布置充分应用了人机环境工程学技术，确保每位乘员具有充裕的独立空间，也为乘员之间的相互通话创造了条件。载员舱可乘坐6名全副武装的步兵，其中4名位于车体内中后部右侧，他们头顶有可出入的长方形舱盖，另外2名位于车体后部左侧。

炮塔旋转后的"美洲狮"步兵战车

作战性能

"美洲狮"步兵战车可根据需要选择三种级别的防护。在紧急部署到前线以后,可通过安装大型的附加模块装甲来提高防护能力,比在现场一片一片地固定爆炸反应装甲更为便捷。最高级别的 C 级防护时,车体和炮塔部位安装有高性能附加装甲模块,可以抵御反坦克导弹和大威力地雷的攻击。"美洲狮"步兵战车的防护手段还包括德尔格安全设备公司研制的三防系统、凯德-杜格拉公司研制的自动灭火抑爆系统等。

高速行驶的"美洲狮"步兵战车

"美洲狮"步兵战车的主要武器为 1 门 30 毫米 Mk 30-2/ABM 机关炮,由莱茵金属集团毛瑟分公司专门研制,具有极高的安全性和命中概率,即使在高速越野的情况下仍然具有很高的射击精度。该炮采用双路供弹,可发射的弹药主要有尾翼稳定曳光脱壳穿甲弹和空爆弹,通常备弹 200 发。空爆弹的打击范围很广,包括步兵战车及其伴随步兵、反坦克导弹隐蔽发射点、直升机和主战坦克上的光学系统等。

"美洲狮"步兵战车侧前方视角

4.3 面貌焕然一新的轮式装甲车

21世纪以来，得益于现代汽车工业的飞速发展，轮式装甲车在一系列军事行动中展现出机动性强、操作简便、效费比高的独到优势，渐渐迎来了自身的黄金时代，大有与履带式装甲车平分秋色之势。

未来轮式装甲车的发展趋势，首先是军事科技进步带来的基础战斗力提升，例如更先进的发动机和悬挂系统带来更快的速度和机动性能；威力更强大的各种武器；功能更先进的车载设备等。但从普遍角度来说，轮式装甲车将向多样化、模块化、信息化方向发展。

首先是多样化。随着未来战争模式的改变，战场环境会更加多样，战斗目的也会更加多变。早期的轮式装甲车仅限于装甲运输车，如今已经出现了10多个不同的分类，未来这样的分类也会更多。

其次是模块化。功能的细分将对生产、运行和维护都带来压力，对应的策略就是通用组件与模块加载。简单来说，轮式装甲车的车身作为一个平台，在上面加载不同的功能模块，如装甲、武器、通信设备等，以此实现不同的车辆类型和功用，这种模式将越来越精细化。甚至车身本身，也可以被分解为发动机、车体、车轮等不同模块，如同积木一样灵活装卸。某个模块受损，只要更换受损的组件，即可重新恢复战斗力。

最后是信息化。就单车而言，装甲车的各个功能模块，以电子信息系统进行控制和指挥，将本车位置情报、速度情报、武器信息、路况情报、敌方信息等综合，从而获得最佳作战方案，并以火控系统指挥射击。就整体而言，一辆装甲车的各种信息，通过指挥车、通信车，与友车及我方卫星、后方指挥部获得的信息进行快速交互，将战场上所有装甲车组合成1个有机的作战网络，信息共享，攻防共担，从而实现一加一大于二的战斗效果。

"野犬 2"全方位防护运输车

原产国:德国

量产时间:2000 年

重量:12.5 吨

"野犬 2"全方位防护运输车是"野犬 1"全方位防护运输车的改进型,仍旧采用了乌尼莫克底盘,但提高了防护能力(可以加挂模块式附加装甲)和载荷,并配备了后视摄像机,有利于在城市环境下驾驶车辆。此外,"野犬 2"还降低了红外信号特征,在红外线热成像仪前面具有一定的隐身能力。"野犬 2"推出了两个版本:一款为 3250 毫米轴距(3.5 吨有效负载),另一款为 3850 毫米轴距(4 吨有效负载)。由于载荷和内部空间得到提高,相比起"野犬 1","野犬 2"能够执行更多任务,目前已开发出人员输送车、救护车、货车、指挥控制车、防空车和前线观察车等车型。

"水牛"防地雷反伏击车

原产国:美国

量产时间:2001 年

重量:25 吨

"水牛"防地雷反伏击车是美国研制的轮防反地雷反伏击车,主要在伊拉克和阿富汗战场上使用。"水牛"防地雷反伏击车的设计参考了南非的"卡斯皮"地雷防护车,后者原为四轮设计,而"水牛"改为六轮,车头具有大型遥控工程臂以用于处理爆炸品。"水牛"采用 V 形车壳,若车底有地雷或 IED 爆炸时能将冲击波分散,有效保护车内人员免受严重伤害。在伊拉克及阿富汗的"水牛"罗地雷反伏击车更加装鸟笼式装甲以防护 RPG-7 火箭筒的攻击。

日本轻装甲机动车

原产国：日本

量产时间：2001 年

重量：4.4 吨

LAV 装甲车是日本陆上自卫队装备的轻装甲车辆，没有安装固定武器，但是装有可以 360 度旋转的枪架和枪盾，FN Minimi 轻机枪或者丰和 89 式突击步枪都可以用它来射击。稍加改造后，也可以搭载勃朗宁 M2 重机枪或者 01 式轻型反坦克导弹。有的车还装有 2 台四联装幕雾弹发射器。该车采用与高机动车相同的水冷式涡轮增压柴油机，自动变速箱有 4 个前进挡和 1 个倒档。

RG-32 防地雷反伏击车

原产国：南非

量产时间：2002 年

重量：4.45 吨

RG-32 防地雷反伏击车集防雷车和轻型战术车辆的功能于一体，车体由全钢焊接装甲保护，发动机等关键部件也都有专门的装甲保护，其车体后储物舱为完整的装甲结构，可有效防御一般轻武器射击。该车采用了能够有效将爆炸冲击波分散的 V 形车底设计，可保证任何一个车轮碾压到反坦克地雷时车上乘员不会受到致命伤害。该车采用门式车桥设计，使得离地间隙非常高，通过性非常强。

"虎"式装甲车

原产国：俄罗斯

量产时间：2004 年

重量：7.2 吨

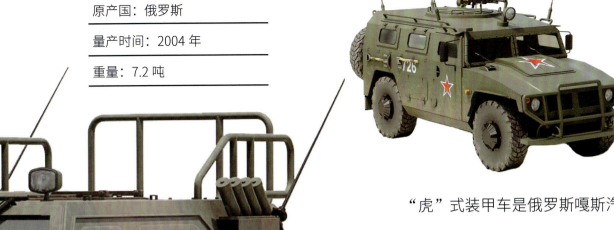

"虎"式装甲车是俄罗斯嘎斯汽车公司于 21 世纪初研制的轮式轻装甲越野车，其车体由厚度为 5 毫米、经过热处理的防弹装甲板制成，可有效抵御轻武器和爆炸装置的攻击。此外，还配备了核生化三防系统。"虎"式装甲车可以搭载多种武器，包括 7.62 毫米 PKP 通用机枪、12.7 毫米 Kord 重机枪、30 毫米 AGS-17 榴弹发射器、"短号"反坦克导弹发射器等。该车可以搭载 10 名全副武装的步兵，有效载荷为 1.5 吨。

BTR-90 装甲运兵车

原产国：俄罗斯

量产时间：2004 年

重量：20.9 吨

BTR-90 装甲运兵车是俄罗斯研制的 8×8 轮式装甲运兵车，是 BTR-80 装甲运兵车的增大版本，

装备与 BMP-2 步兵战车一样的 30 毫米希普诺夫 2A42 机炮。辅助武器为 1 挺 7.62 毫米 PKT 同轴机枪或 12.7 毫米 Kord 重机枪，同时在炮台的两侧配备了 5 发反坦克导弹，以及 30 毫米 AGS-17 自动榴弹发射器。

"豺狼"装甲车

原产国：英国

量产时间：2008年

重量：6.65吨

"豺狼"装甲车是英国研制的4×4轮式装甲车，主要用于战场侦察、快速攻击和火力支援，具有机动能力高、持久作战能力强和灵活性好的优点。与路虎"卫士"越野车相比，"豺狼"装甲车能够搭载更多的设备，具有更强的防护能力，而且续驶里程更长。作为巡逻车时，"豺狼"装甲车有3名乘员，其中2人配备武器，指挥员可以操纵遥控武器站的7.62毫米机枪或12.7毫米机枪或自动榴弹发射器。

"沙猫"装甲车

原产国：以色列

量产时间：2005年

重量：8.85吨

"沙猫"装甲车是以色列研制的轻型轮式装甲车，由福特F-450系列商用卡车底盘改装而来，适用轻度战争区域。以色列还在"沙猫"装甲车的基础上开发了"守护者"MK 3无人遥控装甲车。2007年，以色列推出了"沙猫"装甲车的升级版，加强了核生化防护和灭火装置。

RG-31 防地雷反伏击车

原产国：	南非
量产时间：	2006 年
重量：	7.28 吨

RG-31 防地雷反伏击车是英国宇航系统公司南非分公司设计制造的防地雷反伏击车，其 V 形车体抗地雷能力强，可承受 14 千克 TNT 当量的反坦克地雷在任何一个车轮下的爆炸，也能防御 7 千克地雷在车体下爆炸所产生的冲击。它的大型防弹车窗能为全体车内乘员提供良好的视野。RG-31 防地雷反伏击车各个型号的弹道防护水平不断提升，MK 3 型达到国际标准一级防护水平，MK 5 型又提高到国际标准二级防护水平。车上配备了饮用水箱和大功率空调风扇，提高了车辆和人员在热带沙漠地区的生存力。

VBCI 步兵战车

原产国：	法国
量产时间：	2008 年
重量：	25.6 吨

VBCI 步兵战车是法国研制的轮式步兵战车，可搭载 8 名步兵，车组人员由驾驶员、炮长和车长组成，共计 11 名战斗人员。该车的主要武器为 1 门 25 毫米机炮，辅助武器为 1 挺 7.62 毫米同轴机枪。VBCI 步兵战车底盘的设计使其可安装多种其他武器系统，包括 120 毫米低后坐力滑膛炮。

BTR-4 装甲运兵车

原产国：乌克兰

量产时间：2008 年

重量：17.5 吨

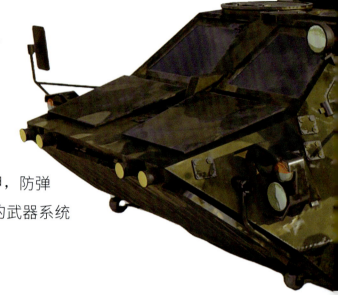

BTR-4 装甲运兵车是乌克兰于 21 世纪初研制的 8×8 轮式装甲运兵车，其主要武器是 1 门 30 毫米机炮，还可装备 4 枚反坦克导弹。车体可抵御 100 米内发射的 12.7 毫米子弹和 155 毫米口径榴弹破片的袭击。若加装模块化附加装甲，防弹能力可进一步提高。该车的载员数量因所选装的武器系统不同而有所不同，基本型可运载 8 人。

"拳师犬"装甲运兵车

原产国：德国

量产时间：2009 年

重量：25.2 吨

"拳师犬"装甲运兵车是德国克劳斯 - 玛菲·威格曼公司设计并制造的轮式装甲运兵车。该车有 3 名车组人员，最多可运载 8 名士兵，其车体设计非常强调乘坐舒适性，使乘员能在艰苦的作战环境下长时间坚持作战。得益于模块化设计，"拳师犬"装甲运兵车可以安装多种不同类型的武器，包括 12.7 毫米机枪、7.62 毫米机枪、20 毫米机炮、25 毫米机炮、30 毫米机炮、105 毫米突击炮、120 毫米迫击炮等。

RG-35 防地雷反伏击车

原产国：南非

量产时间：2009 年

重量：18.13 吨

RG-35 防地雷反伏击车的防护能力比 RG-31 和 RG-32 防地雷反伏击车有明显加强。全车采用高强度装甲钢焊接结构，可抗动能弹，能抵御 14.5 毫米枪弹和 155 毫米炮弹破片的袭击。V 形底盘设计，车底和每个车轮都能防御 10 千克装药的反坦克地雷。座椅底板都进行了装甲强化处理，可抗地雷爆炸时所产生的冲击波。如果进入危险性高的地方作战，RG-35 防地雷反伏击车可加挂附加装甲。RG-35 防地雷反伏击车主要承担前线兵力的投送任务，因而武器系统没有加强。车顶遥控武器站配备 1 挺 12.7 毫米机枪，可选择增配 40 毫米榴弹发射器。

VBTP-MR 装甲车

原产国：意大利

量产时间：2012 年

重量：16.7 吨

VBTP-MR 装甲车是依维柯公司为巴西军队设计的一种轮式两栖装甲车，采用以色列埃尔比特公司生产的 UT-30 无人炮塔，可配用多种武器，如 7.62 毫米机枪、12.7 毫米机枪、30 毫米榴弹发射器、40 毫米榴弹发射器或反坦克导弹等。此外，激光告警系统、车长全景式瞄准具和发烟榴弹发射器也与炮塔整合在一起。VBTP-MR 装甲车可在行进间射击，观瞄火控系统还整合了目标自动跟踪、激光测距等功能，对移动目标具有较高的首发命中率。VBTP-MR 装甲车有 2 名车组乘员，可运载 9 名全副武装的步兵。

BTR-82 装甲运兵车

原产国：俄罗斯

量产时间：2013 年

重量：13.6 吨

BTR-82 装甲运兵车是俄罗斯研制的 8×8 轮式装甲运兵车，由 BTR-80 装甲运兵车改进而来。BTR-80 装甲运兵车的车体可全方位抵御 7.62 毫米子弹的攻击，正面防护装甲能抵御 12.7 毫米子弹的攻击。而 BTR-82 装甲运兵车的防护性能更好，但是不能使用附加装甲。BTR-82 装甲运兵车基本型的主要武器为 1 挺 14.5 毫米机枪，而改进型 BTR-82A 则安装了 30 毫米机炮。辅助武器为 1 挺 7.62 毫米机枪。

"回旋镖"装甲运兵车

原产国：俄罗斯

量产时间：2015 年

重量：25 吨

"回旋镖"装甲运兵车是俄罗斯最新研制的轮式两栖装甲运兵车，用于取代 BTR-80 系列装甲运兵车。"回旋镖"装甲运兵车采用先进的陶瓷复合装甲，并应用了最新的防御技术来避免被炮火击中。该车的主要武器为 1 门 30 毫米机炮、1 挺遥控操作的 7.62 毫米机枪（或 12.7 毫米机枪）以及 4 枚反坦克导弹，火力远强于美国"斯特赖克"装甲车。该车有 3 名车组乘员，并可搭载 9 名士兵。

16 式机动战斗车

原产国：日本

量产时间：2016 年

重量：26 吨

16 式机动战斗车是日本研制的轮式装甲战斗车辆，配备 1 门 105 毫米 52 倍径坦克炮，类似于美国"斯特赖克"车族的机动火炮，主要用于装备快速反应部队，执行远程机动作战任务，为步兵提供直射火力支援，以及反装甲等。辅助武器为 1 挺 12.7 毫米勃朗宁 M2 重机枪和 1 挺 74 式 7.62 毫米机枪。

传奇武器鉴赏：L-ATV 装甲车

基 本 参 数	
长度	6.25 米
宽度	2.5 米
高度	2.6 米
重量	6.4 吨
最高速度	110 千米 / 时

L-ATV 装甲车是美国奥什科什卡车公司研制的新型四轮装甲车，为美军"联合轻型战术车辆"（Joint Light Tactical Vehicle，JLTV）计划的胜出者，2019 年 1 月开始服役，逐步取代"悍马"装甲车。

研发历程

"联合轻型战术车辆"计划始于 2005 年，到 2012 年 3 月，英国宇航系统公司、通用动力公司、洛克希德·马丁公司、奥什科什卡车公司、美国汽车公司、纳威司达·萨拉托加公司等多家企业都提出了自己的 JLTV 方案。2012 年 8 月，美国陆军和海军陆战队选定洛克希德·马丁公司、奥什科什卡车公司和美国汽车公司的

L-ATV 装甲车进行越野测试

提案进入工程和制造发展阶段。在经过对比测试之后，美国陆军于 2015 年 8 月宣布由奥什科什卡车公司的 L-ATV 装甲车得标，并计划在 2040 年以前装备 5 万辆 L-ATV 装甲车。此外，美国海军陆战队也计划装备 5500 辆。

整体构造

L-ATV 装甲车分为 2 座车型和 4 座车型，与"悍马"装甲车相比，L-ATV 装甲车的配置更加先进。L-ATV 装甲车可装配更多的防护装甲，标准版车型拥有抗雷爆能力，配备了简易爆炸装置（IED）检测装置。必要时，L-ATV 装甲车还能搭载主动防御系统。

作战性能

L-ATV 装甲车不仅可抵御步枪子弹的直接射击，还能在地雷或简易爆炸装置的袭击下最大限度地降低乘员的伤亡。该车的车顶可以搭载各种小口径和中等口径的武器，包括重机枪、

自动榴弹发射器、反坦克导弹等。此外，还可以安装烟幕弹发射装置。

L-ATV装甲车采用6.6升866T型涡轮增压柴油发动机，最大功率为224千瓦。即使L-ATV装甲车的重量超过"悍马"装甲车，但同样能达到110千米/时的速度。L-ATV装甲车采用电子调节的TAK-4i独立式悬挂系统，可在实战越野时装配20英寸的轮胎，以获得更出色的脱困能力。与"悍马"装甲车一样，L-ATV装甲车也可以通过直升机进行运输。

L-ATV装甲车侧后方视角

车顶装有重机枪的L-ATV装甲车

知名兵工厂探秘：三菱重工

三菱重工创立于1884年，是日本最大的军工生产企业。三菱重工的历史可以追溯到明治维新年间。1884年，三菱创始者岩崎弥太郎从政府租借了工部省长崎造船局，将其命名为长崎造船所，此后发展为三菱造船株式会社。至1934年，由于公司业务已拓展至重型机械、飞机、铁路车辆等领域，公司更名为三菱重工业株式会社。

二战期间，三菱重工制造了大量的飞机，其中包括参加了"珍珠港事件"的"零"式战斗机。二战结束后，根据美国对日本的相关政策，三菱重工于1950年被分割为西日本重工业株式会社、中日本重工业株式会社、东日本重工业株式会社3家公司。但随着美国政策以及日本国内政治的变化，1964年，三家公司合并，重建了三菱重工业株式会社并存在至今。在此期间，三菱重工的汽车部门于1970年独立为"三菱自动车工业株式会社"。

三菱重工东京总部

目前,三菱重工的业务范围相当广泛,涵盖交通运输、船舶、航空、航天、铁路车辆、武器、军事装备、电动马达、发动机、能源、空调设备等各种类型机械机器设备的生产制造。三菱重工生产的装备,如F-2和F-15J战斗机,以及90式和10式主战坦克,在日本航空自卫队和陆上自卫队中起到了核心作用。在日本海上自卫队,三菱重工则建造了将近一半的潜艇,和三分之一的驱逐舰,其在日本军工行业的地位可见一斑。

2014年12月15日,瑞典斯德哥尔摩国际和平研究所公布了2013年世界武器销售额前100名企业,三菱重工位居第27名。2020年5月13日,三菱重工名列"2020福布斯全球企业2000强榜"第481位。

2020年10月,日本防卫省宣布选定三菱重工作为该国新一代战斗机的主要承包商,该项目的合同价值高达400亿美元。

三菱重工生产的10式主战坦克

三菱重工生产的89式步兵战车

三菱重工生产的99式自行榴弹炮

4.4 射程更远的重型导弹

20世纪90年代后,陆基洲际弹道导弹进一步趋向小型化,对制导系统等做了新的改进,如采用星光制导和雷达相关末制导技术,命中精度进一步提高;采用速燃发动机,可使导弹在80千米高度下自动关机飞行;表层喷涂抗激光材料或其他防护材料,以提高自身防护能力。

时至今日,经过半个多世纪的发展,洲际弹道导弹已多次升级换代,如今,它正逐步从多弹头、大当量、大规模部署向提高机动能力、精确打击能力方面转变。世界公认的拥有可立即投入使用的洲际弹道导弹的国家已扩展为俄罗斯、美国、英国、法国等联合国安理会常任理事国,洲际弹道导弹成为体现大国威慑力的重要"名片"。

除了洲际弹道导弹,地对空导弹也在不断发展。从20世纪40年代初德国开始研究到21世纪,防空导弹已发展了三代,目前正在发展第四代。如今,精确打击、防区外(或超视距)发射、隐身与饱和攻击已成了空袭体系的主要作战方式;多武器配合协同、网络化指挥已构成完整体系。防空武器系统面临着多层次、多目标、隐身与非隐身、干扰与反干扰、真假目标混合饱和的精确打击,这就要求不仅单个和单类防空武器的性能大大提高,而且必须形成多种防空武器有组织的防空体系,与相应的攻击体系对抗。

新一代防空导弹武器的标志:多通道自主对付多目标、反隐身抗干扰精确打击、高速度高过载快速响应,机动灵活适应网络化作战需要。为此,在上一代防空导弹武器系统的基础上不断改进与发展;提高动力装置的比冲和装药质量比,采用能快速反应的推力矢量控制,使导弹重量进一步下降,而过载上升和响应时间缩小半个量级;采用光电复合制导和成像技术,不仅可抗各种干扰,而且可使制导精度达到摧毁要害目标的目的;采用多功能相控阵雷达与光学探测结合,使目标密度达到100~500批,识别后能精确跟踪50~100个目标,以适应多目标多方向作战的需要;采用网络化智能作战指挥系统,以合理组织与分配火力,完成防御体系的最佳作战方案。

S-400 "凯旋"地对空导弹

原产国：俄罗斯

量产时间：2000 年

导弹重量：1.6 吨

S-400 "凯旋"地对空导弹是俄罗斯研制的陆基移动式防空导弹系统，可用于从超低空到高空、近距离到超远程的全空域对抗密集多目标空袭，并针对第五代战斗机和复杂的干扰与对抗环境进行了特别优化，具备反战术和中程弹道导弹的能力。它可对付侦察机、战略战术飞机、战术导弹、中程弹道导弹、超音速目标、巡逻机等各种目标。它能指挥发射 8 种不同类型的导弹，远程、中程、近程都可兼顾，最大射程达到了 400 千米。

03 式地对空导弹

原产国：日本

量产时间：2003 年

导弹重量：0.57 吨

03 式地对空导弹是日本研制的一种机动式中程防空导弹，可以采用垂直发射方式，360°全方位攻击目标。该导弹主要用于对付作战飞机，也具有反战术弹道导弹能力，同时也可拦截空地导弹和巡航导弹。由于采用了预编程导航系统、先进的指挥链路和主动雷达制导，所以 03 式地对空导弹可实现对目标的精确打击。此外，该导弹还具有同时对付多个目标的能力。整个系统包括 4 辆发射车、1 部多功能相控阵雷达、1 个指挥控制中心和 1 个火控站。每辆发射车上装有六联装发射系统，导弹封装在运输 / 发射一体的发射箱内。

9K720"伊斯坎德尔"弹道导弹

原产国:	俄罗斯
量产时间:	2006 年
导弹重量:	3.8 吨

9K720"伊斯坎德尔"弹道导弹是俄罗斯研制的短程战术弹道导弹武器系统,北约代号为 SS-26"石头"。"伊斯坎德尔"导弹系统由导弹、发射车、装填运输车、指挥车、情报信息处理车、技术勤务保障车以及成套训练设备组成,每辆发射车搭载两枚导弹。导弹为单级、固体燃料、全程制导导弹,弹体使用了特殊复合材料,在结构上也极为独特。其外形近似锥体,且起飞后迅速抛掉表面突出部分,使弹体更加浑圆,从而降低了导弹的雷达波反射面积,增加了雷达的探测难度。

"铠甲-S1"防空系统

原产国:	俄罗斯
量产时间:	2008 年
导弹重量:	0.09 吨

"铠甲-S1"防空系统是俄罗斯在 2K22"通古斯卡"防空系统基础上改进而来的轮式自行弹炮合一防空系统,北约代号为 SA-22"灰狗"。"铠甲-S1"防空系统装有 2 门 30 毫米自动火炮和 12 枚 9M335 地对空导弹。两种武器相互补充,能够摧毁距离在 20 千米以内、高度在 15 千米以内、速度在 1300 米/秒以内的各种现代化空中攻击武器,包括战斗机、无人机、巡航导弹、精确制导弹药、弹道导弹等。

Chapter 04 新的世纪

"烈火 2"弹道导弹

原产国：印度

量产时间：2003 年

导弹重量：16 吨

"烈火 2"弹道导弹是印度"烈火"系列弹道导弹中的第二种型号，为两级固体导弹，全长 20 米，两级的直径均为 1.0 米，发射重量 16 吨，最大射程 3000 千米。导弹采用惯性加全球导航定位系统制导，命中精度约 45 米。该导弹可采用铁路机动或公路机动方式发射，由印度自行研发，除制导系统少量传感器需从欧洲国家进口外，其余部件均为国产。

"烈火 3"弹道导弹

原产国：印度

量产时间：2011 年

导弹重量：50 吨

"烈火 3"弹道导弹是印度"烈火"系列弹道导弹中的第三种型号，射程达 3500 千米，能够携带 1.5 吨的核弹头。该导弹长约 13 米，为两级固体推进导弹。第一级和第二级均由先进的碳合成材料制成，降低了系统的总体重量，且两级发动机都配装了万向喷管。末端制导采用了光电制导或主动雷达制导，提高了命中精度。

"烈火4"弹道导弹

原产国：	印度
量产时间：	2018年
导弹重量：	17吨

"烈火4"弹道导弹是印度"烈火"系列弹道导弹中的第四种型号，2011年11月首次试射成功。全长20米，最大射程超过3500千米。相比之前的型号，"烈火4"导弹不仅射程更远，而且精度更高、重量更轻。它采用的新型固体火箭发动机和能抵御高温的保护罩在首次试射中表现良好，为印度下一步研制射程更远、速度更快的洲际弹道导弹打下基础。

"烈火5"弹道导弹是印度研制的远程弹道导弹，与前四代"烈火"导弹不同，"烈火5"导弹能够进行公路机动发射，它也因此成为印度武器库中首款远程公路机动导弹，极大地扩展了导弹的打击范围。"烈火5"导弹是目前印度可携带核弹头的射程最远的导弹，并使印度拥有用同一导弹发射多个核弹头的技术。"烈火5"导弹能装在特制的导弹储存/发射筒中密封保存多年，发射时只需要简单准备就能点火。

"烈火5"弹道导弹

原产国：	印度
量产时间：	尚未量产
导弹重量：	50吨

传奇武器鉴赏："萨德"反导系统

基 本 参 数	
长度	6.17 米
直径	0.34 米
高度	900 千克
飞行高度	150 千米
最效射程	200 千米

"萨德"反导系统发射车

"萨德"反导系统是美国导弹防御局和美国陆军下属的陆基战区反导系统，正式名称为"末段高空区域防御系统"（Terminal High Altitude Area Defense，THAAD），通常音译为"萨德"（THAAD）反导系统。

研发历程

"萨德"反导系统的前身是历经多次失败而告终的"战区高空区域防御系统"。1987 年，美国陆军空间与战略防御司令部提出了战区弹道导弹防御的高空防御技术开发计划。1989 年美国防部正式公开此项计划，1990 年当时的战略防御计划局（即弹道导弹防御局）将合同进行公开招标，1992 年 9 月洛克希德公司（1995 年与马丁公司合并为洛克希德·马丁公司）赢得了演示/验证合同。1993 年 10 月美国国防部将这一开发计划正式称为"战区高空区域防御系统"，该系统在 1999 年 8 月前共进行了 11 次飞行试验，成功次数较少。1999 年 8 月 2 日进行最后一次拦截试验，也以失败告终。

"萨德"反导系统发射车侧后方视角

2004 年，美国陆军对"战区高空区域防御系统"进行重新设计，并重新命名为"末段高空区域防御系统"（由于"战区"和"末段"的英文单词都是以"T"开头，所以缩写仍为 THAAD）。从此，"萨德"反导系统进入了一个新的发展阶段。该系统于 2005 年 11 月恢复飞行试验，部署前共计划进行 14 次试验。2008 年 5 月 28 日，"萨德"反导系统正式服役。

整体构造

"萨德"反导系统是一种可以机动部署,也可由飞机空运的远程高空弹道导弹防御系统,整个系统可分为三个子系统,即发射系统、雷达系统和 BM/C3I 系统。发射系统包括拦截弹和发射车两大部分,承包商为美国洛克希德·马丁公司、美国奥什科什公司、美国卡特彼勒公司、美国喷气飞机公司等;雷达系统以 AN/TPY-2 有源相控阵雷达为核心,承包商为美国雷神公司;BM/C3I 系统的全称为作战管理/指挥、控制、通信、情报系统,承包商为美国波音公司、美国霍尼韦尔公司、美国洛克达因公司、英国宇航系统公司等。

"萨德"反导系统的拦截弹是一种设计非常先进的高速动能杀伤拦截导弹,由固体火箭推进系统、动能杀伤飞行器(KKV)和级间段等部分组成。"萨德"反导系统的发射车是一个自行式的发射平台,即奥什科什公司的 10×10 重型扩展机动战术卡车(Heavy Expanded Mobility Tactical Truck,HEMTT),每辆发射车可携带 8 枚拦截弹。

作战性能

"萨德"反导系统的拦截弹尺寸小、重量轻、拦截距离远(可达 200 千米)、拦截高度高(可达 150 千米)、防御区域大(可保护直径为 200 千米的区域)、杀伤能力强、机动能力高,还能实施多次拦截,并可与"爱国者"防空导弹组成多层防御系统。

"萨德"反导系统采用的 AN/TPY-2 雷达是一种 X 波段有源相控阵固态多功能雷达,其探测距离远、精度高、可远程截获、精密跟踪和精确识别各类弹道导弹,被认为是世界上性能最强的陆基机动反导探测雷达之一。根据任务需要,AN/TPY-2 雷达有两种部署模式:前沿部署模式和末端部署模式。

"萨德"反导系统的雷达天线车

"萨德"反导系统开火

4.5 齐头并进的轮式与履带式自行火炮

与装甲车的发展情况相似，尽管履带式自行火炮依然是各国陆军的重要装备，但轮式自行火炮随着各项关键技术的进步，已经能和履带式自行火炮分庭抗礼。

21世纪以来，大规模的战争趋于减少，但各种中低强度的局部战争不断发生。许多国家适应新的形势，纷纷组建了快速反应部队。这些部队要有良好的战略机动能力，能在短时间内投入世界上任何战场，这就要求尽可能使用重量较轻的武器装备。目前，各国使用的履带式自行火炮，重量大多在30吨以上。正在研制的新型履带式自行火炮，有的甚至重达55吨，远距离运输十分困难。而轮式自行火炮的重量比履带式自行火炮要轻得多，一般只有20吨左右，用飞机进行战略机动要方便得多。

轮式自行火炮行驶平稳，操作方便，它们的行驶速度高达80千米/时以上，远超履带式自行火炮。如今许多国家的公路网十分发达，适宜于轮式自行火炮高速机动。为此，轮式自行火炮在战术机动能力方面明显优于履带式自行火炮。

此外，轮式自行火炮的构造比较简单，利用现有轮式装甲车或民用载重车就可以进行改装，研制和生产费用比履带式自行火炮降低35～50%，部队使用和战场维修费用可降低60%。这对军费有限的第三世界国家和其他正在削减军费的国家都有很大吸引力。

2S25 自行反坦克炮

原产国：俄罗斯

量产时间：2005年

重量：18吨

2S25自行反坦克炮是俄罗斯研制的履带式自行反坦克炮，被设计以空降、两栖登陆，或是随陆军特种部队部署的方式来摧毁敌方坦克、坚固的器材设备，以及步兵。它的主要武器为1门125毫米2A75反坦克炮，能够发射尾翼稳定脱壳穿甲弹、破片高爆弹、反坦克高爆弹以及反坦克导弹。如此独特的设计组合使2S25自行反坦克炮拥有与主战坦克相当的火力，但却与空降坦克一样灵活敏捷。

"克莱博"自行火炮

原产国：波兰

量产时间：2008年

重量：48吨

"克莱博"自行火炮是波兰于21世纪初期研制的155毫米自行火炮，主要装备波兰陆军。"克莱博"自行火炮采用英国宇航系统公司的AS-90炮塔系统，底盘是波兰履带系统研究与发展中心研制的全新底盘。动力装置为1台746千瓦柴油发动机，传动装置为手动式，最高公路行驶速度为60千米/时，最大公路行程为650千米。规定的战斗全重为45吨，包含5名乘员和60发弹药。

2S31自行迫榴炮

原产国：俄罗斯

量产时间：2007年

重量：19.1吨

2S31自行迫榴炮是俄罗斯研制的120毫米自行迫榴炮，绰号"维娜"。2S31自行迫榴炮既可空运，又可两栖机动，能及时提供支援火力，并且具有多重弹道，可以发射多种炮弹，能执行反装甲、压制和特种火力任务，是一种重量较轻、便于战略与战术机动的多用途火炮。2S31自行迫榴炮可发射新型120毫米弹药，还可以发射现役2S9自行迫击炮的同系列弹药。

2S35 自行榴弹炮

原产国：俄罗斯

量产时间：2015 年

重量：55 吨

2S35 自行榴弹炮是俄罗斯研制的 152 毫米自行榴弹炮，绰号"联盟 SV"（Koalitsiya-SV）。该炮于 2015 年莫斯科胜利日阅兵的预演中首次公开亮相。2S35 自行榴弹炮原本是 2S19 自行榴弹炮的一种衍生型号，因此同样使用了后者的底盘，并有着经过修改的炮塔，其上装载着 1 门自动装填的 152 毫米榴弹炮。

WR-40 自行火箭炮

原产国：波兰

量产时间：2010 年

重量：17 吨

WR-40 自行火箭炮是波兰于 21 世纪初研制的 122 毫米自行火箭炮，由苏联 BM-21 火箭炮改进而来，绰号"兰古斯塔"。WR-40 自行火箭炮可以发射最大射程 42 千米的装有高爆炸药弹头的火箭，单枚重量为 66.4 千克，可以在 7 分钟内由载员手动装载。发射器能够在 20 秒内完成 40 管发射。

K239 自行火箭炮

原产国：韩国

量产时间：2014 年

重量：25 吨

K239 自行火箭炮是韩国研制的模块化多管火箭炮系统，其发射装置采用模块化设计，可发射 130 毫米、227 毫米和 229 毫米三种不同口径的火箭弹，弹药使用发射箱装填。发射车的长度为 9 米，宽度为 2.5 米，高度为 3 米，车内有 3 名乘员。该车的最大速度为 80 千米/时，最大行程为 800 千米。

19式自行榴弹炮

原产国：日本

量产时间：2019 年

重量：25 吨

19 式自行榴弹炮是日本研制的轮式自行榴弹炮，采用卡车车厢集成榴弹炮的方式，其车体长 11.4 米，宽 2.5 米，高 3.4 米，前部是乘员舱，车厢尾部装备 1 门 155 毫米榴弹炮，带有半自动装弹机，位于火炮右侧。车体后部有一部大型液压助力铲，火炮击发时放下，后部轮胎升起，可以抵消后坐力，提供稳定的击发平台。19 式自行榴弹炮共有 5 名炮班成员，3 名位于驾驶舱，2 名位于驾驶舱后部帆布座舱内。

传奇武器鉴赏：M777 牵引榴弹炮

M777 牵引榴弹炮是英国宇航系统公司于 21 世纪初研制的 155 毫米牵引式榴弹炮，被美国、加拿大、澳大利亚、沙特阿拉伯和印度等国的军队采用。

研发历程

M777 牵引榴弹炮是由英国宇航系统公司的全球战斗系统部门制造，主要生产线位于英国巴罗因弗

基本参数	
长度	10.7 米
高度	2.26 米
重量	3.42 千克
最大射速	5 发/分
有效射程	40 千米

M777 牵引榴弹炮

内斯，负责钛合金结构与制退组件的制造与组装，最终组装与测试工作则由英国宇航系统公司在美国密西西比州哈提斯堡的工厂负责。最早测试 M777 榴弹炮的部队是位于北卡罗来纳州布拉格据点的美国陆军第 18 野战空降炮兵旅。2005 年，M777 牵引榴弹炮正式服役。该

炮可为在城区、丛林以及山地作战的步兵提供火力支援，可以全天时、全天候使用，在阿富汗和伊拉克的实战使用证明了这种榴弹炮的有效性。

M777 牵引榴弹炮开火瞬间

整体构造

M777 牵引榴弹炮是世界上第一种在设计中大规模采用钛和铝合金材料的火炮系统，其重量是常规 155 毫米火炮重量的一半。相较于 M198 榴弹炮，M777 榴弹炮轻巧的外形更容易利用飞机或卡车搬运，迅速进出战场。所有 2.5 吨级的卡车都能轻易地牵引 M777 榴弹炮，危急时刻甚至连"悍马"越野车也能拉上 M777 榴弹炮快速转移。C-130 运输机可载运的 M777 榴弹炮也比 M198 榴弹炮多，节省了运输成本与转移时间。

M777 牵引榴弹炮前方视角

作战性能

M777 榴弹炮操作简单，反应迅速，小巧的尺寸有利于平时的收存与搬运。虽然 M777 榴弹炮的炮兵编制是 9 人，但只要 5 人就可以在两分钟内完成射击准备。在 2003 年伊拉克战争中的巴士拉之战中，8门被军用卡车以60千米/时的速度越野牵引的M777榴弹炮在行进间接到了友军的火力支援要求。在不到两分钟的时间内，8门M777榴弹炮就完成了停车、架设和开火一系列战术动作。三轮急速射击后，8门M777榴弹炮迅速转移到了3千米外的另一个火炮阵地，整个过程不到5分钟。

M777榴弹炮能够编程并发射M982"神剑"制导炮弹，这种炮弹使M777榴弹炮的射程达到40千米，射击精度达到10米以内。M777榴弹炮的缺点在于大量使用钛和铝合金材料，使得造价大增，每门炮造价约70万美元，相当于M198榴弹炮的1.5倍，这也限制了该炮的生产和装备数量。

M777牵引榴弹炮后膛特写

4.6 缓慢革新的武装直升机

21世纪以来，世界各国的固定翼战斗机不断升级，美国先后推出了F-22和F-35战斗机，俄罗斯也研制了苏-57战斗机，这些第五代战斗机的性能远超冷战时期的战斗机。相比之下，武装直升机的更新换代要慢得多。尽管美国、俄罗斯和印度等国也在新世纪里研发了几款新型武装直升机，但陆军部队装备的主力武装直升机仍然是冷战产物，如美国AH-64"阿帕奇"武装直升机和俄罗斯米-28"浩劫"武装直升机等，都只进行了现代化升级，没有产生质变。

AH-6"小鸟"武装直升机

原产国：美国

量产时间：2005 年

重量：0.722 吨

AH-6"小鸟"武装直升机是休斯直升机公司（1985 年并入麦克唐纳·道格拉斯公司，后又并入波音公司）研制的轻型武装直升机，具有低噪音、低红外成像的特点，尤其适合特种作战，所以受到美军特种部队的欢迎。在特种作战行动中，AH-6 直升机可以依靠小巧灵活的特点降落在狭小的街道，并在放下特战队员后快速起飞脱离危险区域。AH-6 直升机可以搭载的武器种类较多，包括 7.62 毫米机枪、30 毫米机炮、70 毫米火箭发射巢、"陶"式反坦克导弹等，甚至还能挂载"毒刺"导弹进行空战。

"楼陀罗"武装直升机

原产国：印度

量产时间：2007 年

重量：2.502 吨

"楼陀罗"武装直升机是印度斯坦航空公司研制的武装直升机，主要用于打击坦克装甲目标及地面有生力量，具备压制敌方防空系统、掩护特种作战等能力。该机装有 1 门 20 毫米 M621 机炮，还可挂载 70 毫米火箭弹发射器以及"赫莉娜"反坦克导弹（最多 8 枚）和"西北风"空对空导弹（最多 4 枚）。在执行反潜和对海攻击任务时，还可挂载深水炸弹和鱼雷（2 枚）。

卡-52"短吻鳄"武装直升机

原产国：俄罗斯

量产时间：2008 年

重量：8.3 吨

卡-52"短吻鳄"直升机是俄罗斯卡莫夫设计局在卡-50"黑鲨"直升机的基础上改进而来的武装直升机，采用并列双座布局的驾驶舱，而非传统的串列双座。该机装有1门不可移动的23毫米机炮，短翼下的4个武器挂架可挂载12枚超音速反坦克导弹，也可安装4个火箭发射巢。为消灭远距离目标，卡-52直升机还可挂载X-25MJI空对地导弹或P-73空对空导弹等。

LCH 武装直升机

原产国：印度

量产时间：2010 年

重量：2.25 吨

LCH直升机是印度斯坦航空公司研制的一款轻型武装直升机，其机载武器包括20毫米M621型机炮、"九头蛇"70毫米机载火箭发射器、"西北风"空对空导弹、高爆炸弹、反辐射导弹和反坦克导弹等。多种武器装备拓展了LCH直升机的作战任务，除传统反坦克和火力压制任务，LCH直升机还能攻击敌方的无人机和直升机，并且适于执行掩护特种部队机降。LCH直升机可在海拔3000米的机场起飞，在5000米的高度使用机载武器系统，并在不超过6500米的高度遥控无人驾驶飞行器执行任务。

S-97"侵袭者"武装直升机

原产国：美国

量产时间：尚未量产

重量：4.057 吨

S-97"侵袭者"直升机在直升机领域具有划时代意义，它最大限度地保留了直升机的优点，还弥补了直升机的先天缺陷，在飞行速度、安静性等方面大幅超越了传统的军用直升机，并具备火力打击和运兵双重能力。S-97 直升机在机首下方安装了 1 门新型加特林机炮，与"阿帕奇"直升机的单管机炮不同，新型机炮采用了隐形设计：让炮身被包在一个圆筒里，共 6 个炮管，射速为每分钟 6000 发左右。同时，在 S-97 机身两侧各有一个武器挂架，可挂载"地狱火"反坦克导弹之类的精确制导武器。

4.7 改变战争的无人车

21 世纪以来，以无人地面车辆为代表的无人作战平台，在反恐维稳、抢险救灾等非战争军事行动中得到广泛运用，并显现出独特的优势。同时，由于无人地面车辆不仅可以替代战斗人员完成部分作战任务，而且还可以有效降低人员伤亡，获得了空前的发展。据此，有军事专家推断，无人地面车辆将会再次引发作战样式的重大变革。

无人侦察车是无人地面车辆中首先被开发的一种类型，它体积小，不易被发现，可以接近到敌方前线获取第一手情报信息。在无人侦察车之后，下一步将不可避免地要发展具有攻击杀伤能力的无人战车。美国陆军正在将"标枪"反坦克导弹装载到无人侦察车上，由士兵通过遥控操纵侦察车和导弹，就能对 12 千米处敌方坦克实施攻击，如果不把导弹装在无人侦察车上，士兵必须前进到距离目标 2 千米处发射导弹，射手位置易被暴露，生命将受到威胁。此外，美国陆军还在考虑把"陶"式反坦克导弹加装到无人地面车辆上，一个士兵可同时遥控几辆无人战车及导弹，以对付多个坦克目标。

无人战车再进一步发展可能就是无人坦克。目前，美国国防科学委员会的高级官员认为，实现无人坦克是较为遥远的事情，因为无人坦克技术目前尚不成熟。不过俄罗斯已经在T-72主战坦克基础上研制出有人与无人两用的坦克。在无人驾驶时，该坦克借助视觉导航系统和外置操纵台，能自主行驶、发射武器命中目标，或排除障碍和解决其他一系列复杂的问题。国外军事专家普遍认为无人坦克终将能实现，所需技术也可望解决。

"魔爪"无人车

原产国：美国

量产时间：2000年

重量：0.045吨

"魔爪"无人车是美国福斯特·米勒公司为美军研制的遥控无人车，可执行排爆、警戒、侦察、核生化探测、攻击等任务。该车有多种型号，包括基本型、危险品处理型、重物提升型、灵敏反应型、突击型、武装型等。其中，武装型是非常特殊的型号，它将基本型的排爆装置换成了遥控武器，包括5.56毫米M249机枪、7.62毫米M240机枪、12.7毫米M82狙击步枪、40毫米自动榴弹发射器或66毫米M202火箭发射器等，可根据需要选装。

"防御者"无人车

原产国：英国

量产时间：2002年

重量：0.275吨

"防御者"无人车是英国艾伦公司研制的大型六轮独立直接驱动型无人车，主要用于排爆，也可执行侦察、监视、核生化装置的探测与处理等任务。其车体采用模块化结构，主要部件使用强度高、质量轻的钛合金，车体以活动关节连接。该车可通过线缆操控，也可通过无线遥控，采用全向天线，控制半径可以达到2千米。"防御者"无人车的最大速度为3.2千米/时，具有原地转向能力，最大爬坡度为45°，机械臂的最大伸展距离为2.5米（水平状态）、抓举能力为30千克（完全伸展）或75千克（机械臂收缩）。

"黑骑士"无人车

原产国：英国

量产时间：2006 年

重量：9.5 吨

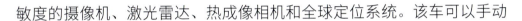

"黑骑士"无人车是英国宇航系统公司研制的无人装甲车，其外形酷似一辆缩小的主战坦克，搭载 1 门 30 毫米"大毒蛇"链式机炮。该车采用了先进的机器人技术，具备自动驾驶能力，其感知和控制模块包括高灵敏度的摄像机、激光雷达、热成像相机和全球定位系统。该车可以手动操作和无人自主操作，能够自动规划航路，灵活地规避障碍物。而且，"黑骑士"无人车在白天和黑夜都能够使用。手动操作模式下，它由"布雷德利"步兵战车上的指挥官来进行控制，也可以由配备便携式设备的步兵来指挥。

"角斗士"无人车

原产国：美国

量产时间：2007 年

重量：0.8 吨

"角斗士"无人车是美国海军陆战队装备的多用途无人车，最初的行进方式为履带式，后改为更具机动性的 6×6 轮式驱动。"角斗士"无人车是 1 个能够遥控的多用途机器人，它可以在任何天气与地形下，执行侦察、核生化武器探测、突破障碍、反狙击手和直接射击等任务。"角斗士"无人车装备了昼/夜摄像机，能够 24 小时对目标进行侦察与监视，此外还装有一套生化武器探测系统。武器方面，装有 7.62 毫米中型机枪和 9 毫米"乌兹"冲锋枪。

"守护者"无人车

原产国：以色列

量产时间：2009 年

重量：1.4 吨

"守护者"无人车是以色列研制的轮式无人车，具备全地形机动性、实时自主障碍探测与规避、遥控或者半自主控制、易于操作与指挥控制、内置问答与瞄准等多种能力。模块化设计是"守护者"无人车的一个显著特点，它可选装光电/红外摄像机、遥控武器系统、电子对抗设备、敌方火力指示器、射频识别装置等有效载体和各种无线通信系统，并且根据任务的变化，在短时间内换装一种或多种任务模块，以满足作战中执行清障、排爆、武装岗哨、后勤支援和伤员护送等不同任务的需要。

"天王星9"无人车

原产国：俄罗斯

量产时间：2016年

重量：7吨

"天王星9"（Uran 9）无人车是俄罗斯国家工业和科技集团（ROSTEC）研制的多功能无人战车，可在局部战争和反恐行动中发挥重要作用，特别是在市区使用时将大大减少人员伤亡。"天王星9"无人车能够克服高达1.2米的障碍，配备的武器主要有30毫米2A72自动机炮、7.62毫米双管机枪和"攻击"反坦克导弹。该车还装有激光照射预警系统，以及目标发现、识别和伴随设备。该车能够完成多种任务，可进行侦察，消灭敌方有生力量和打击各种目标，包括装甲车辆、工事和低空飞行器。

MULE无人车

原产国：美国

量产时间：尚未量产

重量：2.5吨

MULE无人车是美国洛克希德·马丁公司研制的地面无人车，正式名称为"多功能通用后勤装备"（Multifunction Utility/Logistics and Equipment，MULE）。MULE无人车系统以"通用机动平台"为核心，搭配不同的模块化"任务装备套件"，就可以执行各种不同的任务。洛克希德·马丁公司一共发展了三种任务装备套件，即XM1217运输型、XM1218突击型、XM1219扫雷型。其中，XM1218突击型装有"武装机器人"组件，可安装能360度旋转并有良好火控系统的迷你型炮塔。

参考文献

[1] 瑾蔚. 战争之王：火炮 [M]. 北京：中国铁道出版社，2017.

[2] 深度军事. 全球重武器 TOP 精选（珍藏版）[M]. 北京：清华大学出版社，2017.

[3] 姜坤. 坦克装甲车 [M]. 北京：化学工业出版社，2016.

[4] 深度军事. 坦克与装甲车大百科 [M]. 北京：清华大学出版社，2015.

[5] 军情视点. 红色洪流：二战苏军重武器 [M]. 北京：化学工业出版社，2015.